信息通信领域热点诉讼案例解析

国家知识产权局专利局
专利审查协作北京中心通信部 ◎组织编写

郭雯◎主编　　张蔚◎副主编

XINXI TONGXIN LINGYU
REDIAN SUSONG
ANLI JIEXI

知识产权出版社
全国百佳图书出版单位
—北京—

图书在版编目（CIP）数据

信息通信领域热点诉讼案例解析／郭雯主编.—北京：知识产权出版社，2019.12
ISBN 978-7-5130-6561-0

Ⅰ.①信… Ⅱ.①郭… Ⅲ.①移动通信—专利权法—民事诉讼—案例—世界
Ⅳ.①D913.405

中国版本图书馆 CIP 数据核字（2019）第 232901 号

责任编辑：齐梓伊　　　　　　　　　　　责任校对：谷　洋

封面设计：张新勇　　　　　　　　　　　责任印制：刘译文

信息通信领域热点诉讼案例解析

国家知识产权局专利局专利审查协作北京中心通信部　组织编写

郭雯　主编　张蔚　副主编

出版发行：**知识产权出版社**有限责任公司	网　　址：http://www.ipph.cn
社　　址：北京市海淀区气象路 50 号院	邮　　编：100081
责编电话：010-82000860 转 8176	责编邮箱：qiziyi2004@qq.com
发行电话：010-82000860 转 8101/8102	发行传真：010-82000893/82005070/82000270
印　　刷：北京嘉恒彩色印刷有限责任公司	经　　销：各大网上书店、新华书店及相关专业书店
开　　本：720mm×1000mm　1/16	印　　张：18.25
版　　次：2019 年 12 月第 1 版	印　　次：2019 年 12 月第 1 次印刷
字　　数：292 千字	定　　价：86.00 元

ISBN 978-7-5130-6561-0

前　言

　　信息通信行业是构建国家信息基础设施，提供网络和信息服务，全面支撑经济和社会发展的战略性、基础性和先导性行业。信息通信行业也是当前发展最快、最具创新活力的行业之一。随着移动互联网、物联网、云计算和大数据等技术与应用的快速发展，信息通信涵盖的领域不断增加，从传统电信服务、上网服务延伸到物联网服务等。

　　工业和信息化部在其编制的《信息通信行业发展规划（2016—2020年)》中认为："十二五"期间，信息通信行业在支撑引领经济社会转型发展、提升政府治理能力和公共服务方面做出了巨大贡献，在国际上也产生较大影响。《国民经济和社会发展第十三个五年规划纲要》明确提出实施网络强国战略以及与之密切相关的"互联网＋"行动计划。"十三五"期间，信息通信领域仍然是全球竞争的焦点，并从技术竞争逐步演进到以互联网产业体系为核心，以网络治理、标准制订、规则主导和产业影响为重点的体系化竞争。

　　随着信息通信行业的快速发展，整个行业对于创新的重视程度不断提升，在信息通信领域专利积累呈现扩张态势的同时，专利的保护也愈加活跃，国际和国内视野中层出不穷的专利诉讼案件，成为这一活跃程度最生动的注脚。我们从数量众多、纷繁复杂的专利诉讼案件中，挑选出业界关注的焦点案件，将其分为以下三篇。

　　第一篇涉及信息通信行业知名厂商之间的专利战。其中，苹果公司和三星公司之间的专利大战，以其持续时间之长、规模之大、影响之深远而被称为专利诉讼世纪大战。在 GUI 保护形式上，这场大战中的 GUI 在不同国家和地区的保护形式存在较大的差异；在创造性判断上，对于这场大战中广为人知的滑动解锁专利，德国联邦最高法院和美国联邦巡回上诉法院基于同样的对比文件得出了相反的结论。

第二篇涉及专利法保护的客体问题。随着"互联网＋"的兴起，出现了大量与软件和商业方法相关的专利申请，对于什么样的软件和商业方法专利申请属于专利法保护的客体即具备专利适格性，各国的规则并不相同。在美国，软件和商业方法专利适格性之争尤为波澜起伏。在专利法方面拥有悠久历史和成熟司法实践经验的美国，在不同的历史阶段，通过判例法解释和发展成文法的方式，在专利适格性的判断准则方面进行了大量有益的探索。

第三篇涉及标准必要专利（SEP）。标准必要专利是标准和专利结合的产物。《信息通信行业发展规划（2016—2020年）》的一个发展目标是到"十三五"期末使我国成为5G标准和技术的全球引领者之一，使我国主导的国际标准领域不断增多、影响力不断扩大。标准必要专利也被信息通信行业的厂商作为市场竞争利器。在标准必要专利诉讼中涉及信息披露、侵权判断和费率计算等。

本书作者均为国家知识产权局专利局专利审查协作北京中心通信部的专利审查员，其中第一篇由孙方涛撰写，第二篇由孙洁撰写，第三篇由张惊撰写，他们都具有十年以上的实务经验和较为深厚的学术研究功底。衷心地希望本书在深入了解热点诉讼的来龙去脉，专业解读与分析诉讼涉及的法律问题，进而助力工作实践方面，能够对信息通信及相关领域的专利审查员、专利代理师及企业从事专利工作的人员有所帮助。

由于所掌握的知识和信息的深入度和广泛性有限，本书的观点和内容难免有欠妥之处，还请广大读者不吝批评指正。

本书编写组

目 录
CONTENTS

第一篇

苹果与三星"专利战"

2011 年 4 月，苹果公司（Apple Inc.，以下简称苹果）在美国加利福尼亚州北部地区联邦地区法院（California Northern District Court，以下简称北加州联邦地区法院）对三星电子（Samsung Electromics Co.，Ltd.，以下简称三星）提起专利诉讼，苹果认为三星智能手机"Galaxy S"和平板终端"Galaxy Tab"的外观和软件侵害了其知识产权。

早有准备的三星立即在其具有地理和语言优势的韩国发起反击。三星凭借其在通信技术方面的优势，起诉苹果的产品侵犯三星 3G 传输优化与低功率数据传输技术的专利。为更加有效反击苹果，三星同时也在日本和德国发起了诉讼，随后在美国也作出了反击。

苹果除了在相应国家发起反诉外，还进一步将诉讼地区扩大到了欧洲其他国家和澳大利亚。三星为了与苹果对抗，除了在德国发起诉讼外，在欧洲其他国家也提起了诉讼。双方的诉讼同时在九个国家展开（见图 1 – 1）。双方也在美国的国际贸易委员会（International Trade Commission，ITC）起诉了对方。

如此大规模的专利诉讼在全世界范围内非常少见，故被称为专利诉讼"世纪大战"。

2014 年 8 月 6 日，苹果和三星发表联合声明，双方同意撤销在美国以外所有的专利诉讼，包括澳大利亚、日本、韩国、德国、荷兰、英国和意大利。

2012年6月26日 美国禁售三星平板

德国、韩国均有相应的诉讼 — 滑动解锁 — FRAND必要标准专利 — 手机传输方式

2013年8月3日，奥巴马否决ITC判定苹果侵权
2013年6月5日，ITC判定苹果不侵权
2012年9月14日，ITC判定苹果不侵权

英国法院判定该专利无效。2013年在美国授权
2012年10月24日，荷兰法院判定三星不侵权
2012年9月21日，德国、英国法院判定三星不侵权

2013年10月14日，澳大利亚、日本法院也判定苹果不侵权
日美国加州法院判定苹果不侵权

2016年2月27日 CAFC认定滑动解锁无效
2016年1月18日 美国加州判定有效，禁售三星手机
2014年滑动解锁在美国加州有效，三星赔偿

2015年8月25日 德国最高法院确认专利无效 滑动解锁2013年在德英荷日澳均被裁定无效

日期	原告	被告	法院	专利号
2011.04.15	Apple	Samsung	加州法院	US7469381B2
2011.04.21	Samsung	Apple	日本法院	JP4642898B2 / US7675941B2
2011.04.27	Samsung	Apple	加州法院	US7447516B2
2011.06.22	Apple	Samsung	加州法院、韩国法院、荷兰法院、德国法院	EP1964022B1 / US7657849B2 / KP10093459B1
2011.06.28	Samsung	Apple	US ITC法院	US7486644B2 / US7706348B2
2011.06.29	Samsung	Apple	英国法院、意大利法院	EP1475913B1
2011.06.30	Apple	Samsung	荷兰法院、德国法院、英国法院、荷兰法院	EP2098948B2
2011.10.17	Samsung	Apple	日本法院、澳洲法院	JP4308817B2 / AU2005239657B
2011.11.17	Samsung	Apple	澳洲法院、日本法院、韩国法院、德国法院	AU2006241621B / KP1009139000B / EP1720322B1 / JP4299270B2 / AU2005202512B / KP10093144B
2012.02.08	Apple	Samsung	加州法院、CAFC法院	US8046721B1
2012.03.02	Apple	Samsung	德国法院、日本法院、英国法院、荷兰法院	EP1964022B1 / JP5298218B2 / AU2010200661B2

2014年8月6日，苹果三星发布联合声明，双方已经同意在美国以外撤销所有发起的互告专利诉讼，包括8个国家：澳大利亚、日本、韩国、德国、荷兰、英国、法国和意大利

图1-1 专利诉讼"世纪大战"时间轴

第一章 专利诉讼"世纪大战"的 GUI 设计

第一节 引　言

2011 年 4 月 15 日，苹果以美国的三件发明专利、四件外观设计专利以及商业外观（trade dress）被侵权为由对三星提起了知识产权诉讼，标志着这场专利诉讼"世纪大战"的爆发。

苹果的赔偿请求如表 1-1 所示。

表 1-1　苹果的赔偿请求

苹果的专利	赔偿请求/个侵权产品
'381 patent（overscroll bounce or rubber-banding）	$2.02
'915 patent（scrolling API）	$3.10
'163 patent（tap to zoom and navigate）	$2.02
Apple's design patents or trade dress rights	$24

2012 年 8 月 24 日，北加州联邦地区法院的陪审团裁决三星侵犯苹果三件发明专利和三件外观设计专利以及商业外观，判决赔偿 10.5 亿美元。

在这起诉讼中外观设计专利占据了重要位置，外观设计专利以及商业外观损害赔偿要求占据了苹果总损害赔偿要求的绝大部分。在这三件外观设计专利中有一件很特殊的外观设计 USD604305（GRAPHICAL USER INTERFACE FOR A DISPLAY SCREEN OR PORTION THEREOF），涉及图标布局和底部的 dock，称为 GUI 外观设计（见图 1-2）。

图1-2　USD604305 外观设计专利图片①

第二节　何为 GUI

GUI（Graphical User Interface）即图像化使用者界面，也称为软件用户界面、用户界面或者计算机程序用户界面，是程序与用户进行信息交流的工具。用户借助图像化使用者界面发出指令，程序通过界面向用户显示程序运行的结果以及其他信息。其不同于 Icons（单一的图像，有识别功能的图像），电脑、智能手机、PAD、PDA、MP3/MP4 播放器等都属于图像化使用者界面电子产品。

第三节　GUI 比较法研究

经济发展水平决定了各国知识产权保护的范围和力度，GUI 也不例外。《与贸易（包括假冒商品贸易在内）有关的知识产权协议》（以下简称 TRIPs

---

① The broken line showing of a display screen in views form no part of the claimed design.

协议）虽然要求各国对于外观设计进行保护，但其并没有对外观设计进行定义，仅强调"各成员应当规定保护独立创作而且是新颖的或者原创的工业品外观设计"①。各国可以自由规定是否保护 GUI。

一、美国

1842 年，美国国会通过一项外观设计法案，使外观设计成为专利法保护的一部分，外观设计通过专利进行保护，这种专利在美国称为外观设计专利。《美国专利法》第 171 条规定："任何人发明制造品（an article of manufacture）的新颖、独创和装饰性的外观设计者，均可按照本编所规定的条件和要求取得对于该项外观设计的专利权。本编关于发明专利的规定，除另有规定外，适用于外观设计专利。"

美国联邦法院通过判例对《美国专利法》第 171 条中的"制造品"作出了最广义的解释。例如，在 1967 年 In re Hruby 一案中，联邦关税与专利上诉法院依据字典的定义认为制造品是指人的双手利用原材料制成的任何物品，不论该制造品是直接用手制成的，还是用机器和工艺制成的。根据这一定义，制造品实际上涵盖了除自然物之外的一切物品。

1996 年，美国专利商标局（the United States Patent and Trademark Office，USPTO）颁布了《计算机生成图标的审查指南》②，开始授予 GUIs 和 Icons 外观设计专利。2006 年 7 月修订的《专利审查指南》（MPEP）中将外观设计的保护客体由静态的计算机图标扩展到了"可变的计算机生成图标"（changeable computer generated icons）③。

美国外观设计专利仍坚持产品性的要求。无实体的设计（disembodied design）不能作为外观设计专利的保护客体，部分实体（less than an entire article）的设计可以作为外观设计专利的保护客体。因此，若主题为"计算机图标"（computer icon）或者"图标"（icon）因不满足产品性的要求而不能授权。相反，"带有图标的计算机屏幕"（computer screen with an icon）、

---

① TRIPs 协议第 25 条。

② Manual of Patent Examining Procedure § 1504.01 A part I（6th ed.，2d rev. July 1996）.

③ Manual of Patent Examining Procedure § 1504.01 Part IV（8th ed.，5d rev. 2006）.

"带有计算机图标的显示面板"（display panel with a computer icon）、"带有图标图像的计算机屏幕的一部分"（portion of a computer screen with an icon image）、"带有计算机图标图像的显示面板的一部分"（portion of a display panel with a computer icon image）、"带有计算机图标图像的显示器的一部分"（portion of a monitor displayed with a computer icon image）则满足产品性的要求。美国可以对概括性的产品概念提出外观设计申请。USD604 305 体现在显示屏中，满足了第 171 条的产品性的规定。

二、欧共体

2001 年 12 月，欧共体理事会通过了《欧共体外观设计保护条例》。该条例建立了一套覆盖整个欧共体的统一的外观设计保护体制，并统一欧盟各国对外观设计保护的标准。该法在欧盟的所有成员国内实施，并且要求各成员国在注册标准上保持一致。对于注册外观设计，其保护期限是自申请日起 5 年，可续展 4 次，最长 25 年。内部市场协调局（商标和外观设计）（以下简称 OHIM）是欧盟为其各成员国注册商标和外观设计所设立的一个官方机构。

《欧共体外观设计保护条例》规定，外观设计（design）是指产品的整体或者部分外观，这些外观由产品的线条、轮廓、颜色、形状、质地和/或由产品本身的材料和/或产品装饰等特征形成的。产品是指任何工业或手工制品，其中包括将组合成复合型产品、包装、装订、图表符号以及印刷字体的部件，但不包括计算机程序。

可见，欧盟的外观设计强调保护的是"设计"，而不是产品本身，产品本身的地位仅局限为外观设计的载体，其作用主要是辅助审查、便于分类等。OHIM 使用 OHIM 内部细化的洛迦诺分类表，尽管洛迦诺分类表针对的是使用工业品外观设计的商品，[①] 也就是产品本身，而不是直接对设计所作的分类；但分类对外观设计产品的保护范围不会产生影响。[②] 欧盟对 GUI 的外观

---

① 《建立工业品外观设计国际分类洛迦诺协定》第 2 条第 3 款规定，本专门联盟国家的主管局应当在外观设计保存或注册的官方文件上以及在正式公布这些文件时在有关刊物上标明使用外观设计的商品所属国际分类法的大类和小类号。

② 在中国，类别作为相同判断的依据。

设计保护持开放的态度，该条例认可以 GUI 本身作为保护客体，即界面设计本身就可以被看作产品的外观设计，因此无须指定其使用的产品而获得注册和保护。

此外，欧洲专利局的业务范围并不包括外观设计。

三、日本

日本的外观设计单独立法，称为《日本意匠法》。从 20 世纪 80 年代开始，日本在液晶显示领域全球领先，液晶发展史上的许多重要事件都与日本有关。1993 年 3 月 31 日，日本专利局规定符合某些条件的液晶屏幕显示可以申请登记。1998 年，日本修改《日本意匠法》①，引入产品部分外观设计。2006 年，日本再次修改《日本意匠法》，将图形用户界面列为《日本意匠法》保护客体的一种。《日本意匠法》（2008 年 4 月 18 日版本）第 2 条规定，本法所称"外观设计"，是指由产品（含产品的构成部分，第 8 条除外，以下亦同）的形状、图案、色彩或其结合构成的，能够引起视觉上美感的设计。前款规定的形状、图案、色彩或其结合，包括供操作产品使用的（仅限为发挥该产品机能所进行的操作）、为该产品或与该产品一体使用的产品所表现的画像。② 画像（Graphic image）含义与 GUI 的含义近似。单一的图像（Icons）仍不属于可保护的客体，理由为不是产品。

日本通过修改法律的方式将"产品"扩大解释为"包含产品的构成部分"，将"形状、图案、色彩或其结合"扩大解释为"包括供操作产品使用的（仅限为发挥该产品机能所进行的操作）、为该产品或与该产品一体使用的产品所表现的画像"，从而对部分 GUI 进行外观设计保护。

在日本申请与 GUI 有关的外观设计时，必须指定与设计相关的产品。因此当存在多种显示相同 GUI 的产品时，可能需要针对每个产品分别提出申请。

---

① 《日本意匠法》中的外观设计与《中华人民共和国专利法》中的外观设计专利类似，但其保护期限为 20 年。

② 《日本专利法（第 2 版）》，杜颖译，经济科学出版社 2009 年版，第 118 页。

四、韩国

韩国的外观设计单独立法。2001 年修法之前，韩国对于外观设计存在严格的产品性要求，产品的部分设计不受保护。画像设计本身由于其无法满足产品性要件而不被保护。2001 年 7 月，韩国修改《韩国外观设计法》，引入部分设计制度，从而缓和了产品性要件，为"画像设计 + 部分产品"能够在法律上得到外观设计保护建立了法律基础。2003 年 7 月 1 日，韩国知识产权局将显像设计纳入外观设计保护客体之中，显像外观设计包括 GUI、ICON和作为 Character 的图示设计。其中 GUI 包括：（1）网页；（2）文字输入软件、Windows Media Player 等应用软件的 S/W GUI；（3）体现于移动电话、PDA、Web Pad 等的 Mobile GUI。主要原因在于信息技术的进步。

目前，韩国的外观设计法将 Typeface 规定为独立的保护对象，更进一步地降低了产品性的要求。目前韩国手机画像设计申请数量最多的申请人是苹果和三星，这两家公司也是这场专利诉讼"世纪大战"的主角，其申请的总和超过了手机画像设计申请总量的 50%。

第四节　GUI 与中国的外观设计专利

一、外观设计专利产品性的要求

日本和美国强调以产品为载体，"computer icon"或"icon"因不满足产品性的要求而不能成为外观设计的保护客体。韩国则弱化产品性的要求，其通过修改《韩国外观设计法》的方式将 Typeface 规定为独立的保护对象。《欧共体外观设计保护条例》强调保护的是"设计"，并不强调保护作为载体的产品，GUI 本身就可以作为保护客体，无须指定其使用的产品而获得注册和保护。

《中华人民共和国专利法》（以下简称《专利法》）第 2 条第 4 款规定："外观设计，是指对产品的形状、图案或者其结合以及色彩与形状、图案的结合所作出的富有美感并适于工业应用的新设计。"该规定以定义的方式对外观设计专利的保护客体进行了限制。此外，外观设计专利权的保护范围以表示在图片或者照片中的该产品的外观设计为准，简要说明可以用于解释图片或者照片所表示的该产品的外观设计，故外观设计要想在中国获得外观设计专利的保护需要具备产品性的要求。

在中国，外观设计这一问题要想取消对产品性的要求，需要通过修改法律。此外，取消产品性的要求可能与《专利法》第25条1款第6项规定相冲突。第25条第1款第6项是第三次《专利法》修改新增加的规定，其内容为对平面印刷品的图案、色彩或者二者的结合作出的主要起标识作用的设计，不授予专利权。理由是："外观设计专利权的保护对象，应当集中在对产品本身的改进。对平面印刷品的图案、色彩或者二者的结合作出的主要起标识作用的外观设计，如瓶贴等，其功能在于将特定产品从同类产品中区分出来，对产品本身的外观设计并无改进，授予其专利权，不利于我国外观设计整体水平的提高。同时此类外观设计的标识功能与商标权、著作权的区分功能发生重叠，容易导致法律适用上的混乱，因此，这次修改专利法，将其作为不授予专利权的情形。"[①] 从上述理由也可以看出，我国外观设计的保护客体是对产品本身改进的外观设计。我国《专利审查指南》规定：在依据上述规定对外观设计专利申请进行审查时，首先，审查员根据申请的图片或者照片以及简要说明，审查使用外观设计的产品是否属于平面印刷品；其次，审查所述外观设计是否是针对图案、色彩或者二者的结合而作出的，由于不考虑形状要素，所以任何二维产品的外观设计均可认为是针对图案、色彩或者二者的结合而作出的；再次，审查所述外观设计对于所使用的产品来说是否主要起标识作用，主要起标识作用是指所述外观设计的主要用途在于使公众识别所涉及的产品、服务的来源等，GUI虽然不同于传统意义上的平面印刷品，但也属于二维的平面产品设计，就其使用时的状态而言，与平面印刷品上的图案、色彩或者二者的结合并无太大的差别，[②] 因此GUI本身有可能违背《专利法》第25条第1款第6项的规定。

[①] 全国人大常委会法制工作委员会经济法室编著：《〈中华人民共和国专利法〉释解及实用指南》，中国民主法制出版社2009年版，第57页。

[②] 目前，一些公司的电纸书如亚马逊的kindle已经非常接近于纸质书。

日本和美国尽管都强调以产品为载体，但对产品与外观设计联系的紧密程度的要求不同。微软公司的 windows 操作界面，由于其可以显示在安装了软件、硬件的计算机上，美国专利商标局认可其产品性要求。但日本专利局认为，微软公司的 windows 操作界面可以显示在任何一台安装了软件、硬件的计算机上，而不是只能显示在特定的计算机上；计算机对用户界面设计而言是一个载体，但不是某个具体的载体，因此计算机显示的图形图像属于单纯的图像，不能被认为是产品而成为外观设计保护的客体。

实际上，中国于 2014 年 5 月 1 日起实施的修改后的《专利审查指南》，弱化了对产品的要求。

二、部分外观设计

从法律解释的角度来看，《专利法》第 2 条第 4 款中"产品"一词的含义无法涵盖"产品的部分"。韩国、日本采用了修改法律的方式，美国通过判例法的方式引入了部分外观设计。

实践中，我国的外观设计专利并不保护部分设计。《专利审查指南》规定，产品的不能分割或者不能单独出售且不能单独使用的局部设计，如袜跟、帽檐、杯把等，属于不授予外观设计专利权的情形。USD604 305 中的图片是显示屏的视图，显示屏属于产品不可分割的组成部分，显示屏不属于完整产品，因此显示屏本身不属于我国外观设计专利保护的客体。

三、中国对 GUI 保护的变化

2014 年 5 月 1 日之前的《专利审查指南》（2010）中对图案进行了如下的定义和解释："图案，是指由任何线条、文字、符号、色块的排列或组合而在产品的表面构成的图形。图案可以通过绘图或其他能够体现设计者的图案设计构思的手段制作。产品的图案应当是固定、可见的，而不应是时有时无的或者需要在特定的条件下才能看见的。"从 2006 版《专利审查指南》开始，明确"产品通电后显示的图案。例如，电子表表盘显示的图案、手机显示屏上显示的图案、软件界面等"不授予外观设计专利权的情形①。产品通电后显示的图案不属于外观设计保护客体的理由在于外观设计要想获得专利保护的前提是设计必须以产品为载体。而产品通电后才能显示的图案是软件运行后形成的图案，并不是产品外观固有的图案，该图案的设计不属于产品外观设计的固有部分；产品通电后显示的图案没有将设计应用到具体的产品，未以产品作为外观设计的载体，属于单纯图案设计。因此，在专利诉讼"世纪大战"中，苹果和三星在中国均没有以 GUI 专利作为诉讼武器。

2014 年 5 月 1 日起实施的修改的《专利审查指南》对图案进行了扩展解释，将 GUI 纳入专利保护的客体，并删除《专利审查指南》（2010）与之矛盾的内容。

---

① 《专利审查指南》已经修改，从 2014 年 5 月 1 日开始保护涉及 GUI 的产品。

第二章　苹果滑动解锁同族专利诉讼

第一节　苹果滑动解锁同族专利的诉讼情况

专利诉讼"世纪大战"涉及很多专利，这些专利中的大多数都有同族专利，苹果和三星利用这些同族专利，在多个国家同时发起诉讼。

苹果滑动解锁同族专利涉及同族专利 US8046721B1、US7657849B2、EP1964022B1 和 KR100993459B1。

2011 年 6 月 22 日，苹果以韩国专利 KR100993459B1 的专利权受到侵犯为由向韩国法院起诉三星侵权，以欧洲专利 EP1964022B1 受到侵犯为由向荷兰法院、英国法院和德国法院起诉三星侵权；2012 年 2 月 8 日，苹果以美国专利 US8046721B1 受到侵犯为由在美国北加州联邦地区法院提出诉讼（以下将该诉讼称为滑动解锁案）。滑动解锁案是苹果在美国向三星发起的第二起专利诉讼①。

2011 年 8 月，荷兰法院作出判决，认为欧洲专利 EP1964022B1 在荷兰无效，理由是基于三星所提交现有技术证据，瑞典手机 Nenode N1m 的销售日期早于该专利，构成了现有技术，该专利相对于手机 Nenode N1m 不具备创造性。2012 年 7 月，英国法院以类似理由认为欧洲专利 EP1964022B1 在英国无效。2012 年 3 月 2 日，德国法院作出判决，认为三星产品的解锁方式与欧洲专利 EP1964022B1 存在差异，因而不构成专利侵权。2013 年 4 月 3 日，德国联邦专利法院作出判决，认为水平滑动手势可以让手机用户更容易解锁，但该专利不是一项技术创新，区别特征不具有技术性，法院以不符合《欧洲

---

① 第一起专利诉讼是 2011 年 4 月 15 日的诉讼。

专利公约》中的创造性要求为由，判定该专利在德国无效；苹果向德国联邦最高法院提起上诉，2015 年 8 月 25 日，德国联邦最高法院推翻了德国联邦专利法院关于区别特征不具有技术性的认定，认可了区别特征的技术性，但认为上述专利不具备创造性。北加州联邦地区法院认可美国专利 US8046721B1 的有效性，于 2016 年 1 月 18 日判定三星侵权，并对三星下达禁售令；2016 年 3 月 2 日，美国联邦巡回上诉法院（the United States Court of Appeals for the Federal Circuit，以下简称 CAFC）二审认定上述专利因不具备创造性无效；苹果申请 CAFC 进行全席审理获得获准，CAFC 全席审理后推翻之前的二审判决，认定专利权有效；之后，三星申请全席重新审理未获批准；三星向美国联邦最高法院申诉未获批准。至此，该案尘埃落定。

第二节　苹果滑动解锁同族专利的授权文本

苹果滑动解锁专利的同族专利的授权文本存在一定的差异，具体权利要求内容如下。

一、US8046721B1 的权利要求 1

一种解锁手持电子设备的方法，所述手持电子设备包括触敏显示器，所述方法包括：

检测在相应于解锁图像的第一预定位置与触敏显示器的接触；

在保持与触敏显示器持续接触的同时按照所述接触的移动，在触敏显示器上持续移动所述解锁图像，其中，所述解锁图像是一个图形交互式用户界面对象，用户可以与该图形交互式用户界面对象交互以解锁所述手持电子设备；

如果在触敏显示器上移动所述解锁图像导致该解锁图像从第一预定位置移动到触敏显示器上的预定解锁区域，解锁所述手持电子设备。

二、US7657849B2 的权利要求 1

一种控制具有触敏显示器的电子设备的方法，包括：

当所述设备处于用户界面锁定状态时，检测与所述触敏显示器的接触；

根据所述接触，沿所述触敏显示器上的预定显示路径移动解锁图像，其中所述解锁图像是用户与之交互以解锁所述设备的图形交互式用户界面对象；

如果检测到的接触与预定手势相对应，将所述设备转换到用户界面解锁状态；

如果检测到的接触不与所述预定手势相对应，将所述设备保持在所述用户界面锁定状态。

三、EP1964022B1 的权利要求1

一种控制包括触控显示屏（408，1014）的便携式电子设备（400，1000）的计算机实现的方式（见图1-3），包括：

当设备处于用户界面锁定状态时，检测（308，908）与所述触摸屏的接触；

如果检测到的接触与预定手势相对应，将所述设备转换（314，914）到用户界面解锁状态；

如果检测到的接触与所述预定手势不相对应，将所述设备保持（312，912）在用户界面锁定状态；

其特征在于，根据接触在触摸屏上沿着预先显示的路径移动解锁图案（402，1002，1008），其中，解锁图案是一个图像化的、交互的用户接口对象，用户与用户接口对象交互以解锁所述设备。

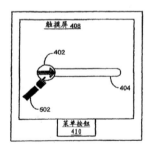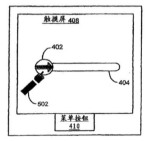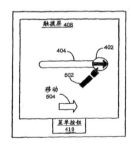

图1-3 滑动解锁的过程

上述同族专利在权利要求的撰写、保护范围上都不尽相同，从中是否能够体现出苹果在进行全球专利布局时的战略考虑，以及各国对于保护范围的确定标准的不同，值得进一步研究。

第三节　苹果滑动解锁同族专利在美国的诉讼

一、美国专利制度概览

（一）美国法典

1926 年，美国将自 1776 年建国以来美国国会制定的所有法律（不包括独立宣言、联邦条例和联邦宪法）加以整理编纂，按 50 个项目系统地分类编排，并命名为《美国法典》（United States Code，USC）。《美国法典》首次以 15 卷的篇幅发表，即第一版《美国法典》。之后，当一部法律通过后，美国国会众议院就把法律的内容公布在《美国法典》上。《美国专利法》位于《美国法典》的第 35 编。

（二）美国判例法

美国法院的法官在司法活动中形成的法律体系称为美国判例法。判例法是除了《美国法典》之外美国法律最重要的渊源，法律可以推翻判例。在北美殖民地初期，来自英国的移民把英国的判例法带到北美殖民地。但是直到 19 世纪才开始强调先例的拘束力；19 世纪中叶，遵循先例的原则才得以牢固确立。遵循先例这一原则在美国的具体含义包括以下几个方面：

上级法院的判决对下级法院具有拘束力。由于美国实行联邦制，有联邦法院和州法院两个系统，宪法划定了各自的管辖权。因此，下级法院只受本系统上级法院判决的拘束；涉及属于州法院管辖的事务，州下级法院只遵守本州上级法院的先例；联邦最高法院和州最高法院不受自己先例的拘束；①各州同级法院的判决彼此之间只有说服力，不具有拘束力。

---

① 这一点与英国形成对照。

与英国相比，美国在适用遵循先例的原则时更加自由。①

（三）事实问题和法律问题

西方法谚有谓"法官不回答事实问题"而"陪审团不回答法律问题"，揭示了"事实问题/法律问题"是划分法官和陪审团权限的依据与基础。

所谓事实问题（question of facts），是指探寻本案发生过或将要发生的行为、事件、行为人的主观意愿或其他心理状态时所产生的问题。事实问题分为"证据事实"（evidentiary facts）问题和"结论事实"（ultimate facts）问题两种类型。证据事实即原始事实，或者说可以直接用感官感知的事实；结论事实则从证据中演绎得出，在适用陪审团裁判的场合由陪审团在商议后决定，以此构成法律适用的基础。

所谓法律问题，指的是对已认定的事实，按照法律规范应如何作出评价的问题。例如，"行为人所作意思表示是否构成要约""原告知假买假是否属于消费者"。假设意思表示的内容已通过证据予以证明，知假买假的事实也已确定，则这几个问题的解答主要取决于对作为法律规范的"要约""消费者"的解释。法律问题包含了法律解释及适用两部分内容。

纯粹的事实问题独立于法律而存在，其产生、解决均无须法律的介入；纯粹的法律问题也只需通过法律规范的解释、识别或选择予以解答，跟案件事实无关。对相互牵连（fact-sensitive）且与法律解释不可分割的裁判问题，英美法系理论称为混合问题（mixed question of fact and law）。②

美国法院通过判例对专利法中的事实问题与法律问题作出以下区分。

1. 事实问题

实用性（utility）。

新颖性（novelty）。

非实际专利权人申请专利（derivation）。

权利放弃（abandonment）。

公开不充分（inadequate written description）。

---

① 罗肇鸿、王怀宁主编：《资本主义大辞典》，人民出版社1995年版，第796页。
② 陈杭平："'事实问题'与'法律问题'的区分"，载《中外法学》2011年第2期。

最佳实施例（best mode）。

侵权（文义侵权与等同侵权，literal infringement and doctrine of equivalents）。

逆等同（reverse doctrine of equivalents）。

利润损失额（amount of lost profits）。

合理许可使用费（reasonable royalty）。

故意侵权（willful infringement）。

专利标识（marking）。

2. 法律问题

权利要求不清楚（indefinite claiming）。

禁反言（prosecution history estoppel）。

默示许可（implied license）。

产品修复或产品再造（repair or reconstruction）。

权利要求的解释（claim construction）。

3. 基于事实的法律问题

法定客体问题（statutory subject matter）。

可以实施（enablement）。

非显而易见性（non-obvious）。

美国专利法第102（b）条公开使用、销售、在印刷刊物发表。

（四）陪审团

陪审团制度，是指由特定人数的公民参与决定嫌犯是否起诉、是否有罪的制度，在美国也用于民事诉讼中。目前，在司法制度中采用陪审团制度的有美国、英国等。

通说认为英国是现代陪审团制度的发源地。随着英国殖民地的扩张，陪审团制度从英国传入美国，美国对陪审团制度进行了一系列的改革，使其在美国得到了比英国更好的发展。美国宪法中对陪审团制度的规定非常详细。《美国宪法第五修正案》："无论何人，除非根据大陪审团的报告或起诉书，不受死罪或其他重罪的审判……"《美国宪法第六修正案》："在一切刑事诉讼中，被告有权由犯罪行为发生地的州和地区的公正陪审团予以迅速和公开的审判……"《美国宪法第七修正案》："在习惯法的诉讼中，其争执价额超过二十美元，由陪审团审判的权利应受到保护。由陪审团裁决的事实，合众国的任何法院除非按照习惯法规则，不得重新审查。"《美国联邦民事诉讼规则》第6章第38条规定"要求陪审团审判的权力"，包括权利保障、要求、争点的确定、放弃、海事和海上请求5款内容。第47条规定"选定陪审成员"，包括对陪审团人员的询问、强制回避、免除3款内容。第48条规定陪审团成员人数、参与裁决。第51条规定对陪审团的指示、异议。

陪审团是指向法官宣誓并且对给定的案件作出事实裁决的一组人员。尤其是指依照法律，召集听取案件并且在法庭上作出案件事实裁决的一组人员，其成员被称为陪审员。美国法律规定，每个成年美国公民都有担任陪审员的义务。但是不满18岁、不在本土居住、不通晓英语及听力有缺陷的人、有前科者，没有资格充当陪审员。

在美国，陪审团分为大陪审团（grand jury）和小陪审团（petty jury）。大陪审团一般只适用于刑事案件，通常由23名陪审员组成，职责主要是在庭审前，确定被告是否有犯罪嫌疑和是否提起公诉。大陪审团对检察官提出的被告人的罪证是否成立进行审查，这种审查是在被告人和其他律师不出席的情况下作出的。大陪审团可以在任期内（一般是4周）审查若干起案件。审查后，按照表决多数的原则裁决检察官控告的证据是否成立或不足，从而决定案件是否起诉。小陪审团一般由6～12人组成，一案一组，参加审判，职责是听取庭审，查看证据，然后进行评议，就案件的事实部分进行裁决。小陪审团在刑事案件中决定被告人是否有罪，在民事诉讼中决定被告人是否要赔偿。

陪审团所认定的结果称为裁决（verdict），仅具有事实认定的效果而非正式判决，法官会据以参酌法律作出判决。如果陪审团认定事实不合乎常理，或者违背法官所给的法律指示等，法官可以排除陪审团的结论。

就专利而言，由于陪审员的选定不以专业背景为必要条件，在随机抽样选择的情况下，陪审团多不具有与涉案专利相关的技术背景。由于专利案件的复杂性，以及争议的权利要求涉及不同技术领域，美国学界经常质疑"外行"的陪审团是否有能力判断侵权及专利的有效性。例如，争议的权利要求与现有技术相比是否是非显而易见的这种抽象概念，在具体案件中即使是本领域的人也不易判断，更不用说要求欠缺技术背景的陪审团来判断非显而易见的要素是否成立。一方面，美国律师协会通过继续教育，强化专利律师在法庭上进行专利诉讼的能力，并特别强化专利律师在专利案件中如何将技术呈现给陪审团，使陪审团得以理解争议技术的能力；另一方面，《美国专利法》引入了无须陪审团的双方重审程序。

在石油国家能源服务公司诉格林能源集团案（Oil States Energy Services, LLC v. Greene's Energy Group, LLC）中，石油国家能源服务公司认为，双方重审程序违反了《美国宪法》第 3 条以及《美国宪法第七修正案》。《美国宪法》第 3 条第 1 款规定，合众国的司法权属于一个最高法院以及由国会随时下令设立的下级法院。① 《美国宪法》第 3 条第 2 款规定，对一切罪行的审判，除了弹劾案以外，均应由陪审团裁决。② 《美国宪法第七修正案》则进一步明确，在普通法的诉讼中，争执价额超过 20 美元的，由陪审团审判的权利应受到保护。③ 因为专利权是私有产权，专利权由没有陪审团审判环节的专利审判和上诉委员会审理并作出决定，是不被允许的。

美国联邦最高法院在 2018 年 4 月 24 日以表决人数 7∶2 的比例作出的判决中认为：授予专利权的决定是一种"涉及公共权利的事项"，落入公共权利原则约束的范畴内，因为其涉及"政府和他人之间的事由"。具体而言，专利本质而言是一种政府授予发明人的"公共特许权"。双方重审程序包含着与最初授予专利权相同的基本性质。本质上说，双方重审程序就是授权的"再议"或"再审查"，因为国会具有将"公共权"的司法审判指派给"non-Article Ⅲ court"④（如专利审判和上诉委员会这样的行政机构）的自由，故双方重审程序并不违反《美国宪法》第 3 条。美国联邦最高法院还认定，基

---

① The judicial Power of the United States, shall be vested in one supreme Court, and in such inferior Courts as the Congress may from time to time ordain and establish.

② The Trial of all Crimes, except in Cases of Impeachment, shall be by Jury.

③ In Suits at common law, wherethe value in controversy shall exceed twenty dollars, the right of trial by jury shall be preserved…

④ "第三条法院"即美国联邦最高法院及其下级联邦法院。这类法院由《美国宪法》第 3 条授权设立，目前包括联邦巡回上诉法院、巡回上诉法院，联邦地区法院和美国国际贸易法院（United States Court of International Trade）。

于其对于《美国宪法》第3条的解释，使其得出结论：双方重审程序也并不违反《美国宪法第七修正案》。美国联邦最高法院同时指出，"公共特许权"仍然是财产权的一种具体形式，就《美国宪法第五修正案》的正当程序条款（due process clause）或征用条款（takings clause）①而言，专利权仍然是私权。因此，美国联邦最高法院在之前的判决中虽然曾经认定专利权是专利权人的私权，但这与其在本案中的立场并不矛盾。

最新加入美国联邦最高法院的大法官戈萨奇联合首席大法官罗伯茨提出了异议。在反驳双方重审程序就是授权的"再议"或"再审查"的观点时，用了一个简单的比喻"送出礼物并不意味着永远享有要回礼物的权利"，故行政机关能够授予发明以专利并不意味着行政机关可以撤销专利。②在德国，作为行政机关的德国专利商标局授予专利权，作为司法机关的德国联邦专利法院审查专利权的有效性。

实际上，不仅美国联邦最高法院在之前的判决中曾经认定专利权是专利权人的私权，TRIPs协议开篇就要求承认知识产权是私权（recognizing that intellectual property rights are private rights）。即使是石油国家能源服务公司与格林能源集团案，美国联邦最高法院也承认就《美国宪法第五修正案》的正当程序条款或征用条款而言，专利权仍然是私权。但是，就双方重审程序而言，美国国会通过立法制定了双方重审程序，作为行政机关的美国专利商标局执行了双方重审程序，作为具有司法审查权的美国联邦最高法院被认为其不会在这个问题作出违宪的裁决。

（五）即决判决

即决判决（Summary Judgment），又称为即决审判、简易判决。《元照英美法词典》对即决判决进行定义："简易判决，指当事人对案件中的主要事实（material facts）不存在真正的争议（genuine issue）或案件仅涉及法律问

---

① 根据《美国宪法第五修正案》的正当程序条款（due process clause），任何人的生命、自由和财产未经正当程序不得被剥夺；根据该修正案中的征收条款（takings clause），不给予公平赔偿，私有财产不得充作公用，政府只有在为公共使用的目的时才能征收私有财产。

② Just because you give a gift doesn't mean you forever enjoy the right to reclaim it. And, as we've seen, just because the Executive could issue an invention（or land）patent did not mean the Executive could revoke it.

题时，法院不经开庭审理而及早解决案件的一种方式。"《布莱克法律词典》也对即决判决进行了定义："即决判决是对于重要事实不存在真正争点，而且申请人有权获得作为法律问题的判决的诉讼请求作出的判决。"美国《联邦地区法院民事诉讼规则》对即决判决的规定是："对于重要事实没有争点的案件，法院根据当事人（原被告均可）的申请，作为法律问题不经法庭事实审理而作出的判决。"即决判决可以简化诉讼程序、加快诉讼进程、节约诉讼成本。虽然即决判决的作出并没有经过完全的庭审过程，但这并不影响其与适用普通程序作出的判决有同样的法律效力，即决判决一经作出，就具有同普通民事判决完全相同的效力。

在 KSR 国际公司诉 Teleflex 公司案（KSR International Co. v. Teleflex Inc.，① 以下简称 KSR 案）中，CAFC 认为重要事实存在争议不能即决判决。美国联邦最高法院不同意 CAFC 的这一观点，美国联邦最高法院认为：在一定程度上，CAFC 理解了 1966 年的格雷厄姆诉堪萨斯城的约翰迪尔公司案（Graham v. John Deere Company of Kansas City）② 确立的专家提供显而易见性的判断性证词后排除即决判决的可能性的方式，但 CAFC 错误理解专家证词在显而易见性分析中的作用。在考虑即决判决时，美国联邦地区法院可以并且应当考虑专家证词，这可以解决问题或者对某些事实持开放的态度，然而这不是最终目的。显而易见性的最终判断是一个法律判断。③ 现有技术的内容、专利权利要求的范围以及本领域普通技术人员的水平不存在实质争议，根据这些因素，权利要求的显而易见性非常明显，作出即决判决是合适的。Teleflex 提供的证词不能阻碍美国联邦地区法院对本案作出的可以进行即决判决的结论。

（六）依法律判决

依法律判决（judgment as a matter of law，JMOL）是判决的一种，其不同于陪审团的裁决，其目的是作出与陪审团所作出的裁决相反的判决，亦即

---

① KSR International Co. v. Teleflex Inc., 550 U. S. 398（2007）.

② 383 U. S. 1（1966）.

③ 383 U. S. 1（1966）.

当陪审团的裁决对原告有利时，作出对被告有利的判决；当陪审团的裁决对被告有利时，则作出对原告有利的判决。除非陪审团的裁决没有得到实质证据支持，或是陪审团基于错误的法律作出了裁决，否则依法律判决是不适当的。

在 z4 科技公司诉微软案（z4 Technologies, Inc. v. Microsoft Corp.）①中，CAFC 在关于依法律判决的部分，首先指出依法律判决并非只存在于专利法中，因此，该案需参考美国联邦地区法院所属审判区域的美国巡回上诉法院的判例②。该案中，美国东德州联邦地区法院所属审判区域的美国巡回上诉法院是美国第五巡回上诉法院。③

（七）美国专利法

美国专利制度的立法基础是 1789 年《美国宪法》第 1 条第 8 款第 8 项，即"为了促进科学和实用艺术的进步，在有限的时间内保证作者和发明人对各自的作品和发现享有专有权"。④ 1790 年，美国诞生了自己的第一部专利法——《促进实用技术进步法案》。此后，随着社会的发展，美国的专利制度进行了多次改革。现行《美国专利法》制定于 1952 年，经过多次修改。

（八）美国联邦巡回上诉法院

美国联邦巡回上诉法院（CAFC），在案例援引时简写为 Fed. Cir.，属于美国联邦法院系统，是 13 个巡回上诉法院之一，住所设于哥伦比亚特区华盛顿。1982 年美国国会通过了《联邦法院改进法案》（Federal Court Improvement Act），基于该法案，1982 年 10 月 1 日，由原来的美国海关与专利上诉法院（United States Court of Customs and Patent Appeals）与美国索赔法院（United States Court of Claims）的上诉部门合并成立 CAFC。CAFC 在 13 个巡回上诉

---

① 507 F. 3d 1340 (Fed. Cir. 2007).

② The denial of a motion for judgment as a matter of law…is a procedural issue not unique to patent law, which we review under the law of the regional circuit where the appeal from the district court normally would lie. Riverwood Int'l Corp. v. R. A. Jones & Co., 324 F. 3d 1346, 1352 (Fed. Cir. 2003).

③ 美国的 50 个州、首都华盛顿特区同其境外领土被划分为 13 个审判区域，设有 13 个巡回上诉法院。其中 11 个巡回法院由数字命名，其余两个法院分别是哥伦比亚特区巡回上诉法院和美国联邦巡回上诉法院。

④ To promote the progress of science and useful arts, by securing for limited times to authors and inventors the exclusive right to their respective writings and discoveries.

法院中是最晚成立的，也是最独特的一个；和其他 12 个巡回上诉法院不同，CAFC 的管辖权是基于案件的事项（subject matter）而不是地理位置来确定的。CAFC 最为人熟悉的职能是作为专利确权诉讼、专利侵权诉讼的专属上诉法院，它受理来自美国专利商标局的专利案件，美国联邦地区法院专利案件和来自美国国际贸易委员会的"337 调查"案件的上诉。自其成立以来，审理的案件大约有 1/3 涉及专利。CAFC 关于专利案件的许多重要判决在美国专利制度的发展中起了极其重要的作用。然而，CAFC 管辖的案件并不限于专利。值得注意的是，对于同属知识产权范畴的商标和著作权的相关案件，CAFC 不具有管辖权。① 由于美国联邦最高法院每年仅接受少于 100 个司法案件的申诉，因此大多数案件的终审判决均来自 CAFC。一般来说，来自任何美国联邦地区法院的所有上诉，只要原诉讼中包含了基于美国专利法产生的诉讼请求，均由 CAFC 受理。然而，根据美国联邦最高法院的判决，如果专利诉讼请求仅是被告作为反诉提出的，则不一定必须由 CAFC 受理。不过，尽管其他的美国巡回上诉法院理论上也可以受理作为反诉的专利诉讼请求，实际上这样的情况不常发生。CAFC 的一个与众不同之处是它的判决，尤其是有关专利案件的判决，在全美国都成为约束性的先例。这与其他 12 个美国巡回上诉法院不同，后者的判决只在它们负责的地理区域内成为约束性的先例。CAFC 的判决只可以为美国联邦最高法院的判决或者成文法的相关改变所推翻。由于是否审查 CAFC 的判决取决于美国联邦最高法院的自由裁量，所以实际上大多数情况下 CAFC 的决定是终局性的，特别是由于 CAFC 就相关事项拥有排他性的管辖权，不存在所谓"巡回区分歧"（circuit split，即不同巡回区的美国巡回上诉法院对美国联邦法律的解释和美国联邦最高法院的判决的理解发生分歧）的情况。

---

① https：//wapbaike. baidu. com/item/% E7% BE% 8E% E5% 9B% BD% E8% 81% 94% E9% 82% A6% E5% B7% A1% E5% 9B% 9E% E4% B8% 8A% E8% AF% 89% E6% B3% 95% E9% 99% A2/10053106? fr = aladdin&ms = 1 &rid = 11041072132952978747&bk_ tashuoStyle = topLeft&bk_ share = shoubai&bk_ sharefr = lemma.

（九）专利无效

1. 行政无效

美国所有的专利由 USPTO 这一行政机关授权，可以通过 USPTO 的专利审判与上诉委员会（Patent Trial and Appeal Board，PTAB）这一行政途径挑战专利权的有效性，PTAB 对专利权的有效性进行事实审理和法律审理。对于 PTAB 的决定不服，可以就法律问题上诉到 CAFC，如果对 CAFC 的判决不服，可以申请美国联邦最高法院再审。

2012 年 9 月 16 日之前，通过行政途径挑战专利权有效性的方式包括单方再审程序（Ex Parte Reexamination）和双方再审程序（Inter Partes Reexamination）。2011 年 9 月 16 日，当时的美国总统奥巴马签署了《美国发明法案》（America Envenits Act，AIA）。根据 AIA，2012 年 9 月 16 日起，双方再审程序被废止，被双方重审程序（Inter Partes Review，IPR）代替，同时增设了授权后重审程序（Post Grant Review）。因此，现行通过行政途径挑战专利权有效包括三种方式：单方再审程序、双方/多方重审程序和授权后重审程序。单方再审对提起时机并没有要求，任何时间均可以提出。与此相比，授权后重审与双方重审对提起时机均有明确规定，且仅可由第三方提起。第三方必须在不晚于专利颁发日或再颁日 9 个月内提出授权后重审；而双方重审提起时机为专利颁发日或再颁日 9 个月后，或者授权后重审程序中止后。授权后重审程序与双方重审程序在设计之初是希望这两个程序在时间上是承接的。

负责 IPR 程序是美国专利商标局的专利审判和上诉委员会，IPR 的特点包括以下几个方面。

（1）USPTO 对是否启动 IPR 程序具有最终决定权，该决定不可上诉。①

（2）USPTO 有权在 IPR 程序中适用最宽合理解释（broadest reasonable interpretation，BRI），不同于联邦地区法院的普通字面解释（plain and

---

① 美国联邦最高法院认为，国会通过了美国专利修改法案，目的就是给予专利局显著的权力去重新审视和修正之前授权的专利，由于这个目的，国会才在新专利法第 314（d）条中规定了不可上诉规则，即 The determination by the Director whether to institute an inter partes review under this section shall be final and non appealable。因此，美国联邦最高法院认为不可上诉原则并没有超出 USPTO 的权力范畴。

ordinary meaning，POM）。①

（3）采用"优势证据原则"（a preponderance of the evidence），不同于美国联邦地区法院的"清晰且令人信服的证据原则"（clear & convincing）。

（4）由专业人士而不是陪审团对事实问题进行判断。

根据 USPTO 官方数据，截至 2015 年 12 月 31 日，共有 2447 项 IPR 请求被处置，而其中有 732 项被完全审结（472 项在审理过程中终止）。在完全审结的 732 项中，权利要求被全部无效的比例为 72%，而部分无效的比例为 15%。也就是说，完全审结的 IPR 程序中，无效成功率高达 87%。

2. 司法无效

通过司法途径挑战专利权有效性包括三种方式：提起专利权确认诉讼、在侵权诉讼中提起专利权无效的反诉、在侵权诉讼中提起专利权无效的抗辩。其中，专利权确认诉讼需要有"确实的争议"才能够启动，无效反诉和无效抗辩均是在提起侵权诉讼后才能够启动。

1971 年以前，专利无效的判决并无对世效力。即使在诉讼中专利权人的专利被无效，专利权人仍有权利以同一专利起诉另一个当事人。1971 年美国联邦最高法院就布朗德唐格实验室诉伊利诺伊大学基金会案（Blonder-Tongue Laboratories v. University of Illinois Foundation）② 的判决改变了这一点：当专利权人在以其专利起诉某一被诉侵权者的前诉中被判专利无效，不允许其在起诉另一被诉侵权者时声称该专利权有效。该结论依据的是间接禁反言原则（争点排除原则）。需要强调的是，该判决使被告可以在后诉中"防御性使用"（defensive use）争点排除原则来反对前诉中的原告，"防御性

---

① 美国联邦最高法院表示，《美国专利法》第 316（a）（4）条明确规定了 USPTO 应该主导 IPR 程序，主导包括了建立和管理相关的法规和原则。因此，美国联邦最高法院同意 CAFC 的先前判决，即 USPTO 有权对 IPR 程序适用不同于法院的解释原则。此外，虽然《美国专利法》中没有清晰地指明 USPTO 需要在 IPR 程序中适用何种原则，但是根据先前的判例，当法律条文很明确时，行政部门应该遵守该条文；当其不明确时，相关的行政部门有余地根据条文的意图和文意去合理地制定规则。最终，美国联邦最高法院认为 BRI 程序有利于专利在"合理的范围"下被授权，因而是符合公众利益的；否则，如果不合理的"过大"保护范围的专利被授权，可能不利于公众使用该发明的积极性。此外，美国联邦最高法院还认为 BRI 原则有利于督促专利权人在专利申请过程中构建专利的合理保护范围，而非"过大"的保护范围。

② 402 U. S. 313 (1971).

使用"限定了如果原告在前次诉讼中被判专利有效，在以该专利权起诉另一当事人时，并不能适用争点排除原则直接认定专利权有效。

在通过司法途径挑战专利权有效性诉讼中，由美国联邦地区法院的陪审团对事实问题进行裁决，由法官对法律问题进行裁决。对于美国联邦地区法院的判决不服，可以就法律问题上诉到 CAFC，如果对 CAFC 判决不服，可以申请美国联邦最高法院再审。美国联邦地区法院对于重要事实没有争点的案件，对法律问题即决判决而无须陪审团参与，在 KSR 案中，美国联邦地区法院作出了即决判决并被美国联邦最高法院认可。

3. 无效双轨制导致的冲突

双轨制使得在美国挑战专利权有效性的方式更加灵活，但灵活的代价是无效结果存在冲突的机率增加了。

《美国专利法》第282条规定，在专利诉讼过程中，法院推定专利权是有效的。据此，在诉讼过程要求证据需要达到"清晰且令人信服"证明标准。"清晰且令人信服"的证明力度高于通过行政途径挑战专利权有效性的"优势证据"的证明力度。因为对证据证明力度的要求不同，通过法院途径挑战专利权的有效性与通过行政途径无效专利权的有效性中对专利权有效性的争辩不属于同一争点，因此，不能适用争点排除原则，将通过法院途径获得的无效结果适用于在后的再审或重审过程中。

在巴克斯特公司诉费森尤斯公司（Baxter Int'l, Inc. v. Fresenius USA, Inc.）的专利纠纷案件中，通过行政途径无效专利权的结果以及通过法院途径无效专利权的结果出现了冲突，同时引发了 CAFC 的法官对于该结果是否"违反宪法意图，同时违反立法目的以及禁止反言和争点排除原则"的质疑和讨论。

如图 1-4 所示，2009 年，CAFC 终审给出了维持 US5247434 专利权利要求 26~31 专利权有效的结论。而 2010 年 3 月，USPTO 通过单方再审程序基于相同的证据得出权利要求 26 无效的结论，同时结合其他证据得出权利要求 27~31 无效的结论，上述结论与 2009 年 CAFC 终审判决结论是相反的，专利权人巴克斯特公司对 USPTO 的单方再审结果不服提起上诉，但 CAFC 最终维持了 USPTO 作出的专利无效的单方再审结果。此后，纽曼法官请求重新审理，但是该请求被拒绝。拒绝理由中明确指出由于证据的证明力度不同，该结果并没有改变既决事项（res judicata）司法原则的意图。

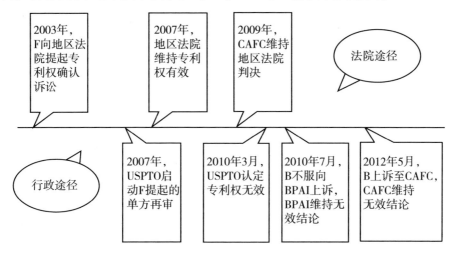

图1-4 巴克斯特公司诉费森尤斯公司专利纠纷案件时间轴

二、非显而易见性（non-obvious）

（一）非显而易见性概念

TRIPs协议的第5节第27条涉及可授予专利的条件（Patentable Subject Matter），可授予专利的条件的第1款包括创造性（involve an inventive step）①。在该协议的备注5中涉及创造性和非显而易见性之间的关系，即创造性视为与非显而易见性同义。② 在实务中，通常认为这两者表达的是同样的含义。③

---

① Article 27: Patentable Subject Matter 1 Subject to the provisions of paragraphs 2 and 3, patents shall be available for any inventions, whether products or processes, in all fields of technology, provided that they are new, involve an inventive step and are capable of industrial application. Subject to paragraph 4 of Article 65, paragraph 8 of Article 70 and paragraph 3 of this Article, patents shall be available and patent rights enjoyable without discrimination as to the place of invention, the field of technology and whether products are imported or locally produced.

② 5. For the purposes of this Article, the terms "inventive step" and "capable of industrial application" may be deemed by a Member to be synonymous with the terms "non-obvious" and "useful" respectively.

③ 本书中创造性和非显而易见性意思相同。

尽管最初《美国专利法》规定了新颖性和实用性的标准，但不涉及非显而易见性。美国联邦各级法院通过"法官造法"的方式确立非显而易见性判例。

　　最早的判例可以追溯到1851年的霍奇科斯诉绿林案（Hotchkiss v. Greenwood）①，美国联邦最高法院认可了一审法院给陪审团的一个指示，即专利维持有效除了具备新颖性和创造性之外还需要更多的条件。美国联邦最高法院没有援引任何在先判例来支撑包含在给陪审团指示中的可专利性的条件。该案影响了美国联邦法院近一个世纪。为1952年的《美国专利法》第103条的非显而易见性播下了种子。

　　之后，美国联邦各级法院将非显而易见性作为可专利性的条件，并不断地提高非显而易见性的高度（中间有反复）。

　　1941年，美国联邦最高法院在审理坤诸工程公司诉自动设备公司案（Cuno Engineering Co. v. Automatic Devices Co.）② 时引用了1851年的霍奇科斯诉绿林案，美国联邦最高法院认为后者对可专利性的条件提出了"创造性天赋的灵光闪现"（a flash of creative genius）标准。"创造性天赋的灵光闪现"这项严格的可专利性的标准使美国联邦最高法院杰克逊大法官在1949年的雍俄森诉奥斯特比和巴顿公司案（Jungersen v. Ostby & Barton Co.）③ 中写入如下的异议意见：唯一有效的专利是本法院（美国联邦最高法院）无法获得的专利。④ 然而，作为异议者，他也需要遵守1949年的雍俄森诉奥斯特比和巴顿公司案所确定的规则。在1950年的大西洋和太平洋茶业公司诉超级市场设备公司案（Great Atlantic & Pacific Tea Co. v. Supermarket Equipment Corp.）⑤ 中，杰克逊大法官代表美国联邦最高法院起草了涉案专利无效的判

---

　　① Hotchkiss v. Greenwood, 52 U. S. 248 (1851).

　　② Cuno Engineering Co. v. Automatic Devices Co. , 314 U. S. 84 (1941).

　　③ Jungersen v. Ostby & Barton Co. , 335 U. S. 560 (1949).

　　④ It would not be difficult to cite many instances of patents that have been granted, improperly I think, and without adequate tests of invention by the Patent Office. But I doubt that the remedy for such Patent Office passion for granting patents is an equally strong passion in this Court for striking them down so that the only patent that is valid is one which this Court has not been able to get its hands on.

　　⑤ Great Atlantic & Pacific Tea Co. v. Supermarket Equipment Corp. 340 U. S. 147 (1950).

决，该案被认为是对非显而易见性后见之明测试的顶峰。

在绝望下，USPTO 与美国专利律师向美国国会求助，产生了 1952 年《美国专利法》。1952 年《美国专利法》首次引入非显而易见性作为可专利性的条件。《美国专利法》在第 103 条规定了可专利性条件中的"非显而易见性"，即当寻求专利保护的主题和现有技术的差异，就该主题作为一个整体对于本领域技术人员而言是显而易见的时，则不可获得所要求的发明的专利。① 另外，为了彻底"埋葬"美国联邦最高法院的"创造性天赋的灵光闪现"标准，美国国会在第 103 条以否定的方式刻意加上"可专利性不得因该发明作出的方式而遭否定"（Patentability shall not be negated by the manner in which the invention was made.），从而以制定法取代了判例法，使法定标准取代了之前的司法判例。

2011 年 9 月 16 日，奥巴马签署了对《美国专利法》进行全面修订的《美国发明法案》，将美国实行 200 余年的"先发明制"（first to-invent rule）转变为"发明人先申请制"（first inventor-to-file rule），但该法案并没有改变非显而易见性的高度，故该法案之前涉及非显而易见性高度的有效的司法判例依然有效。

（二）非显而易见性判断框架

经过近 15 年，美国联邦最高法院对 1952 年《美国专利法》中的非显而易见性进行了解释。在 1966 年的格雷厄姆诉堪萨斯城约翰迪尔公司案②中，美国联邦最高法院确定了适用《美国专利法》第 103 条的框架，此框架被称为 Graham 标准。格雷厄姆案的判决书列举了判断显而易见性时应当依据的事实：确定现有技术的范围与内容、查明现有技术与权利要求的区别、本领域技术人员的水平（the level of ordinary skill in the pertinent art resolved），在

---

① 现行《美国专利法》第 103 条如下：35 U. S. C. 103 Conditions for patentability; non-obvious subject matter. A patent for a claimed invention may not be obtained, notwithstanding that the claimed invention is not identically disclosed as set forth in section 102, if the differences between the claimed invention and the prior art are such that the claimed invention as a whole would have been obvious before the effective filing date of the claimed invention to a person having ordinary skill in the art to which the claimed invention pertains. Patentability shall not be negated by the manner in which the invention was made.

② 383 U. S. 1（1966）.

此背景下再来确定技术方案是否显而易见，这就是所谓的 Graham 要素。该案还强调辅助判断因素，如商业上的成功、长期存在但未满足的需求、他人的失败等，可能被用于帮助认定发明技术方案的最初技术背景，作为显而易见或非显而易见的标志（indicia of obviousness or nonobviousness）。① 在该案中，美国联邦最高法院满怀信心地表示："我们相信，恪守这里所确定的各种要求，将产生国会在 1952 年《专利法》中所要求的一致性和确定性。"②

然而，美国联邦最高法院在支持第 103 条客观事实分析之后，再次退回到后见之明测试法中。安德森黑石公司诉路面公司案（Anderson's Black Rock, Inc. v. Pavement Co.）③ 和萨克莱达诉 AgPro 公司案（Sakraida v. Ag Pro Inc.）④ 运用后见之明的逻辑认定专利无效。

不同的美国巡回上诉法院在创造性问题上没有统一的标准，故美国国会再次介入。这一次，作为立法者的美国国会建立 CAFC。1982 年成立的 CAFC 结束了不同的美国巡回上诉法院显而易见性标准不统一的问题。在先例选择上，CAFC 迅速决定沿袭其认为更为合理的美国联邦最高法院格雷厄姆案的判决。自 1982 年起，Graham 标准通行美国。⑤

2007 年，格雷厄姆案之后 41 年，在 KSR 案中，美国联邦最高法院虽然一致推翻了 CAFC 的判决，但再次确认了 Graham 标准，并试图使安德森黑

---

① While the ultimate question of patent validity is one of law, A. & P. Tea Co. v. Supermarket Corp., supra, at 155, the § 103 condition, which is but one of three conditions, each of which must be satisfied, lends itself to several basic factual inquiries. Under § 103, the scope and content of the prior art are to be determined; differences between the prior art and the claims at issue are to be ascertained; and the level of ordinary skill in the pertinent art resolved. Against this background, the obviousness or nonobviousness of the subject matter is determined. Such secondary considerations as commercial success, long felt but unsolved needs, failure of others, etc., might be utilized to give light to the circumstances surrounding the origin of the subject matter sought to be patented. As indicia of obviousness or nonobviousness, these inquiries may have relevancy. See Note, Subtests of "Nonobviousness": A Nontechnical Approach to Patent Validity, 112 U. Pa. L. Rev. 1169 (1964).

② We believe that strict observance of the requirements laid down here will result in that uniformity and definiteness which Congress called for in the 1952 Act.

③ 396 U. S. 57 (1969).

④ 425 U. S. 273 (1976).

⑤ [美] 阿德尔曼等：《美国专利法》，郑胜利、刘江彬译，知识产权出版社 2011 年版，第 84 页。

石案和萨克莱德案与传统上的格雷厄姆案的非显而易见性一致。至此，Graham 标准作为非显而易见性判断的框架得到美国联邦最高法院再次确认。

（三）非显而易见性判断的具体规则

为了保持解决非显而易见性问题的统一性和一致性，CAFC 曾经确立了具体的非显而易见性的判断规则，称为教导（teaching）、启示（suggestion）、动机（motivation）测试法（以下简称 TSM 测试法）。

随着时间的推移，在有些案件的判决中，CAFC 严格地将动机运用到要素组合发明的非显而易见性的测试中，要求对比文件对要素的组合给出技术启示，而不考虑本领域普通技术人员所具有的创造性和常识。其中的 KSR 案被美国联邦最高法院提审，之后美国联邦最高法院撤销了 CAFC 的判决。

在美国联邦最高法院所有大法官观点一致的判决中，美国联邦最高法院认为适用 Graham 标准与适用 TSM 测试法并不存在冲突，问题出在 CAFC "僵硬且强制"地适用 TSM 测试法。美国联邦最高法院认为："然而，有益的分析方法不能成为僵化和强制性的教条。当 TSM 测试法如此适用时，就不能与（美国联邦）最高法院的先例相一致。显而易见性的分析不能为教导、启示和动机这些词汇的形式主义概念所限制，也不能过分强调已发表文章和已公开专利的具体内容的重要性。发明研究的多样性和现代技术的多样性反对以这种方式限制分析。在很多领域，可能很少讨论显而易见的技术及其结合，并且通常是市场需求而不是科技文献推动发明。对没有创新的技术授予专利保护将阻碍进步，给现有技术的组合授予专利，可能剥夺已有发明的价值或者实用性。"[①] 美国联邦最高法院认为应该采用"广泛而灵活的方式"来

---

① Helpful insights, however, need not become rigid and mandatory formulas. If it is so applied, the TSM test is incompatible with this Court's precedents. The diversity of inventive pursuits and of modern technology counsels against confining the obviousness analysis by a formalistic conception of the words teaching, suggestion, and motivation, or by overemphasizing the importance of published articles and the explicit content of issued patents. In many fields there may be little discussion of obvious techniques or combinations, and market demand, rather than scientific literature, may often drive design trends. Granting patent protection to advances that would occur in the ordinary course without real innovation retards progress and may, for patents combining previously known elements, deprive prior inventions of their value or utility. Since the TSM test was devised, the Federal Circuit doubtless has applied it in accord with these principles in many cases.

处理显而易见性的问题。①

按照美国联邦最高法院认可的"广泛而灵活的方式",或许可以得出这样的结果,即不能通过 TSM 测试法的发明是显而易见的;通过 TSM 测试法的发明不一定是非显而易见的。

实际上,KSR 案是自 20 世纪 70 年代以来,美国联邦最高法院受理的第一件非显而易见性的专利案件。2003 年 10 月 28 日美国联邦贸易委员会发布《促进创新——竞争与专利法律政策的适当平衡》的报告,指出美国专利授权存在过多和过滥的现象,严重影响了美国的创新能力和水平。此外,另一研究机构发表了《21 世纪的专利制度》的研究报告。这两个报告以 CAFC 的案例为研究重点,认为 CAFC 不恰当地降低了非显而易见的标准,并认为降低非显而易见标准的一个重要原因是 TSM 测试法的适用。2006 年 5 月 25日,美国司法部向美国联邦最高法院提交书面意见书,建议美国联邦最高法院签发调卷令,审查美国联邦巡回上诉法院对 KSR 案件的判决及其确立的非显而易见性判断标准。美国司法部在意见书中表示,判断一件发明是否是非显而易见的 TSM 标准具有强制性,这已成为美国专利法中的重要问题。

或许是由于在 KSR 案中 TSM 测试法的适用受到批评,或许没有找到更好的非显而易见性判断的具体规则,或许担心全席审理的滑动解锁案②被美国联邦最高法院翻转,CAFC 拒绝在滑动解锁案中"决定关于显而易见法律内在运作的重要法律问题",而是将现有的显而易见的法律适用于本案的事实,③ 尽管戴克法官在异议中提出显而易见性原则的各个方面应该如何运作大问题(big questions about how aspects of the obviousness doctrine ought to operate)。

在滑动解锁案中,CAFC 引入第九巡回上诉法院确立的规则。CAFC 认为其职责是审查美国联邦地区法院根据其所属审判区域的美国巡回上诉法院

---

① Throughout this Court's engagement with the question of obviousness, our cases have set forth an expansive and flexible approach inconsistent with the way the Court of Appeals applied its TSM test here.

② Apple Inc. v. Samsung Electronics Co., Ltd. 839 F. 3d 1034 (2016).

③ We did not take this case en banc to decide important legal questions about the inner workings of the law of obviousness. We have applied existing obviousness law to the facts of this case.

适用的标准批准或拒绝依法律判决。美国北加州联邦地区法院属于美国第九巡回上诉法院的审判区域。在美国第九巡回上诉法院，"当证据仅允许一个合理结论，且结论与陪审团的结论相反时，依法律判决是适当的"①。

面对全席审理的 CAFC 8 人的多数意见，面对第九巡回上诉法院确立的"当证据仅允许一个合理结论，且结论与陪审团的结论相反时，依法律判决是适当的"这一规则，面对美国联邦地区法院的法官拒绝依法律判决，面对陪审团的事实裁决，美国联邦最高法院拒绝提审滑动解锁案。实际上，在KSR 案之前，自 20 世纪 70 年代以后，美国联邦最高法院没有受理非显而易见性的专利案件。假如美国司法部没有向美国联邦最高法院提交建议签发调卷令的书面意见书，很难说美国联邦最高法院会受理 KSR 案。

滑动解锁案与 KSR 案的不同在于滑动解锁案有陪审团裁决。在滑动解锁案中，CAFC 通过全席审理的方式再次确认一个规则，即对于有陪审团裁决的非显而易见性案件，美国联邦地区法院根据其所属审判区域的美国巡回上诉法院而不是 CAFC 适用的标准批准或拒绝依法律判决，但是，不同的美国巡回上诉法院可能存在"巡回区分歧"。这一规则可能导致相同的案件按照不同的美国巡回上诉法院的标准得出不同的非显而易见性的结论。另外，这一规则适用于 CAFC 作为上诉法院的所有的批准或拒绝依法律判决的案件，而不仅是非显而易见性的案件。另外，对于美国北加州联邦地区法院而言，陪审团的地位更加重要，因为在美国北加州联邦地区法院，当证据仅允许一个合理结论，且结论与陪审团的结论相反时，依法律判决才是适当的。

三、美国联邦巡回上诉法院全席审理

（一）背景

苹果作为专利权人以专利受到侵犯为由在美国北加州联邦地区法院对三星提起侵权诉讼。该案是苹果在美国向三星发起的第二起专利诉讼案。

---

① We review a district court's order granting or denying JMOL under the standard applied by the regional circuit. In the Ninth Circuit, JMOL "is proper when the evidence permits only one reasonable conclusion and the conclusion is contrary to that of the jury." See Monroe v. City of Phoenix, 248 F. 3d 851, 861 (9th Cir. 2001).

美国北加州联邦地区法院的主审法官露茜·高在 2014 年 1 月作出了一项即决判决，认为三星的被控设备侵犯了美国专利号 8074172（以下简称 172 专利）的权利要求。经过 13 天的庭审，2014 年 5 月，由 8 人组成的陪审团裁决美国专利号 5946647（以下简称 647 专利）的权利要求被侵犯，美国北加州联邦地区法院驳回了三星请求的依法律判决（JMOL）。陪审团还裁决，第 8046721 号美国专利（以下简称 721 专利）的权利要求被侵权且有效，172 专利的权利要求有效。美国北加州联邦地区法院随后驳回了三星依法律判决的请求，并作出了相应的判决（见图 1-5）。

Accused Samsung Product	'647 Patent	'959 Patent	'414 Patent	'721 Patent
Admire (JX28)	Y	N	N	Y
Galaxy Nexus (JX29)	Y	N	N	Y
Galaxy Note (JX30)	Y	N	N	■
Galaxy Note II (JX31)	Y	N	N	■
Galaxy S II (JX32)	Y	N	N	N
Galaxy S II Epic 4G Touch (JX33)	Y	N	N	N
Galaxy S II Skyrocket (JX34)	Y	N	N	N
Galaxy S III (JX35)	Y	N	N	■
Galaxy Tab 2 10.1 (JX36)	■	N	N	■
Stratosphere (JX37)	Y	N	N	Y

图 1-5　陪审团就三星涉案产品侵犯苹果涉案专利的认定结果

三星被陪审团裁决支付 1.196 亿美元给苹果，以补偿其侵犯苹果三项专利所造成的损失，不过这与苹果当初的索赔额仍相差甚远。苹果最初诉称三星的 10 款设备侵犯了其 5 件专利，并索赔 21.91 亿美元。苹果被陪审团裁决侵犯三星 1 件专利，赔偿三星 158400 美元。三星最初反诉包括 iPhone 在内的 9 款苹果设备侵犯其 2 件专利，并索赔 620 万美元。

就美国北加州联邦地区法院作出的侵犯 172 专利的即决判决、对 647 专利不侵权的依法律判决请求的驳回、721 专利和 172 专利显而易见性的依法律判决请求的驳回，三星向 CAFC 提起上诉。

2016 年 2 月 26 日，CAFC 的合议庭（a panel of this court）推翻了美国北加州联邦地区法院作出的对三星依法律判决请求的驳回，三星依法律判决请求涉及对陪审团作出 647 专利被侵权和 721 专利和 172 专利非显而易见性的裁决依法律判决的请求。上述合议庭认为 721 专利及 172 专利相对于现有技术是显而易见的，苹果的专家证词未能证明三星涉案产品实施647专利的权利要求1的所有特征，并据此推翻美国北加州联邦地区法院作出的三星产品侵害647专利的判决。

苹果提交了全席审理（en banc）的请求并获得批准。

CAFC共有12名法官。首席法官普罗斯特（Prost），法官纽曼（Newman）、劳里（Lourie）、戴克（Dyk）、摩尔（Moore）、奥马利（O'Malley）、雷纳（Reyna）、沃勒克（Wallach）、陈（Chen）、休斯（Hughes）和斯托尔（Stoll）参加了此次审理，法官塔兰托（Taranto）没有参加。法庭意见由摩尔提交，纽曼、劳里、奥马利、沃勒克、陈和斯托尔参与。休斯无意见地同意结果。普罗斯特、戴克和雷纳提交了异议。也就是说，这次全席审理以8∶3大比例通过。①

（二）审理

1. 同意全席审理的决定

苹果在全席审理的请求中说，CAFC的合议庭依靠额外记录的证据推翻了陪审团作出的647专利被侵权的裁决，这些证据都没有记录在案，上述合议庭似乎是通过独立研究才找到的。苹果辩称，这一额外记录的外部证据被用来修改已经达成合意和没有上诉的权利要求的解释（claim construction），上述合议庭查看（这一外部记录的证据）以创建其自己的"服务器"的字面含义。苹果辩称，这一额外记录的证据被用于考虑三星手机是否满足"分析服务器"的限制这一事实问题。上述合议庭还依靠字典和百科全书条目来了解三星手机共享库代码的工作原理。苹果还辩称，此案应全席审理，因为"在一个前所未有的判决中"，上述合议庭几乎推翻了陪审团的所有支持苹果的裁决。

CAFC同意苹果的全席审理的申请，以确认CAFC对上诉职能的理解：该职能仅限于决定当事人各方上诉时提出的问题，仅根据记录决定这些问题，并在审查事实调查结果时对其给予适当的尊重。② CAFC认为没有必要就其合

---

① 判决书原文见 http：//www. cafc. uscourts. gov/sites/default/files/opinions-orders/15 – 1171. Opinion. 9 – 30 – 2016. 1. PDF。

② 在我国，法院对于行政行为的司法审查，往往是在尊重行政机关对于事实的判断的基础上。

议庭是否可以寻求额外记录的外部证据来解释专利权利要求的术语这一问题进行额外的说明或辩论（solicit additional briefing or argument）。这是因为在 Teva 案中，美国联邦最高法院明确指出（权利要求解释的）的事实部分包括"相关时间段内相关领域中的背景技术或术语含义"①。在 Teva 案之后，毫无疑问，这些事实调查结果属于美国联邦地区法院的管辖范围。CAFC 认为不需要进行额外的说明或辩论就能得出如下的结论：首先，美国联邦巡回上诉法院不能依靠额外记录的外在证据；其次，就此类外在证据表明的在相关时间在本领域中权利要求的术语的字面含义，或就此类额外记录证据如何告知我们被控设备如何操作的理解，CAFC 不能作出事实发现。同样，CAFC 也不需要进行额外的说明或辩论来确定其不允许推翻未上诉的事实发现，或者当陪审团的事实发现因实质性证据（substantial evidence）被上诉时，CAFC 需要审查陪审团的事实发现。上述合议庭推翻了陪审团的接近 12 个事实发现，这些事实发现包括跨越三个不同的专利的侵权、结合的动机、现有技术中对比文件的启示、商业成功、行业赞誉、复制以及长期需求。即使一些事实发现没有被上诉，而且从未提及适用的实质性证据审查标准，但上述合议庭还是这样做了，这种做法违背了现行法律。

异议，特别是戴克法官的异议，提出显而易见性原则的各个方面应该如何运作的大问题（big questions about how aspects of the obviousness doctrine ought to operate），但是没有任何一方当事人（在上述合议庭或请求全席审理阶段）邀请法院考虑修改现行的显而易见的法律。CAFC 没有打算以这个全席审理的案例来决定关于显而易见法律内在运作的重要法律问题。CAFC 将现有的显而易见的法律适用于本案的事实。CAFC 认为全席审理此案是为了确认其对上诉职能的理解、适用法律（apply the governing law），并保持其对美国联邦最高法院对 Teva 案作出的判决的忠诚。

2. 全席审理的决定

CAFC 确认并恢复美国北加州联邦地区法院对 647 专利、721 专利和 172

---

① Teva Pharms., Inc. v. Sandoz, Inc., 789 F. 3d 1335, 1342（Fed. Cir. 2015）（quoting Teva Pharms., Inc. v. Sandoz, Inc., 135 S. Ct. 831, 841（2015））.

专利的判决。CAFC 全席审理的结论是陪审团对每一个事实问题的裁决都得到了记录中的实质性证据的支持，美国北加州联邦地区法院在拒绝三星的依法律判决时没有犯错。因此，CAFC 撤销了上述合议庭的判决，并确认了美国北加州联邦地区法院对这些专利的判决；维持上述合议庭对美国专利号6847、959、7761、414、5579、239 和 6226、449 的判决。在所有其他方面，上述合议庭的判决被撤销。CAFC 对此案有管辖权的依据是《美国法典》第28 章第 1295（a）（1）条。

（三）讨论

讨论涉及多个专利，本书仅对 721 专利进行详细论述。

苹果声称 721 专利受到侵犯。陪审团作出权利要求 8 被侵犯且是非显而易见的裁决。三星公司对（美国北加州联邦）地区法院驳回依法律判决的请求提出质疑，称权利要求 8 是显而易见的。CAFC 同意（美国北加州联邦）地区法院的意见，即有实质性的证据支持陪审团的基本事实发现，这些事实发现支持三星未能通过清楚且令人信服的证据①证明权利要求 8 是显而易见的结论。

显而易见性是一个基于基本事实的法律问题。② 当审查对显而易见性的依法律判决请求的否决时，如有黑匣子陪审团的裁决（如本案），CAFC 假定陪审团解决了有利于裁决胜出者的基本事实争议，并在有实质性证据支持的情况下，使这些假定的事实发现不受干扰。此后，CAFC 根据这些事实重新审查法律结论。

在格雷厄姆案和 KSR 案中，美国联邦最高法院根据 35 U. S. C. 第 103 条设置了显而易见性调查的框架：根据第 103 条确定现有技术的范围和内容、查明现有技术与权利要求之间的差异、本领域技术人员的水平（the level of ordinary skill in the pertinent art resolved）。在此背景下，确定（权利要求的）主题的显而易见性或非显而易见性。可以利用诸如商业成功、长期感觉到但

---

① 在 IPR 程序中，对于无效的一方，出示优势证据即可。

② Kinetic Concepts, Inc. v. Smith & Nephew, Inc., 688 F. 3d 1342, 1356 – 57 (Fed. Cir. 2012).

尚未解决的需求、其他人的失败等次要考虑因素①来说明要求专利保护的主题的起源的情况。②

　　根据第 103 条的规定，确定专利权是否因显而易见性无效需要考虑所有四个 Graham 因素，在考虑所有这些因素之前，得出显而易见性的结论是错误的。③ 在关于显而易见性的 KSR 案中，尽管美国联邦最高法院没有讨论次要考虑因素，但美国联邦最高法院解释"Graham 提出了广泛的调查，并邀请法院在适当的情况下，审查任何次要考虑事项，以证明其具有指导意义"④。在任何情况下都必须考虑非显而易见性的客观指标。例如，在越洋近海深水钻井公司诉美国马士基钻井公司案（Transocean Offshore Deepwater Drilling, Inc. v. Maersk Drilling USA, Inc. ）⑤ 中，CAFC 引用了 Stratoflex, Inc. v. Aeroquip Corp. 案⑥，认为"当所谓的次要考虑的证据出现时，次要考虑在确定显而易见性的过程中必须始终被考虑"。在西蒙斯紧固件公司诉伊利诺伊工具公司案（Simmons Fastener Corp. v. Illinois Tools Works, Inc. ）⑦ 中，CAFC 认为"在格雷厄姆案中提出的对第 103 条非显而易见性的测试是一项由四部分组成的调查，不仅包括三个熟悉的要素（现有技术的范围和内容、现有技术与争议的权利要求之间的差异以及本领域技术人员的水平），还包括当这些证据被呈现时的次要考虑。在 KCI（Kinetic Concepts）案中，CAFC 的这一要求出于认识到每一个 Graham 因素都有助于确定最终的显而易见性⑧"。在耐克公司诉阿迪达斯公司案（Nike, Inc. v. Adidas）⑨ 中，CAFC

---

　　① 次要考虑因素又称"客观指标"。

　　② Such secondary considerations as commercial success, long felt but unsolved needs, failure of others, etc. , might be utilized to give light to the circumstances surrounding the origin of the subject matter sought to be patented.

　　③ In re Cyclobenzaprine Hydrochloride Extended-Release Capsule Patent Litig. , 676 F. 3d 1063, 1075 – 76（Fed. Cir. 2012）, citing Richardson-Vicks Inc. v. Upjohn Co. , 122 F. 3d 1476, 1483（Fed. Cir. 1997）.

　　④ KSR, 550 U. S. at 415.

　　⑤ 699 F. 3d 1340, 1349（Fed. Cir. 2012）.

　　⑥ 713 F. 2d 1530, 1538（Fed. Cir. 1983）.

　　⑦ 739 F. 2d 1573, 1575（Fed. Cir. 1984）.

　　⑧ Kinetic Concepts, 688 F. 3d at 1360.

　　⑨ 812 F. 3d 1326, 1340（Fed. Cir. 2016）.

认为次要考虑的证据必须被检查以确定其对前三个 Graham 因素的影响。

721 专利公开了一种带有触摸屏的便携式设备，可以通过在屏幕上执行的手势来解锁便携式设备。专利教导一个与在便携式设备上使用触摸屏相关的问题是由于无意地接触触摸屏而导致无意激活或停用某些功能。"由于无意地接触触摸屏而导致无意激活或停用某些功能"通常被称为"口袋拨号"。安德鲁·科伯思（Andrew Cockburn）描述了"口袋拨号问题"。721 专利的发明者之一格瑞格·克里斯蒂（Greg Christie），描述了他和他的同事们着手解决的问题：

> 我们担心的是意外使用、口袋拨号、手机意外关机，或者，由于我们将在手机上拥有所有的这些功能（如电子邮件和信息发送），我们担心的是，邮件可能会被意外发送或删除，或者只是因为触摸表面而导致手机自动应答。你知道，如果口袋里的触摸面贴着你的腿，我们担心，就像，你知道，动来动去，四处移动，会触发屏幕上的东西。①

721 专利还描述了将手机尽可能"用户友好"和"高效"激活的重要性。该专利授权文本第 1 栏第 56 ~ 67 行教导：

> 相应地，需要更有效和用户友好的过程来解锁此类设备、触摸屏和/或应用。更一般地，需要更有效和用户友好的过程来使此类设备、触摸屏和/或应用在用户界面状态之间转换（例如，从第一应用的用户界面状态转换到第二应用的用户界面状态，在同一应用的用户界面状态之间转换，或者在锁定与解锁状态之间转换）。此外，还需要给用户关于发生转换所需要的用户输入条件的满足进度的感觉反馈。②

721 专利的发明者之一克里斯蒂先生证实，在开发滑动解锁功能时，用户界面的易用性是一个主要的设计考虑因素：

> 我们想介绍一些明确的手势。我们知道我们想得到一些指导。我们知道我们希望界面对客户很显而易见。这可能是第一次体验，即使是在

---

① J. A. 10601: 4 – 13.
② 721 patent at 1: 56 – 67.

零售环境中。他们正在决定是否要买它。他们拿起了这部 iPhone，你知道，如果他们看了一眼他们听了那么多的手机，然后看着它说"我不知道怎么用它。我不知道怎么解锁它。它是锁着的"，那就太糟糕了。同时，我们知道人们会解锁他们的手机，你知道，一天几十次或几百次解锁，所以我们不希望指令是，你知道，对客户是无礼的或居高临下的（insulting or talk down to the customer）。我们不想让它变得复杂，一段时间后他们（客户）会厌倦的。①

苹果的专家科伯恩博士解释说，阻止口袋拨号和易用性之间存在着紧张关系："……它（手机）需要工作。它必须成功地阻止由于错误意外的激活。但它（激活）必须是一件容易做，但又不容易意外发生的事情。它（该专利）成功地做到了这一点。"②

苹果公司对几款三星设备主张从属于权利要求 7 和权利要求 8。相关的权利要求如下。

7. 一种便携式电子设备，包括：

触敏显示器；

存储器；

一个或多个处理器；以及存储在所述存储器中的一个或多个模块，其被配置为被所述一个或多个处理器执行，所述一个或多个模块包括以下指令：

检测与解锁图像对应的预定义位置的接触；

在检测到持续接触的同时根据所述检测到的接触持续移动所述触敏显示器显示的所述解锁图像，其中所述解锁图像为用于用户交互以解锁所述设备的图形交互用户接口对象；以及如果所述解锁图像从所述触敏显示器上的所述第一预定义位置被移动到所述触敏显示器的预定义解锁位置，解锁所述便携式电子设备。

---

① J. A. 10602: 6 – 20.

② J. A. 10639: 19 – 23.

权利要求 8 进一步限定"显示告知解锁设备所需的解锁图像的移动方向的可视提示的指令"。

陪审团裁定三星的被控设备侵犯了 721 专利的权利要求 8。[①] 三星对裁定的这一点没有提出上诉。陪审团还发现，三星的侵权行为是故意的，三星未能通过清晰且令人信服的证据证明 8 号声明无效。[②] 在裁定后，三星寻求 JMOL，即权利要求 8 是显而易见的，三星没有故意侵犯权利要求。联邦地区法院驳回了三星关于显而易见性的动议，但同意了关于故意性的动议。

三星认为，基于 Neonode 和 Plaisant 的结合，权利要求 8 是显而易见的。Neonode 指的是 Neonode N1 快速入门指南[③]（见图 1－6）。Neonode 公开了一种具有触摸屏的移动设备。它阐明了用户可以通过按电源按钮来解锁设备，在用户按下电源按钮后，出现文本指示用户"向右滑动以解锁"，向右滑动后就可以解锁设备[④]。

KEYLOCK - UNLOCKING THE UNIT

The ON/OFF switch is located on the left side of the N1, below the screen.

1. Press the power button once.
2. The text "Right sweep to unlock" appears on the screen. Sweep right to unlock your unit.

图 1－6　2004 年的 Neonode N1 快速入门指南

"Plaisant 是凯瑟林·普莱桑（Catherine Plaisant）和丹尼尔·华莱士（Daniel Wallace）于 1992 年发表的一个视频和相应的两页纸，标题为"触摸屏切换设计"。[⑤] 论文作者进行了一项试验，以确定用户更喜欢哪些控制（"切换"）用于"娱乐、安全和气候控制系统"壁挂式控制器。[⑥] 这些控制

---

① J. A. 40872.
② J. A. 40874.
③ J. A. 20713.
④ J. A. 20725.
⑤ J. A. 20742.
⑥ J. A. 20742.

器打算通过安装"嵌入墙壁或橱柜中"。① 论文作者向由 15 名本科生组成小组展示六种可选的解锁机构（见图 1 - 7），包括一个"滑动开关"，用户可以通过"抓住指针并将其滑动到另一侧"来激活控制器。② 学生们更喜欢"推动开关"而不是"滑动开关"，"滑动开关"在六个可选项中排在第五位。③ 论文还指出，滑块"不是首选"，"滑动比简单触摸更复杂"，"滑块比按钮更难实现"。④

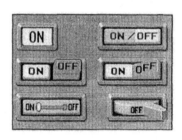

图 1 - 7　六种可选的解锁机构，左下角为滑动开关

在上诉中，苹果并不反对 Neoode 和 Plaisant 一起公开了权利要求 8 中的所有要素；相反，双方对本领域的普通技术人员（a person of ordinary skill in the art）是否有动机将 Neoode 和 Plaisant 中公开的解锁机制之一结合有争议。三星公司辩称，"没有任何证据表明，Plaisant 在壁挂式设备上的应用将导致发明者不把 Plaisant 与 Neonode 结合起来"⑤。三星的专家格林伯格博士，证明了一个普通技术人员对这两份对比文件"会非常感兴趣"，因为"它们（这两份对比文件）都处理基于触摸的系统，它们都处理用户界面"⑥。格林伯格博士作证说，"一个人看到这一点，就会觉得很自然地将这两份对比文件结合在一起，将 Plaisant 中的滑动的想法和 Neonode 结合，就交互设计而言，这只是一件很平常的事情"⑦。三星公司指出描述滑动运动的对比文件

---

① J. A. 20742.
② J. A. 20743.
③ J. A. 20742.
④ J. A. 20742.
⑤ Samsung Resp. Br. 19 - 20.
⑥ J. A. 11982：13 - 17.
⑦ J. A. 11982：23 - 11983：2.

Plaisant "公开了不太可能在无意中完成" 这一点。①

苹果反驳说，一个移动电话的熟练的工匠（a skilled artisan）并没有动机求助于壁挂式空调控制器来解决口袋拨号问题。② 苹果的专家科伯恩博士作证说本领域技术人员不会自然而然地有动机结合 Neonode 和 Plaisant。③ 科伯恩博士证实，Plaisant 控制器 "打算用于将触摸屏安装在墙上或橱柜中，用于远程控制、办公室或家用电器，如空调机组或加热器"④。他还向陪审团解释说，Plaisant 本身公开的滑动开关比公开的其他开关更不受欢迎。⑤ 苹果指出，Plaisant 教导的是 "滑块不是首选" "滑动是一项更复杂的任务" 和 "滑块更难实现"。⑥ 苹果辩称，陪审团有充分的证据得出结论，即不存在将 Plaisant 和 Neonode 结合起来实现所要求保护的发明。

现有的对比文件所教导的，以及一个熟练的工匠是否有动机将对比文件结合起来，都是事实问题。⑦ "在 KSR 之前，我们（CAFC）也一直将现有技术的对比文件结合起来的动机问题视为事实问题……KSR 没有改变这个规则……"⑧（美国北加州联邦）地区法院判定，一个合理的陪审团可能会发现，一个普通技术人员没有动机将 Plaisant 和 Neonode 结合在一起，具体分析如下。

一个合理的陪审团可以从（科伯恩博士的）证词中推断，一个普通的工匠没有动机将家用电器的壁挂式触摸屏和智能手机的元素结合在一起，特别是考虑到苹果的发明旨在解决移动设备的 "口袋拨号" 问题。

此外，科伯恩博士解释说，Plaisant "教你远离使用滑动"，因为它 "告

---

① Samsung Br. 35 – 36（quoting J. A. 20743）.

② Apple Br. 26 – 27.

③ J. A. 12877：17 – 21.

④ J. A. 12876：20 – 23.

⑤ J. A. 12877：7 – 16.

⑥ Apple Br. 27 – 28.

⑦ Par Pharm., Inc. v. TWi Pharms., Inc., 773 F. 3d 1186, 1196 – 97（Fed. Cir. 2014）; Transocean Offshore Deepwater Drilling, Inc. v. Maersk Contractors USA, Inc., 617 F. 3d 1296, 1303（Fed. Cir. 2010）.

⑧ Wyers v. Master Lock Co., 616 F. 3d 1231, 1238 – 39（Fed. Cir. 2010）; id. at 1237, "（W）hether there was sufficient motivation to combine the references" is a "factual is-sue."

诉你不要使用滑动（拨动）机制"①。

美国北加州联邦地区法院以两个不相关的理由（two discrete bases）驳回了依法律判决。② 因为美国北加州联邦地区法院发现有充分的证据支持陪审团关于（是否）有动机组合的事实发现，所以法院不需要讨论 Plaisant 是否教导了远离组合。然而，美国联邦地区法院注意到，即使 Plaisant 没有教导远离组合，其关于用户更喜欢其他形式的开关的陈述也与一项（事实）发现有关，即一个熟练的工匠是否有动机将 Plaisant 中的滑块切换与 Neonode 中的移动电话相结合。

在注意到一份对比文件的教导是一个事实问题之后，美国联邦地区法院讨论了 Plaisant 中关于滑动开关的各种描述，并得出结论：有充分的证据支持陪审团的事实的发现，三星未能建立起组合的动机。③ CAFC 同意（美国北加州联邦）地区法院的观点，即根据记录，陪审团的隐性事实发现（jury's implicit fact findings）表明 Plaisant 不可能为一个熟练的工匠提供动机，使其将滑块切换开关与 Neonode 相结合，这得到了充分的证据支持。除 Plaisant 的描述之外，美国北加州联邦地区法院还解释说：

> 与格林伯格博士相反，科伯恩博士作证说，本领域普通技术人员没有动机以发明的权利要求 8 的方式将 Neonode 和 Plaisant 结合起来。他提供了两个理由：Plaisant 描述了"切换设计"，旨在用于"安装在墙上或橱柜中的触摸屏"，用于控制"办公室或家用电器，如空调机组或加热器"。一个合理的陪审团可以从这一证词中推断，一个普通的工匠没有动机去组合一个挂在墙上的用于家用电器的触摸屏和智能手机的组件（elements from a wall-mounted touchscreen for home appliances and a smartphone），特别是考虑到苹果发明的移动设备所特有的"口袋拨号"问题……④

---

① J. A. 55.
② J. A. 54 – 56.
③ J. A. 55 – 56.
④ J. A. 54 – 55.

CAFC 同意美国北加州联邦地区法院的分析。因为陪审团发现了有利于苹果的有效性的问题，CAFC 假定它解决了冲突的专家证词，并发现一个熟练的工匠没有动机将 Plaisant 中的滑动开关与 Neonode 中公开的手机相结合。CAFC 审查的问题是是否有充足的证据支持这一隐含的事实发现。CAFC 的结论是确实如此。Neonode 公开了一种移动电话，Plaisant 公开了一种壁挂式空调控制器。陪审团面前有上述两份对比文件。尽管三星提出将这两份对比文件结合起来的论点，但这些论点都已经在陪审团面前提出了。CAFC 的工作不是审查三星（的观点）是否也得到了充足的证据的支持，也不是权衡三星的证据相对于苹果的证据的相对强度。①

CAFC 认为其（职责）仅限于在整个记录中确定陪审团的事实发现是否有实质性证据。根据美国第九巡回法庭的标准，其不能断定证据只提供一个合理的结论，而且这个合理的结论与陪审团的结论相反。② 其同意美国北加州联邦地区法院的意见，特别是考虑到苹果发明的移动设备所特有的"口袋拨号"问题。③

1. 非显而易见性的客观指标

美国联邦最高法院解释说，各种各样的因素"也可能有助于'防止事后诸葛亮'（guard against slipping into use of hindsight），并有助于抵制将涉案发明的教导读入现有技术的诱惑"。④ 这些因素通常被称为非明显性的次要考虑因素或客观指标。这些因素包括：实施的发明专利（the patented invention）设备获得商业成功、发明专利的行业赞誉、他人的复制，以及对本发明的长期的需求但得不到满足。在 Stratoflex 案中，CAFC 认为：

的确，次要考虑的证据往往是记录中最具证明力和说服力的证据。通常可以确定，根据现有技术看起来是显而易见的发明并非显而易见。它将被视为所有证据的一部分，而不仅仅是当决策者在审查了现有技术

---

① Our job is not to review whether Samsung's losing position was also supported by substantial evidence or to weigh the relative strength of Samsung's evidence against Apple's evidence.

② Monroe, 248 F. 3d at 861.

③ J. A. 55.

④ Graham, 383 U. S. at 36（citation omitted）.

之后仍然心存疑虑的时候。①

苹果引入了行业赞誉、复制、商业成功和长期未解决的需求的证据。CAFC假定陪审团发现，对于每一项，就优势证据（a preponderance of the evidence）而言，证据是充足的。② CAFC在记录中找到了充足的证据来支持这些事实发现。

（1）行业赞誉。对一项要求保护的发明或一种体现了专利权利要求的产品的行业赞誉的证据，不利于（weighs against）要求保护的同样发明是显而易见的评价。行业参与者，尤其是竞争对手，不太可能赞扬在已知技术上的明显进步。因此，如果在记录中有证据表明所声称的发明受到了行业的赞誉，那么它就有利于所声称的发明的非显而易见性。例如，在巴斯德协会等诉福卡雷洛案（Institut Pasteur & Universite Pierre Et Marie Curie v. Focarino）③ 中，CAFC认为"行业赞誉……提供了确凿的证据，证明一个本领域技术人员是不可能合理地期待（所要求保护的发明）的"。在宝威公司诉雅特生科技公司案（Power-One，Inc. v. Artesyn Techs.，Inc.）④ 中，CAFC认为"注意到行业的赞誉，特别是来自竞争对手的赞誉，往往表明这项发明不会是显而易见的"。

针对陪审团事实裁定中的行业赞誉有利于非显而易见性，三星全部上诉包含在半句话中："事实上，地区法院仅依靠一般性的表扬，一般性的表扬没有连接到权利要求的实际主题（Indeed，the district court relied solely on generic praise not link to the actual subject matter of the claim）"⑤。美国北加州联邦地区法院驳回了三星在这一问题上的论点，其认为有实质性证据支持陪审有利于"专门对苹果滑动解锁发明的行业赞誉"潜在的事实发现。⑥ 美国北加州联邦地区法院引用了大量三星内部文档，这些文档赞扬了苹果的滑

---

① 713 F. 2d at 1538 – 39.

② We presume the jury found that the evidence was sufficient to establish each by a preponderance of the evidence.

③ 738 F. 3d 1337，1347（Fed. Cir. 2013）.

④ 599 F. 3d 1343，1352（Fed. Cir. 2010）.

⑤ Samsung Br. 37.

⑥ J. A. 56.

动解锁功能，并指出三星应该修改自己的手机，将苹果的滑动解锁功能结合起来：

- PTX 119 at 11：通过三星欧洲设计团队于 2009 年 6 月准备的演示文稿中有一张 iPhone 的图片来说明苹果的滑动解锁发明是解决用户界面复杂性的一种"创造性方法"，"在屏幕上滑动解锁可以防止错误解锁"。①

- PTX 121 at 100：三星软件验证小组的文档中有一张 iPhone 的图片，指出其与三星的"Victory"手机不同，iPhone 的"解锁标准是精确的，因为它是通过滑动来处理的，它可以防止任何错误的动作"，并建议"改进方向"，使其"与 iPhone 相同，（和）通过滑动使解锁标准更清晰易懂"。②

- PTX 157 at 19－20：三星文档中有一张 iPhone 的图片，建议改进三星手机，使其"易于解锁，锁屏像 iPhone 一样一直显示引导文本或箭头"，并使解锁图标的移动"平滑且连续"，就像 iPhone 一样。③

- PTX 219 at 14：三星的文档中有一张 iPhone 的图片，说明 iPhone "在锁屏上解锁时直观地指示移动的方向和长度"。④

- PTX 120 at 28，84：三星文档中有一张 iPhone 的图片，描述了"改进的方向"，就像在 iPhone 上一样，使用一个定义好的条来解锁手机。同一个文档描述了"改进方向"，就像在 iPhone 上一样，在屏幕上显示解锁指令。⑤

来自专利权人的顶级竞争者的这样的内部文档代表了重要的认可，承认专利的进步超越了当时的技术水平，这种认可可用于建立行业赞誉。苹果的专家科伯恩博士作证说："三星的这些文件承认了权利要求 8 的优点。"⑥

----

① J. A. 50950.

② J. A. 51289.

③ J. A. 57（JMOL Order citing PTX 157）.

④ J. A. 51603.

⑤ J. A. 51028，51084.

⑥ J. A. 57（citing J. A. 10640－52）.

美国北加州联邦地区法院还解释说，苹果在审判中播放了一段视频，显示史蒂夫·乔布斯在苹果活动中公布了解锁功能的幻灯片。当乔布斯滑动解锁手机时，"观众爆发出欢呼声"。① 该视频向陪审团展示，苹果的专家、发明人和苹果的营销副总裁都在他们的证词中引用了该视频。②

图 1 - 8　使用了滑动解锁专利的 iPhone 的锁屏界面

三星在上诉时没有讨论这个证据。根据这一证据，三星的争辩，即美国北加州联邦地区法院只引用了对 iPhone 的一般性赞扬，而没有引用与权利要求的"滑动解锁"功能相关的赞扬，上述抗辩毫无价值。陪审团被出示了与所要求保护发明的特征特别相关的行业赞誉的充分的证据，从而将行业赞誉与发明专利联系起来。

（2）复制。三星在其情况简介中并不否认以下意见，即陪审团听取了充分的证据，证明其复制了 iPhone 声称的功能。换言之，三星在上诉中并不质疑记录中存在充足的证据表明三星复制了苹果的滑动解锁功能，也没有质疑有关复制的证据支持权利要求 8 非显而易见的结论。苹果引用了同样的三星内部文档用于行业赞誉和复制，因为这些三星内部文档属于苹果与三星两者的证据。记录中包含由三星不同的组在不同的时间提供多个三星内部演示文稿，说明 iPhone 的滑动解锁功能优于三星的各种替代产品。③ 许多相同的演示得出的结论是三星的改进方向是将其解锁机制修改为类似于 iPhone 的设

---

① 　J. A. 12879 - 80（Andrew Cockburn）.

② 　See J. A. 57（JMOL Order citing 4/4/14 Tr. at 603：6 - 11（Greg Christie））；J. A. 12879：17 - 12880：2（Andrew Cockburn）；4/1/14 Tr. at 428：12 - 17（Phillip Schiller），"There were many press in attendance at the event, and the reaction was enormous."

③ 　supra J. A. 50950（PTX 119）；J. A. 51028, 51084（PTX 120）；J. A. 51289（PTX 121）；J. A. 57（JMOL Order citing PTX 157）；J. A. 51603（PTX 219）.

计。这是三星复制的充分证据，这一证据支持陪审团的裁决，即要求保护的发明不是显而易见的。

（3）商业上的成功。在辩护状的开始（opening appellate brief），三星的辩护理由只有一句话："苹果没有努力在商业上的成功和权利要求 8 的主题之间建立联系"①。商业上的成功需要与所要求保护的发明有联系。② CAFC 查看记录以确定是否有充分证据证明陪审团的事实发现，即苹果在商业成功与权利要求 8 中的发明之间建立了联系。

在审理期间，苹果的专家科伯恩博士作证说，iPhone 实现了 721 专利主张的权利要求，"显然，使用这项发明的 iPhone 已经取得了商业上的成功"。③ 三星的专家格林伯格博士说："毫无疑问，苹果 iPhone 已经取得了商业上的成功。"④ 至关重要的是，苹果提供了调查证据，证明消费者不太可能购买没有滑动解锁功能的便携式设备，而购买没有滑动解锁功能的产品的成本也会更低，因此陪审团可以得出结论，这一功能是产品最终商业成功的关键驱动力。

苹果全球营销高级副总裁作证说，滑动解锁是苹果最初的 iPhone 电视广告中第一个显示的功能⑤，陪审团在审理期间看到了这一广告。⑥ 一个合理的陪审团本可以找到证据，证明苹果的营销专家选择强调要求保护的功能作为该功能重要性的证据。同样合理的结论是突出或集中于发明功能的广告可能会影响客户的购买决策。⑦ 一位发明了 721 专利的苹果副总裁证实，滑动解锁非常重要，因为当客户"决定是否要购买它"时，"这可能是（客户）第

---

① Samsung Br. 37.
② Transocean，699 F. 3d at 1350.
③ J. A. 12879：20 - 22.
④ J. A. 11984：24 - 25.
⑤ 4/1/14 Tr. at 433：16 - 434：18（Phillip Schiller）（citing PTX 180）.
⑥ 4/1/14 Tr. at 433：16 - 434：18（Phillip Schiller）（citing PTX 180）.
⑦ J. A. 10601：25 - 10602：22（Greg Christie）.

一次体验，即使是在零售环境中"。①

Schiller 先生详细解释了滑动解锁功能的重要性：

> 当这个广告发布的时候，人们还没有机会自己使用 iPhone，所以他们从来没有在这个时候使用过类似的设备。挑战在于，你如何在一个简单的 30 秒广告中向人们展示使用新一代苹果智能手机的感受。我们以每天都要做、一天要做很多次的事情开始广告，这就是解锁屏幕，要做到这一点，你可以用一个简单的手势来滑动解锁。这一个手势是首先看到的，你马上就会知道多点触控是如何工作的，这样你就可以在屏幕上做一个手势了。它对你来说很简单也很有用，而且很容易使用。你不需要一本手册就能弄清楚。这是一个很好的起点，让你开始了解 iPhone 是什么以及这种设备可以做什么。②

> 最终，当史蒂夫·乔布斯演示了"滑动解锁"功能时，观众"爆发出欢呼声"的视频，支持了这样一个结论：消费者重视这一特定功能。③事实发现者的工作是评估被呈现的证据的证明价值。④

总的来说，这个记录包含实质性证据，证明了滑动解锁的功能与 iPhone 商业成功之间的联系，CAFC 需要给予陪审团的事实发现以尊重。重新权衡证据或考虑记录可能支持什么不是 CAFC 的职责。这个商业成功的证据支持陪审团的裁决，即声称的发明不是显而易见的。

（4）长期感觉到的需求。长期感觉到但尚未解决的需求的证据可以有利于发明的非显而易见性，因为如果解决方案是显而易见的，则可以合理地推断需求不会持续存在。有实质性证据表明，陪审团已经发现有一个长期感受

---

① 中国《专利审查指南》规定：当发明的产品在商业上获得成功时，如果这种成功是由于发明的技术特征直接导致的，则一方面反映了发明具有有益效果，另一方面也说明了发明是非显而易见的，因而这类发明具有突出的实质性特点和显著的进步，具备创造性。但是，如果商业上的成功是其他原因所致，如由于销售技术的改进或者广告宣传造成的，则不能作为判断创造性的依据。

② 4/1/14 Tr. at 433：1-18.

③ J. A. 12879：20-12880：2（Andrew Cockburn）.

④ ProMold & Tool Co. v. Great Lakes Plastics, Inc., 75 F. 3d 1568, 1574（Fed. Cir. 1996），"It is within the province of the fact-finder to resolve these factual disputes regarding whether a nexus exists between the commercial success of the product and its patented features, and to determine the probative value of Pro-Mold's evidence of secondary considerations…"

到但尚未解决的口袋拨号问题，直到苹果所要求保护的发明，即其滑动解锁功能，解决了这个问题。

三星对陪审团有关上述长期感觉到的需求的事实调查的上诉仅限于一句话，这句话本身只是引用了 George M. Martin Co. v. All. Mach. Sys. Int'l LLC 案[①]中的"现有技术和所要求的发明之间的差异像他们在这里一样小……不能说长期的需求没有得到解决"。[②] 简言之，这句话不适用于本案，这句话没有分析长期感觉到的需求的问题，也未引用任何记录证据。

CAFC 认为，在某种程度上，三星的上述引用应被解释为：当现有技术和所声称的发明之间的差异很小时，排除陪审团对长期感觉到的需求有利于非显而易见性的裁决。CAFC 拒绝这样一个绝对的规则，这种硬性和快速性的规则不适用于陪审团管辖的事实问题。可能有一个长期感觉到的需求，这样的需求可能被认为是一个相对较小的改进现有技术，这一切都取决于证据，这是由事实发现者评估的证据。

此外，CAFC 不认为来自 George M. Martin 案的引用是一个法律公告（proclamation of law），其仅是对该案件特定事实的适用。引述的语言清楚地表明，法院正在评估该特定案件中与现有技术相比所声称的进步有关的事实，"尽可能少"。[③] 更重要的是，关于 George M. Martin 案，法院解释说，现有技术设备已经满足了"需求"，这些设备已经解决了问题。[④] 因此，在 George M. Martin 案中，不仅现有技术与所要求的发明之间的差异极小，而且现有技术已经解决了专利权人长期以来认为有必要解决的问题。三星关于长期需求的唯一辩解是基于对 George M. Martin 案的误解。

本案中，有实质性证据证明陪审团的结论，即长期感觉到的需求支持所要求保护发明的非显而易见性。美国北加州联邦地方法院驳回了就这一问题的依法律判决时，引用了苹果专家的证词："科伯恩博士的证词，即在 iPhone 出现之前，手机设计师们一直在试图解决意外激活的问题和'口袋拨号问

---

① 618 F. 3d 1294, 1304 (Fed. Cir. 2010).

② Samsung Br. 37.

③ George M. Martin, 618 F. 3d at 1304.

④ Id. at 1305.

题',但仅提出了'令人沮丧的'解决方案。"① 当专家用第一人称讨论特定的例子时表示:"我对(现有技术的选项)非常失望",陪审团仍然可以合理地发现,这一证词是长期感觉需求的证明。②

(美国北加州联邦)地区法院还援引了其中一位发明人的证词,他的讨论涉及口袋拨号。除美国北加州联邦地区法院引用的科伯恩博士的部分证词,科伯恩博士的证词中还有其他部分可以作为陪审团事实认定的依据。在包含了一份文件(PTX55)的记录中,三星列出了 iPhone 滑动解锁的所有替代方案。③ 苹果的专家研究了几种替代方案,包括纹波解锁、玻璃解锁和圆圈解锁,并解释了每一种方法都未能解决意外激活问题。④ 陪审团可以合理地发现,这一证词确立(estbalish)了长期以来感觉到但未解决的需求。

此外,陪审团发现,业界赞誉和复制所依据的三星公司内部文件也表明,三星将自己的四种被拒绝的替代解锁机制(Kepler, Victory, Behold, & Amythest)与 iPhone 的滑动解锁机制进行了比较,三星得出结论:iPhone 的滑动解锁更好。⑤ 陪审团发现,这些三星文件显示,苹果最激烈的竞争对手三星未能成功地解决同样的问题。所有这些证据都是在本案审理期间提交给陪审团的。这些文档为陪审团的事实发现提供了实质性的证据,即有一个长期感觉到但尚未解决的需求,苹果的 721 专利发明解决了这个问题。这个证据有利于非显而易见性的认定。

2. 721 专利的显而易见性结论

美国联邦最高法院承认,"很重要的一点是,要找出一个原因,促使相关领域的普通技术人员按照所声称的新发明的方式将要素结合起来"。美国联邦最高法院警告说:"然而,有益的分析不能成为僵化和强制性的教条。"⑥

---

① J. A. 57(quoting J. A. 10638 – 39).

② *See* J. A. 10638:17 – 19.

③ *See* 4/4/14 Tr. at 680:10 – 687:15(Andrew Cockburn).

④ *Id.*

⑤ *See, e. g.*, J. A. 51028(PTX 120 at 28("Behold3:Unintentional unlock occurs…iPhone Lock undone only when sliding action is applied to a specific button"));J. A. 51289, PTX 121 at 100("Victory:The Screen Lock gets unlocked with a slight flick motion";"iPhone Unlocking standard is precise as it is handled through sliding, and it allows prevention of any wrong motion").

⑥ KSR, 550 U. S. at 418 – 19.

美国联邦最高法院解释说：

> 显而易见性的分析不能为教导、启示和动机这些词汇的形式主义概念所限制，也不能过分强调已发表文章和已公开专利的具体内容的重要性。创造性追求的多样性和现代技术的多样性反对以这种方式限制分析。①

"然而，根据我们（美国联邦最高法院）的判例法，严格的预防性规则，拒绝事实调查者诉诸常识，既不是必要的，也不符合常识"。② 考虑到这些原则，CAFC 重新审查了最终的法律决定，并得出结论，对于一个熟练的工匠来说，将现有技术结合起来获得所要求的发明并非显而易见。

常识和现实世界的指标（common sense and real world indicators）表明，得出相反的结论将是事后诸葛亮，使美国联邦最高法院在格雷厄姆和 *KSR* 案中警告的事后推理成为可能。记录包括（对比文件）Plaisant 和 Neonode，以及所有这些参考文献所教导的内容，包括 Plaisant 提到的无意激活、复杂性、难以实现性，以及用户不喜欢滑块。尽管每个关于现有技术的对比文件都与触摸屏有关，但证据整体支持以下结论：对于一个熟练的工匠而言，为了寻求一种解锁机制，该解锁机制既能直观地使用又能解决口袋里手机拨号问题，而去考虑一个壁挂式空调控制器，这是非显而易见的。1992 年发表的这篇两页的论文（对比文件 Plaisant）报告了对 15 名大学生进行的用户偏好调查的结果，涉及基于计算机的 6 种不同的开关。一个熟练的工匠看到 Plaisant 的论文，该论文指向了固定在墙上的用于电器的接口显示屏；之后，熟练的工匠在可用的六个选项中选择排名第五的滑动开关，以满足一个直观的解锁机制的需要，解决手机的口袋拨号问题，上述过程似乎并不显而易见。

CAFC 说他们已经考虑了陪审团关于 Plaisant 和 Neonode 教导的隐含事实的调查结果。其还考虑了陪审团发现的客观指标，这些客观指标在本案中尤为有力，对（专利的）有效极为有利。这些客观指标包括复制、行业赞誉、商业上的成功和长期的需求。就组合在本案中对熟练的工匠来说是否是显而

---

① *Id.* at 419.

② *Id.* at 421.

易见的而言，这些现实世界中的指标"颠覆了专利性的天平"①，或"撤销了权利要求 8 显而易见的决定"②。考虑到格雷厄姆的所有因素，CAFC 同意美国北加州联邦地区法院的最终法律裁决，即三星未能通过明确且令人信服的证据证明 721 专利的权利要求 8 是显而易见的。CAFC 确认美国北加州联邦地区法院对依法律判决的驳回。

3. 故意

苹果对地区法院授予的依法律判决提出上诉，该依法律判决涉及三星没有故意侵犯 721 专利的权利要求 8。美国北加州联邦地区法院的裁决完全基于 CAFC 的 *In re Seagate Tech.* 案，三星的防御在该案的标准下是客观合理的。③ 鉴于美国联邦最高法院最近在 *Halo Elecs.*，*Inc. v. Pulse Elecs.*，*Inc.* 案④中的故意判决，发回故意问题，让美国北加州联邦地区法院在一审中根据新标准审理。

（四）结论

CAFC 确认并恢复美国北加州联邦地区法院关于 647、721 和 172 专利的判决；CAFC 恢复了与 959、414、239 和 449 专利相关的 CAFC 合议庭的判决，合议庭的判决确认了美国北加州联邦地区法院对这些专利所有问题的判决。CAFC 恢复了美国北加州联邦地区法院对费用问题的判决，该判决被之前的合议庭撤销。CAFC 发回故意这一问题，由美国北加州联邦地区法院在一审中根据美国联邦最高法院的 *Halo* 标准进行审理。

（五）异议

CAFC 原二审合议庭的法官普罗斯特（现任 CAFC 首席法官）等三人在全席判决中言辞激烈地表达了自己的异议。在长达 107 页的判决书中，有超过半数（55 页）的异议。原二审合议庭的三位法官表示，这个全席判决在一定程度上改变了美国专利显而易见性的判断标准。

---

① *Graham*，383 U. S. at 36.

② *KSR*，550 U. S. at 426.

③ *LLC*，497 F. 3d 1360，1371（Fed. Cir. 2007）. J. A. 63 – 66.

④ 136 S. Ct. 1923（2016）.

四、后续

三星向 CAFC 申请全席重新审理。2016 年 11 月 28 日，CAFC 拒绝了三星的申请（见图 1 - 9）。

2   APPLE INC. v. SAMSUNG ELECTRONICS CO., LTD.

O R D E R

Appellants Samsung Electronics Co., Ltd., et al., filed a petition for rehearing en banc. The petition was referred to the circuit judges who are in regular active service.

Upon consideration thereof,

IT IS ORDERED THAT:

The petition for rehearing en banc is denied.

The mandate of the court will issue on December 5, 2016.

FOR THE COURT

November 28, 2016   /s/ Peter R. Marksteiner
Date   Peter R. Marksteiner
         Clerk of Court

图 1 - 9 三星全席重新审理的申请被拒绝

之后，三星向美国联邦最高法院申请再审。三星表示：CAFC 在恢复陪审团裁决时未遵循适当程序，其在作出判决时未考量额外的法律文件，也没有听取口头辩论；同时，还错误地改变了与无效专利和授予禁令有关的法律。三星认为 CAFC "长期以来扮演专利堡垒的角色，打破了平衡，过于保护专利权人的权利，却以牺牲创新和竞争为代价"。

苹果则呼吁保留陪审团裁决，认为没有新的或重要的情况值得重新讨论三星的再审申请。特朗普政府支持了苹果的观点。

2017 年 11 月 6 日，美国联邦最高法院宣布拒绝听审三星对 CAFC 的再审。至此，该案尘埃落定。

在这起诉讼中，三星几乎没有获得支持。只有三星作为成员加入的美国计算机和通信行业协会呈递了一份法庭之友简报。然而在苹果与三星的第一起专利诉讼审理过程中，三星在向美国联邦最高法院申请再审时得到了行业内的广泛支持，两起案件形成了鲜明对比。

第四节　苹果滑动解锁同族专利在德国的诉讼

一、德国专利授权和司法无效

在德国，有两种有效的发明专利（以下统称德国专利），第一种是德国本国专利，由德国专利商标局对向其提交的国家申请进行审查，没有发现驳回理由的，授予德国专利，这是一种行政行为。第二种是欧洲专利，即欧洲专利是根据《欧洲专利公约》（Europe Patent Convention，EPC）授予的专利。欧洲专利与德国所授予的本国专利具有同样的效力，并受到同样的条件约束。

和德国本国专利一样，对欧洲专利在德国的部分向德国联邦专利法院（the Federal Patent Court）提起无效起诉，是一个司法程序。德国联邦专利法院也负责对德国专利商标局的行政行为，如驳回决定进行司法审查。建立德国联邦专利法院的原因是基于德国联邦最高行政法院的一个判决，该判决将德国专利局在诉讼中的行为归于行政行为而不是民事行为；然而，在德国已有的司法结构上实施该项判决可能会导致包含五审的复杂的法律诉讼。因此，立法者通过法律设置一个专门的专利法院，通过将申诉庭和无效庭从原德国专利局分离出来，组成了德国联邦专利法院。

德国联邦专利法院的职能和我国的原专利复审委员会[①]类似。但我国的原专利复审委员会是一个行政机关，其作出的行政决定由北京第一中级人民法院（2014 年 11 月起由北京知识产权法院）进行司法审查。对一审裁判不服的，2019 年之前向北京市高级人民法院上诉；对二审裁判不服的，可以向最高人民法院申请再审；2019 年之后，直接向最高人民法院知识产权法庭上诉。在第三次《中华人民共和国专利法》（以下简称《专利法》）修改过程

[①]　其职能现由国家知识产权局专利局复审和无效审理部承担。

中，曾将《专利法》第 46 条第 2 款中的"对专利复审委员会宣告专利权无效或者维持专利权有效的决定不服的，可以自收到通知之日起三个月内向人民法院起诉"修改为"对专利复审委员会宣告专利权无效或者维持专利权有效的决定不服的，可以自收到通知之日起三个月内向人民法院上诉"。

对于德国联邦专利法院裁决不服，可以上诉到德国联邦最高法院，德国联邦最高法院的德文简称 BGH，英文一般翻译为 Federal Court of Justice，本书根据其审级将其称为德国联邦最高法院。德国联邦最高法院对专利的确权案件既审查案件事实，也审查法律适用。

二、欧洲专利局的异议与德国的专利无效

自欧洲专利被授予并公告之日起 9 个月内，任何人都可以向欧洲专利局就该欧洲专利提起异议。如果在欧洲专利的异议期内或欧洲专利的异议程序正在进行，则对欧洲专利在德国的部分向德国联邦专利法院提起该专利的无效起诉不被接受。

在异议程序或者异议的上诉程序结束后，可以在德国联邦专利法院起诉主张欧洲专利在德国的部分无效，并且不受欧洲专利异议结果的影响。

三、德国的侵权诉讼

无论是《专利合作条约》还是《欧洲专利公约》，都没有以任何方式影响在欧盟或欧洲专利公约的成员国国内的专利执法。TRIPs 协议通过影响国内立法进而影响专利执法。

就专利执法而言，欧洲专利以与德国本国专利执法一样的方式进行，德国法院作出的有关欧洲专利有效性、禁令以及损害赔偿的判决，都只在德国有效，如果要想在其他同属《欧洲专利公约》的签约国有效，就必须在相应国家另行提起诉讼。但是，在许多情况下，即使是非德国的专利权人，也会选择在德国进行专利诉讼，有统计数据表明，欧洲 60% 以上的专利侵权案选择在德国进行专利诉讼。其原因可能是：（1）费用比其他国家如英国便宜；（2）德国诉讼的结果往往能使原被告在整个欧洲达成和解；

（3）德国的诉讼结果可能对欧盟其他国家法院产生心理上的影响（实际上可能没有必然的联系）。

德国没有专利侵权的行政保护和司法保护的双轨制，如果专利权人或相关权利人想要制止侵权，需基于德国专利向德国联邦地区法院提起专利侵权诉讼。有统计数据表明，德国境内超过70%的专利侵权诉讼发生在杜塞尔多夫州地区法院，这与美国类似。在美国，在 TC Heartland 案宣判之前，处理专利诉讼最多的美国德克萨斯州东区州联邦地区法院，案件数量是处理专利诉讼第二多的特拉华州联邦地区法院的数倍。在专利侵权诉讼中，专利权人或相关权利人是原告，会尽可能选择有利于专利权人的法院。根据《德国诉讼法》第12、13、17和32条，可以向被告营业地的地区法院专利审判庭或向原告能够证明的专利侵权地的地区法院专利审判庭提起专利侵权诉讼。理论上讲，只要被控侵权人在德国从事了销售行为，通常所有德国地区法院的专利审判庭都具有侵权诉讼的管辖权。杜塞尔多夫地区法院受理欧洲近半数专利侵权诉讼案件是原告选择法院的结果。实际上，在某种程度上，杜塞尔多夫州地区法院倾向于对权利要求的保护范围作出尽可能大的解释。

如果不服德国联邦地区法院的侵权诉讼的判决，原被告可以上诉到相应的德国联邦高等法院，德国联邦高等法院既审查侵权诉讼的案件事实，也审查法律适用。如果对德国联邦高等法院裁判不服，可以上告到德国联邦最高法院。

德国民事诉讼法对于上告有较为严格的限制。仅当诉讼涉及财产请求权并且价额超过6万马克时，当事人才可以不经州高等法院许可提起上告；如果诉讼不涉及财产请求权或虽涉及财产请求权但价额低于6万马克，只有经州高等法院许可才能提起上告。当事人也可以就州高等法院不予许可的裁决向德国联邦最高法院提起上诉。当事人在上告程序中只能就法律问题提出上诉，德国联邦最高法院对原判认定的事实不再审查，而只审查原判适用法律有无不当。①

---

① 中国法院审判案件无此区分，无论一审还是二审，都要对事实的认定和法律的适用进行全面的审理。

四、专利侵权和无效

不同于美国联邦地区法院既审理专利的侵权又审理专利的有效性，德国审理专利侵权的一审法院不同于审理专利无效的一审法院。德国审理专利侵权法院不听取被告关于专利无效的主张。在侵权诉讼中，专利被无效前推定专利有效。如果被告向位于慕尼黑的德国联邦专利法院提起了专利无效诉讼，且审理专利侵权法院认为无效诉讼的结果可能对被告有利，会暂停审理专利侵权的诉讼，至少暂停至德国联邦专利法院作出专利无效的一审判决。如果涉案专利的异议程序仍然可以被启动或者在进行中，被告可以不提起专利的无效诉讼，取而代之的是提起异议或加入异议程序中。

尽管德国审理专利侵权的一审法院不同于审理专利无效的一审法院，但只要专利无效诉讼的当事人上诉，德国联邦最高法院必须就一审的事实问题和法律问题进行审理。由于德国的下级法院需遵从其对应的上级法院的裁判，并且州高等法院裁判所依据的理由与联邦法院过去的裁判相抵触是州高等法院许可上告的最主要的理由之一，这使得由德国联邦最高法院作出的无效诉讼的终审裁判成为侵权裁判的依据，不会出现诺基亚诉华勤案中上海市高级人民法院侵权诉讼的判决结果和北京市高级人民法院专利确权的判决结果实质上矛盾的情况。

五、滑动解锁欧洲专利在德国被无效

EP1964022B（德国专利号：DE60200012876）是滑动解锁美国专利的同族专利，是苹果在欧洲布局的重要专利。苹果凭借该专利在德国慕尼黑地区法院起诉摩托罗拉侵权，2012 年 2 月 16 日，德国慕尼黑地区法院认定摩托罗拉侵权成立。苹果凭借该专利也在德国曼海姆（德国西部城市）地区法院起诉三星侵权，但是德国曼海姆地区法院的 Andreas Voss 法官在 2012 年 3 月 2 日作出的判决中认为，三星的解锁方式与苹果的解锁方式存在差异，因而

不构成侵权。①

三星向德国联邦专利法院提起了该专利的无效诉讼。2013 年 4 月 3 日，德国联邦专利法院以缺乏创造性为由撤销涉案专利的专利权。

德国联邦专利法院将权利要求 1 中的特征分组，其中英文对照内容如下。

1. A computer implemented method of controlling a portable electronic device（400，1000）comprising a touch sensitive display（408，1014），comprising；

（一种控制包括触控显示屏的便携式电子设备的计算机实现的方式，包括……）

2. detecting （308，908） contact with the touch sensitive display （408，1014） while the device is in a user interface lock state；

（当设备处于用户界面锁定状态时，检测与所述触摸屏的接触）

3. transitioning （314，914） the device （400，1000） to a user interface unlock state if the detected contact corresponds to a predefined gesture；

（如果检测到的接触与预定手势相对应，将所述设备转换到用户界面解锁状态）

4. maintaining （312，912） the device （400，1000） in the user interface lock state if the detected contact does not correspond to the predefined gesture；

（如果检测到的接触与所述预定手势不相对应，将所述设备保持在用户界面锁定状态）

5.1 moving an unlock image （402，1002，1008）

（移动解锁图案）

5.2   along a predefined displayed path on the touch sensitive display （408，1014）

---

① 但（美国北加州联邦）地区法院的陪审团认定三星相同的产品侵犯了该欧洲专利的美国同族专利，这一裁决得到了 CAFC 全席审理的确认。

（在触摸屏上沿着预先显示的路径）

5.3 in accordance with the contact,

（根据接触）

5.4 wherein the unlock image（402，1002，1008）is a graphical, interactive user interface object

（解锁图案是一个图像化的、交互的用户接口对象）

5.5 with which a user interacts in order to unlock the device（400, 1000）

（用户与用户接口对象交互以解锁所述设备）

德国联邦专利法院认为，根据本发明的目的，本发明的特征部分是根据接触在触摸屏上沿着预先显示的路径移动解锁图案，这已经由特征5.1、5.2和5.3描述，特征5.4和5.5没有更多的含义，只是一种过度的表达（so dass den Merkmalen 5.4 und 5.5 keine zusätzliche Bedeutung zukomme；sie stellten eine "Überbestimmung"）。这一点得到了德国联邦最高法院的认可。

德国联邦专利法院还认为，特征1~4被现有技术"N1 Quick Start Guide，Version 0.5"（作为对比文件14引用)[1]公开，该现有技术没有公开特征5。但德国联邦专利法院认为特征5没有达到决定或者至少影响通过技术手段解决技术问题的方案的程度，故在创造性的判断中不予考虑。在具体分析中，德国联邦专利法院将特征5中的元素分成了两组：一组特征是5.1和5.3，根据接触移动解锁图案仅是以图形方式显示信息，以使用户接收视觉反馈，使用户知道设备已经检测到解锁动作的开始并且正在跟踪解锁动作的进一步执行，这些手段不是基于技术性的考虑，对设备本身及设备的功能不起作用；另一组特征是5.2、5.4和5.5，这组特征仅是基于用户的感知，没有技术效果。由于权利要求1没有与NeoNode N1的区别技术特征，故辅助性判断因素中的业界的好评、商业的成功、同行复制等不再考虑。

德国联邦专利法院判决中的信息显示涉及《欧洲专利公约》可专利性的要求。《欧洲专利公约》有许多可专利性的要求，包括哪些种类的发明可以

---

[1] 即CAFC全席审理中涉及的对比文件Neonode。

被授予专利权，也就是所谓的"绝对要求"，以及与现有技术相关的要求，也就是所谓的"相对要求"。在"绝对要求"中，《欧洲专利公约》只对"发明"授权，然而，不同于中国在《专利法》中明确定义了什么是"发明"①，《欧洲专利公约》并没有明确定义什么是"发明"。和中国《专利法》第 25 条②类似，《欧洲专利公约》第 52 条③第 2 款采用反向排除的方式，明确地将信息的显示（presentations of information）等排除在《欧洲专利公约》的"发明"之外。《欧洲专利公约》第 52 条第 3 款又对第 2 款进行了限制，即第 2 款仅在欧洲专利申请或者欧洲专利涉及该款规定的客体或行为本身（such subject-matter or activities as such）的范围（to the extent to）内，才排除在该款中所指客体或行为的可专利性。

"本身"（as such）有不同的解释的可能，从其针对的对象来看，按照欧洲专利局目前的做法，只有当欧洲专利申请或者欧洲专利的权利要求完全针对上述客体或行为时，才排除其可专利性；如果欧洲专利申请或者欧洲专利的权利要求还包括其他的技术特征，则不会因为包括上述客体或行为而不可专利。尽管既包括其他的技术特征又包括上述客体或行为的权利要求不会因为违反了《欧洲专利公约》第 52 条第 2 款而不可专利，但是上述客体或行

---

① 《专利法》第 2 条规定："本法所称的发明创造是指发明、实用新型和外观设计。发明，是指对产品、方法或者其改进所提出的新的技术方案。实用新型，是指对产品的形状、构造或者其结合所提出的适于实用的新的技术方案。外观设计，是指对产品的形状、图案或者其结合以及色彩与形状、图案的结合所作出的富有美感并适于工业应用的新设计。"

② 《专利法》第 25 条规定："对下列各项，不授予专利权：（一）科学发现；（二）智力活动的规则和方法；（三）疾病的诊断和治疗方法；（四）动物和植物品种；（五）用原子核变换方法获得的物质；（六）对平面印刷品的图案、色彩或者二者的结合作出的主要起标识作用的设计。"

③ Art. 52 Patentable inventions

(1) European patents shall be granted for any inventions, in all fields of technology, provided that they are new, involve an inventive step and are susceptible of industrial application.

(2) The following in particular shall not be regarded as inventions within the meaning of paragraph 1:

(a) discoveries, scientific theories and mathematical methods;

(b) aesthetic creations;

(c) schemes, rules and methods for performing mental acts, playing games or doing business, and programs for computers;

(d) presentations of information.

(3) Paragraph 2 shall exclude the patentability of the subject-matter or activities referred to therein only to the extent to which a European patent application or European patent relates to such subject-matter or activities as such.

为会被认为不是解决实际问题的技术特征，因而在创造性的判断中不予考虑。也就是说，通过在权利要求中加入技术特征的方式，如加入公知的网络架构或由通用的计算机执行的方式，可以躲过《欧洲专利公约》第 52 条第 2 款，但是权利要求中的这些不可专利的客体或行为本身不应该对权利要求的可专利带来正面影响，不能因为这些不可专利的客体或行为而使权利要求具备创造性。

德国联邦专利法院认定，技术特征 5 在权利要求 1 的创造性判断中不予考虑，进而认定权利要求 1 不具备创造性。但是德国联邦最高法院对技术特征 5 在权利要求 1 的创造性判断中不予考虑这一认定有不同的观点。

（一）德国联邦最高法院的判决

针对苹果的上诉，2015 年 8 月 25 日，德国联邦最高法院推翻了德国联邦专利法院关于区别特征不具有技术性的认定，认可了区别特征的技术性，但认为上述专利不具备创造性。德国联邦最高法院提出以下观点。

（1）德国联邦专利法院否定特征 5 对解决技术问题的重要性，这使德国联邦专利法院对于技术方案的技术效果理解不完整（die erfindungsgemäßen technischen Lösungsmittel nicht vollständig）。

①适当考虑《欧洲专利公约》第 52 条第 2 款（d）项、第 3 款的例外情况，权利要求中的有关显示某些内容旨在影响人类想象或理解的指示被排除在《欧洲专利公约》的发明之外，被视为以特定方式对数据处理系统进行编程的指令［《欧洲专利公约》第 52 条第 2 款（c）项］也是这样。信息显示确定是用于解决技术问题的技术手段或至少在一定程度上是用于解决技术问题的技术手段时，才在创造性的判断中考虑①。必须遵守这些在先的判决所确定的标准。只要权利要求中的信息在任何情况下影响技术问题的解决，都要求检查权利要求的信息相关特征，以确定信息是否同时在实施例再现（尚未在权利要求中）达到了技术效果。在这种情况下，在审查可专利性时应考

①　BGH, Urteil vom 26. Oktober 2010 – X ZR 47/07, GRUR 2011, 125 – Wiedergabe topografischer Informationen；Urteil vom 23. April 2013 – X ZR 27/12, GRUR 2013, 909 Rn. 14 – Fahrzeugnavigationssystem；Urteil vom 26. Februar 2015 – X ZR 37/13, GRUR 2015, 660 Rn. 32 f. – Bildstrom。

虑技术效果。仅因为以特定信息的显示形式在权利要求中出现而在创造性审查中不包括信息显示的技术效果是不合理的。

②德国联邦专利法院没有充分考虑权利要求 1 中的特征 5.1 至 5.3 中的"根据接触在触摸屏上沿着预先显示的路径移动解锁图案"。

涉诉专利教导用户通过移动执行设备的解锁功能。用户在触摸屏上执行特定的移动，从而在视觉上指示屏幕上显示的符号执行相应的（不一定相同的）移动。该专利的权利要求教导了向用户可视化显示，通过手指移动，用户给了计算机可以解锁设备的命令，如果手指的移动与预定的运动对应，就可以实际解锁设备。手指移动中的控制命令不仅应该触发解锁，还应该触发表示命令及其执行进度的指示。这是解决对用户可视地指示解锁过程并以此提高操作安全性的技术问题的技术解决方案。

此外，执行沿着屏幕上显示路径的移动解锁图像的显示指令涉及由图形装置给出的信息的内容。解锁图像的移动模仿用户的控制移动，从而使解锁的启动和进展（或取消）特别清楚地实现。然而，这只考虑了人类的想象力，德国联邦专利法院关于特征 5.4 和 5.5 在创造性考虑中不起作用的认定是正确的。

（2）由此可见，德国联邦专利法院作出的判决不足以将权利要求 1 的主题视为下述结论，即对于移动电话，参考 "NI Quick Start Guide, Version 0.5" E14 中描述的 Neonode N1 向用户指示他必须执行哪个手指移动以便解锁电话，但是不指示解锁命令的执行的开始和进度。相反，当前一次尝试失败时（E14，11，3），指示重新执行手指手势以输入解锁命令。

（3）申请人正确地提交了技术人员已经受到现有技术的启示，以通过执行该命令的视觉指示来进行执行解锁命令的请求的反馈。

①关于本领域技术人员，德国联邦最高法院驳回了苹果的诉讼请求，认可了德国联邦专利法院的观点。

欧洲专利局的审查指南①对本领域技术人员（person skilled in the art）进行了定义。但不同于中国的专利审查指南，欧洲专利局的审查指南在充分公

---

① Guidelines for Examination in the European Patent Office.

开（sufficiency of disclosure）和创造性中分别对本领域的技术人员进行了定义。

充分公开中的本领域技术人员是相关领域的熟练的实务工作者（the skilled practitioner），不仅知晓（be aware of）该申请自身和其中的参考文献的教导，而且知晓该申请申请日（优先权日）之前本领域一般常识（common general knowledge），他被假定已经掌握了（have had at his disposal）涉及技术领域一般的日常工作和试验的手段和能力。一般常识通常被认为包括相关领域的基础手册、专著和教科书（见 T 171/84）。作为例外，如果发明所处的研究领域是如此之新，以至于教科书还没有提供相关的技术知识，一般常识也包括专利说明书或科学出版物（见 T 51/87）。①

创造性中本领域技术人员被假定为是相关技术领域的熟练的实务工作者，他拥有一般知识和能力（average knowledge and ability），知晓本领域相关的一般常识（见 T 4/98，T 143/94 and T 426/88）。他被假定已经获得了现有技术（state of the art）的全部，特别是检索报告中引用的文档，他被假定已经掌握了涉及技术领域一般的日常工作和试验的手段和能力。如果问题（要求保护的发明的权利要求实际解决的问题）促使本领域技术人员在另一技术领域寻求解决方案，那个领域的专家是有资格解决这个问题的人。本领域技术人员在其技术领域不断发展（见 T 774/89 and T 817/95），他可能会在邻近和通用的技术领域（general technical fields）寻求建议（见 T 176/84 and T 195/84），如果有提示，甚至会在偏远的领域寻求建议（见 T 560/89）。因

---

① Sufficiency of disclosure. The "person skilled in the art" for this purpose is considered to be the skilled practitioner in the relevant field aware not only of the teaching of the application itself and the references therein, but also of what was common general knowledge in the art at the date of filing (date of priority) of the application. He is assumed to have had at his disposal the means and the capacity for routine work and experimentation, which are normal for the technical field in question. As "common general knowledge" can generally be considered the information contained in basic handbooks, monographs and textbooks on the subject in question (see T 171/84). As an exception, it can also be the information contained in patent specifications or scientific publications, if the invention lies in a field of research which is so new that the relevant technical knowledge is not yet available from textbooks (see T 51/87).

此，对解决方案是否具备创造性的评价必须基于该专家的知识和能力。① 在某些情况下，以一组人（如研究或生产团队）而不是一个人（见 T 164/92 和 T86/96）来思考可能更为合适。

本领域技术人员在评价创造性和充分公开方面具有相同的技能水平（见 T60/89、T694/92 和 T373/94）。

在此案中，德国联邦最高法院认为，本案中，本领域的技术人员是一位经验丰富的用户界面开发工程师，拥有数据处理或计算机科学的大学或者专科学位。不应当将本领域的技术人员限定在移动设备的领域。法院顺便提及，技术人员在便携式设备上的专业化也不能证明他没有注意到关于非便携式设备的用户界面的现有技术。

②laisant 和 Wallace 的论文"触摸屏切换设计"②，作为对比文件 E7 被引用，它描述了 1992 年 5 月在一次会议上展示的一段视频，该视频涉及各种用于打开和关闭设备的虚拟开关，这些设备适用于触摸屏。作者首先提出这样的开关可能"非常令人困惑"，并且程序员获得的创造性自由"导致了大量无用的开关设计"，忽略了传统控制设计中获得的经验。以可能的顺序显示合适的开关设计，包括一个（对应于涉案专利的实施例）虚拟滑动开关，用户"绘制"一个指针从一端到另一端，该指针有相应的移动显示（"用户随

---

① The "person skilled in the art" is presumed to be a skilled practitioner in the relevant field of technology, who is possessed of average knowledge and ability and is aware of what was common general knowledge in the art at the relevant date（see T 4/98, T 143/94 and T 426/88）. He is also presumed to have had access to everything in the "state of the art", in particular the documents cited in the search report, and to have had at his disposal the means and capacity for routine work and experimentation which are normal for the field of technology in question. If the problem prompts the person skilled in the art to seek its solution in another technical field, the specialist in that field is the person qualified to solve the problem. The skilled person is involved in constant development in his technical field（see T 774/89 and T 817/95）. He may be expected to look for suggestions in neighbouring and general technical fields（see T 176/84 and T 195/84）or even in remote technical fields, if prompted to do so（see T 560/89）. Assessment of whether the solution involves an inventive step must therefore be based on that specialist's knowledge and ability（see T 32/81）. There may be instances where it is more appropriate to think in terms of a group of persons, e. g. a research or production team, rather than a single person（see T 164/92 and T 986/96）. It should is to be borne in mind that the skilled person has the same level of skill for assessing inventive step and sufficient disclosure（see T 60/89, T 694/92 and T 373/94）.

② 即 CAFC 全席审理中涉及的对比文件 Plaisant。

后可以抓住指针并将其滑动到另一端"），以及一个用于打开或关闭设备的控制命令。如果在距离结束前将手指从屏幕上取下，指针会跳回到原来的位置；因此，指针会与接触点"协调"移动。

一方面，本领域技术人员被告知，通过触摸屏输入的切换命令对用户充分展示如何操作"开关"以打开或关闭设备尤为重要；另一方面，E7 还说明切换过程是有意义的，即其同时以图形方式对其进行确认，以便通知用户他是否正确地给出了控制命令。

对于本领域技术人员来说，将该手段转用到解锁移动设备用户界面的过程是显而易见的。就像打开或关闭带有虚拟滑动开关的设备增加了操作安全性和友好性一样，解锁命令在启动和进一步执行时以视觉显示可以增强了易用性。

相比之下，苹果上诉中提出的论点认为，技术人员不会使用 E7 中的滑动开关，因为在所公开的所有虚拟开关中，建议将推动开关（rocket toggle）而不是滑动开关作为用户接受的最佳解决方案，忽略了专家考虑的起点是来自证据 E14 的手机 Neonode N1，其中的解锁是通过在触摸屏上滑动完成的。从这个角度来看，滑动开关是 E7 中公开的所有虚拟开关最令人感兴趣的，因为在这种情况下，打开或关闭开关只需要一个与擦拭运动相对应的滑动运动。

（4）对于从属权利要求，德国联邦最高法院认为德国联邦专利法院的判决是正确的。

（二）德国联邦最高法院的判决解析

德国联邦最高法院认为德国联邦专利法院没有正确识别特征组的技术性（technical principle）。对于与信息（information）相关的特征，如果这些特征对使用技术手段解决技术问题的方案作出贡献或至少影响了使用技术手段解决技术问题的方案，这些特征才对创造性作出了贡献。与信息相关的特征必须被检查以确定显示的信息是否是技术手段的具体化，该技术手段没有包括在权利要求的其他地方。按照德国联邦最高法院的观点，这些特征必须被看作技术性的，这是因为仅因技术特征以显示信息的形式被包括在权利要求中而导致忽视是不合理的。

按照上述观点，德国联邦最高法院认为，基于特征"根据用户的接触，沿触摸屏上的预定显示路径移动解锁图案"，权利要求实现了向用户可视化的展示：通过移动，用户给计算机一个能够解锁设备的命令，如果必要的手指运动被执行，所述指令确实能够解锁设备。不仅手指移动能够导致设备被解锁，而且指令和执行指令的进程被可视化显示。德国联邦最高法院认为其作为一个技术方案解决了这样一个技术问题：通过可视化输入的命令，增强了设备操作的可靠性。同时通过（解锁图案）移动，用户能够看到自己是否输入了正确的指令。

与之相反，如果权利要求请求保护的是信息的显示被执行（当触摸屏上的预定显示路径解锁图案的移动时，信息的显示被执行），按照德国联邦最高法院的观点，信息的显示被执行是一种将以图形方式输出的信息具体表达的方式，信息因此以清楚的方式被传递，但这不构成解决技术问题的技术方案。

尽管德国联邦专利法院判决的一处关键点被改正，德国联邦最高法院最终仍维持了德国联邦专利法院的判决。这是因为作为专利有效性的二审法院，德国联邦最高法院既进行法律的审理，也进行事实的审理。德国联邦最高法院认为，根据《欧洲专利公约》，"根据接触，沿触摸屏上的预定显示路径移动解锁图案"是技术特征，在创造性的判断中要考虑。但三星提交的 Plaisant 论文公开了上述特征，本领域技术人员有动机在相近领域（触摸屏领域）寻找 Plaisant 论文应用并将其应用到 NeoNode N1。不同于 CAFC 对显而易见性辅助性判断因素的详尽分析，① 德国联邦最高法院没有对创造性辅助性判断标准发表观点。

德国联邦最高法院的这个判决特别引人注意之处在于，其不仅是三星和苹果专利战的终审判决，还在于其发展了判例法中的对技术教导的考虑。德国联邦最高法院阐明了在个案中需要准确审查与信息相关的特征实际所起的

---

① CAFC 考虑了陪审团发现的客观指标，认为这些客观指标在该案中尤为有力，对（专利的）有效极为有利。这些客观指标包括复制、行业赞誉、商业上的成功和长期的需求。就组合在本案中对熟练的工匠来说是否是显而易见而言，这些现实世界中的指标"颠覆了专利性的天平"，或"撤销了权利要求显而易见的决定"。

作用。以前，如果特征仅涉及信息内容显示的方式，则这些特征认为不具有技术性。然而，如果实现了诸如减少操作错误的技术效果，显示信息的指令可能隐藏技术性。

该案被收入欧洲专利局（Europe Patent Office，EPO）"Case Law from the Contracting States to the EPC"的判例集 Recent Case Law in German Patent Law（2015）。EPC 的判例法关注点是技术特征认定。

第五节　小　　结

一、技术特征

德国联邦专利法院纠结于"根据接触，沿触摸屏上的预定显示路径移动解锁图案"这些特征是否是技术特征；如果是非技术特征，则将无视与这些特征相关的对比文件，直接不予考虑这些特征在创造性判断中的作用。

美国法院不涉及对这些特征是否是技术特征的判断。

不涉及这些特征是否是技术特征的问题，其原因可能在于有观点认为的证据优先，即如果有好用的对比文件，可以直接用对比文件评述其创造性，而回避是否是技术特征的判断，以使结论有更好的证据支持。

二、相同或者相近的技术领域

对于技术领域的判断是考虑声称解决的技术问题还是相对于最接近的现有技术实际解决的技术问题？从技术领域判断的角度，解决的技术问题是"口袋拨号问题"还是"通过可视化输入的命令增强了设备操作的可靠性，同时通过（解锁图案）移动，用户能够看到自己是否输入了正确的指令"？

另外，技术领域的判断是否与判断主体的技术背景有关？假如三星向专利审判和上诉委员会申请双方重审，由专利审判和上诉委员会具有相关技术背景的审查员来审查，结论是否会有所不同？

三、商业上的成功

Neonode 的手机在瑞典以及欧洲其他国家没有获得商业上的成功。苹果声称滑动解锁获得了商业上的成功。CAFC 认为滑动解锁功能与 iPhone 商业成功之间存在联系。提交异议的 CAFC 首席法官普罗斯特认为 iPhone 获得的商业成功，不可能完全是该产品具备滑动解锁功能所致。德国联邦专利法院认为商业上的成功不能是由于广告、宣传导致的。那么，商业上的成功是否有时间和地域的限制？如果没有广告、宣传，大家怎么知道技术好？如何确定是广告、宣传导致商业上的成功还是技术因素导致商业上的成功？商标可以因使用获得显著性，专利是否能够因使用，如实用新型授权后的使用，获得创造性？

第三章 专利诉讼"世纪大战"
为什么在中国没有发生

第一节 在中国打"专利战"影响双方的因素

通常而言，首先提起专利诉讼的一方需要对诉讼结果有好的预期，这不同于被动的反诉。然而，在中国进行大规模的专利诉讼，对于苹果和三星双方来说，需要考虑以下三方面的影响因素。

一、作业方法权利要求保护的局限性

对于苹果来说，苹果的许多重要专利是包括使用者参与的作业方法，采用方法权利要求的保护形式。作业方法专利不存在依照该专利方法直接获得的产品，且使用作业方法的人往往是普通消费者。

例如，2012 年 8 月 24 日美国北加州联邦地区法院的陪审团裁决三星侵犯苹果三件美国发明专利的专利权，其中的美国发明专利 US7864163 的一个中国同族专利为 ZL200780041222.6（公告号：CN101535938），该中国专利授权的权利要求 1 是包括使用者参与的作业方法，权利要求中的"第一手指轻敲姿态"和"第二手指轻敲姿态"是最终用户（使用者）的操作。

中国《专利法》第 11 条第 1 款规定："发明和实用新型专利权被授予后，除本法另有规定的以外，任何单位或者个人未经专利权人许可，都不得实施其专利，即不得为生产经营目的制造、使用、许诺销售、销售、进口其专利产品，或者使用其专利方法以及使用、许诺销售、销售、进口依照该专利方法直接获得的产品。"由于作为最终用户的普通消费者往往不是"为生产经营目的"使用专利方法，不满足《专利法》第 11 条第 1 款侵犯专利权

行为的构成要件，不构成直接侵权。《中华人民共和国侵权责任法》第 9 条第 1 款规定："教唆、帮助他人实施侵权行为的，应当与行为人承担连带责任。"由于最终用户不构成直接侵权，没有侵权行为人，因此，有不少学者认为不存在民法意义上的教唆、帮助行为，不构成间接侵权。2016 年 4 月 1 日起施行的《最高人民法院关于审理侵犯专利权纠纷案件应用法律若干问题的解释(二)》第 21 条第 2 款规定："明知有关产品、方法被授予专利权，未经专利权人许可，为生产经营目的积极诱导他人实施了侵犯专利权的行为，权利人主张该诱导者的行为属于侵权责任法第九条规定的教唆他人实施侵权行为的，人民法院应予支持。"也就是说，2016 年 4 月 1 日之后，权利人可以有条件地主张教唆侵权。但此时苹果和三星的专利诉讼"世纪大战"已经基本结束。

广东省高级人民法院在珠海格力电器股份有限公司与广东美的制冷设备有限公司（以下简称美的公司）、珠海市泰锋电业有限公司侵害发明专利权纠纷上诉案①中认为制造具有"舒睡模式 3"功能的空调器的行为，包含了使用被诉侵权方法的行为。"舒睡模式 3"是一种控制空调器按照自定义曲线运行的方法，美的公司制造的空调器要实现这一功能，就要通过相应的设置、调配步骤，使空调器具备实现按照自定义曲线运行的条件，从而无可避免地使用到控制空调器按照自定义曲线运行的方法，因此美的公司是使用者。但本书认为"控制空调器按照自定义曲线运行的方法"是一种作业方法，作业方法专利权的保护客体是由一系列操作步骤组成的操作方式，是一种行为过程，其执行的结果是达到某种预期的效果，而不是获得某种专利法意义上的产品，仅有"使用（专利方法的）行为"才可能构成侵权行为。就对"使用"一词的理解而言，其借鉴了"控制空调器按照自定义曲线运行的方法"设计理念的"使用"，其不同于专利法意义上的"使用"，后者就是执行这一系列操作步骤。"空调器具备实现按照自定义曲线运行的条件"并不意味着必然使用到"控制空调器按照自定义曲线运行的方法"这一专利方法，方法专利权保护的是操作方式，而不是保护方法专利权涉及的物品（如空调器），广东省高级人民法院的上述判决混淆了"使产品具有某种功能"和"使产品

---

① 广东省高级人民法院（2011）粤高法民三终字第 326 号。

已具有的功能发挥作用"这两种不同的行为。此外,在越来越多的领域,如智能手机,在最终用户使用产品前,产品已具有的功能并未使用甚至并未启动,如在 iPhone 手机中,WAPI 的功能没有启动,需要最终用户(使用者)自行启用("启用 WAPI",见图 1 - 10)。

图 1 - 10　WAPI 默认没有启用

就三星而言,其在通信领域的大量专利涉及终端与基站的交互,终端需要基站的配合,终端与基站互相配合实现作业方法权利要求中的技术方案,解决现有技术中存在的问题。终端的使用者往往是普通消费者,基站的使用者在中国是三大运营商。假如基站和终端的交互行为使用了作业方法,侵犯了三星的专利权,则运营商构成了直接侵权,如果终端的生产者为使用方法权利要求中的技术方案在终端中作了专门的设置,则可认定终端的生产者教唆、帮助了运营商实施侵权行为,需承担连带责任。也就是说,如果想追究终端的生产者的侵权责任,则需要首先证明运营商构成了直接侵权,证明运营商构成直接侵权从商业的角度看显然是不明智的。

二、涉及计算机程序的功能模块架构的装置权利要求保护范围在侵权阶段存在不确定性

为了给予涉及计算机程序的发明以产品权利要求的保护，《专利审查指南》（2010）规定，① 如果全部以计算机程序流程为依据，可以按照与该计算机程序流程的各步骤完全对应一致的方式，或者按照与反映该计算机程序流程的方法权利要求完全对应一致的方式，撰写装置权利要求，即这种装置权利要求中的各组成部分与该计算机程序流程的各个步骤，或者该方法权利要求中的各个步骤完全对应一致。因此，涉及计算机程序的作业方法可以写成功能模块架构的装置权利要求，以获得产品的保护。《专利审查指南》（2010）同时规定②，这种装置权利要求中的各组成部分应当理解为实现该程序流程各步骤或该方法各步骤所必须建立的功能模块；由这样一组功能模块限定的装置权利要求应当理解为主要通过说明书记载的计算机程序实现该解决方案的功能模块构架，而不应当理解为主要通过硬件方式实现该解决方案的实体装置。

尽管在授权、确权阶段如何解释这种装置权利要求在《专利审查指南》（2010）已有明确的依据，但在侵权时如何解释，目前尚没有典型的案例。由于这种装置权利要求的技术特征在撰写形式上与"以功能或者效果表述的技术特征"相似，而"以功能或者效果表述的技术特征"的解释规则在授权、确权阶段和侵权时存在直接冲突③，这导致专利权人在行使这样的专利权时对诉讼结果的可预测性差。

为了将这种装置权利要求的技术特征在撰写形式上与"以功能或者效果表述的技术特征"相区分，2017 年 4 月 1 日起施行《国家知识产权局关于修改〈专利审查指南〉的决定》中将《专利审查指南》第二部分第九章第 5.2 节第 2 段中所述的"功能模块"修改为"程序模块"。为了给涉及计算机程

---

① 《专利审查指南》（2010）第二部分第九章第 5.2 节。

② 《专利审查指南》（2010）第二部分第九章第 5.2 节。

③ 孙方涛等："功能性特征解释规则探讨"，见中华全国专利代理人协会编：《专利法第 26 条第 4 款理论与实践——2012 年专利审查与专利代理高端学术研讨会论文选编》，知识产权出版社 2013 年版，第 652～661 页。

序的发明以更多形式的产品权利要求的保护，2017 年 4 月 1 日起施行的《国家知识产权局关于修改〈专利审查指南〉的决定》中将《专利审查指南》第二部分第九章第 5.2 节第 1 段第 1 句中的"即实现该方法的装置"修改为"例如实现该方法的装置"；将《专利审查指南》第二部分第九章第 5.2 节第 1 段第 3 句中的"并详细描述该计算机程序的各项功能是由哪些组成部分完成以及如何完成这些功能"修改为"所述组成部分不仅可以包括硬件，还可以包括程序"。但是，这种区分以及给涉及计算机程序的发明以更多形式的产品权利要求的保护发生在苹果和三星的专利诉讼"世纪大战"之后。

三、侵权的损害赔偿预期偏低

根据《专利法》第 65 条的规定，专利侵权损害赔偿首先按照权利人受到的实际损失确定；如果实际损失无法确定，再按照侵权人因侵权获利确定；如果前两者均难以确定，则可以参照专利许可使用费的倍数合理确定；如果上述三种方式均难以确定，则可以采用法定赔偿。专利侵权损害赔偿的确定顺序体现了民事侵权的一般原则。

但在实务中法定赔偿占据绝对优势。中南财经政法大学知识产权研究中心 2013 年完成的《知识产权侵权损害赔偿案例实证研究报告》显示，专利侵权判决采用"法定赔偿"比例高达 97.25%，而法定赔偿的上限为 100 万元人民币。对于三星和苹果来说，如果计算损害赔偿的方式采用法定赔偿，则赔偿本身几乎没有什么意义。

像苹果和三星这样大的竞争对手选择在哪个国家提起诉讼的考虑因素不仅是这个国家的生产和销售，还包括通过选择一个最佳的诉讼平台，以期通过专利诉讼最后达成全球范围内的相互妥协。最佳的诉讼平台的一个重要的考量因素是判决结果对其他国家的影响，对于苹果和三星来说，中国显然不是一个最佳的诉讼平台。实际上，2014 年 8 月 6 日，苹果和三星发表联合声明，双方同意在美国以外撤销所有的专利诉讼，包括澳大利亚、日本、韩国、德国、荷兰、英国和意大利。

第二节　在中国打"专利战"影响苹果的因素

对于苹果而言，在中国打"专利战"还面临两个不利的因素，将在下文中逐一讨论。

一、苹果一些重要的外观设计在中国不是外观设计专利保护的客体

《专利审查指南》（2010）明确规定[①]"产品通电后显示的图案。例如，电子表表盘显示的图案、手机显示屏上显示的图案、软件界面等"属于不授予外观设计专利权的情形。美国北加州联邦地区法院陪审团裁决三星侵犯苹果的外观设计专利 USD604305 在中国属于不授予外观设计专利权的情形。2014 年 5 月 1 日起施行的《国家知识产权局关于修改〈专利审查指南〉的决定》（第 68 号）中删除了《专利审查指南》（2010）第一部分第三章第 7.2 节第三段最后一句"产品的图案应当是固定的、可见的，而不应是时有时无的或者需要在特定的条件下才能看见的"。苹果一些重要的外观设计按照修改后的《专利审查指南》的规定，其中一部分可以作为外观设计专利保护的客体。

二、苹果一些重要的发明专利申请在中国处于实质审查阶段，尚未授权

美国北加州联邦地区法院陪审团裁决三星侵犯苹果三件发明专利中的另外两件 US7469381 和 US7844915 对应的中国同族专利分别为 CN101542424A 和 CN101578578A，这两件中国专利申请在 2013 年 8 月尚处于审查状态。处于审查状态的原因是多方面的，例如，申请人二次请求延长答复审查意见通知书的期限。尚未授权的专利申请显然不能提起侵权之诉。

参考文献：

1. Martin J. Adelman，RandallR. Rader，CordonP. Klancnik. 美国专利法

[①] 《专利审查指南》（2010）第一部分第三章第 7.4 节不授予外观设计专利权的情形。

［M］．郑胜利，刘江彬，译．北京：知识产权出版社，2011．

2．甘绍宁．美国专利诉讼要案解析［M］．北京：知识产权出版社，2013．

3．［德］汉斯·高德，［德］克里斯·阿贝尔特，王志伟．欧洲专利公约手册［M］．北京：知识产权出版社，2013．

4．石必胜．专利创造性判断研究［M］．北京：知识产权出版社，2012．

第二篇

美国软件/商业方法专利司法保护的历史与最新变化

第一章　引　　言

《美国专利法》第101条（35 U. S. C. §101）定义了可获得专利权的条件："凡发明或发现任何新的、有用的方法、机器、产品、组合物，或任何对其新的、有用的改进者，可以按照本编所规定的条件和要求取得专利权"①。

这一成文法所定义的可专利性条件显然非常宽泛，因此早在1852年，美国最高法院即在判例中申明了可专利性主题的法定例外。② 随着时间的推移，司法定义逐渐演化为三类不具备可专利性的法定例外，它们是：（1）自然法则；（2）自然现象；（3）抽象概念。③ 如果专利权利要求在这三类法定例外之外没有包含更多内容，则其不具备专利适格性，即便所要求保护的发明具备新颖性和创造性。

之所以确立上述法定例外，除了针对过于宽泛的专利适格主题外，也是出于公共政策方面的考虑，即国家不应对那些所有发明者都会在创新过程中使用的基础要素及工具授予专利垄断权。④

---

① 35 U. S. C. §101：Who-ever invents or discovers any new and useful process, machine, manufacture, or composition of matter, or any new and useful improvement thereof, may obtain a patent therefor, subject to the conditions and requirements of this title.

② 1852年，美国最高法院在Le Roy v. Tatham案判决中曾申明："(a) principle, in the abstract, is a fundamental truth; an original cause, a motive; these cannot be patented, as no one can claim in either of them an exclusive right. （抽象原则是一个基本事实；初始原因和动机；这些都不能获得专利，因为没有人可以对其中任何一方要求拥有专有权。）"

③ 参见判例：Gottschalk v. Benson, 409 U. S. 63 (1972)。

④ 参见Le Roy v. Tatham, 55 U. S. (14 How.) 156, 175 (1853)： "A principle, in the abstract, is a fundamental truth; an original cause; a motive; these cannot be patented, as no one can claim in either of them an exclusive right. （抽象原则是基本事实、初始原因和动机，这些都不能获得专利，因为没有人可以对其中的任一者要求拥有专有权）" 以及Mackay Radio & Tel. Co. v. Radio Corp. of America, 306 U. S. 86, 94 (1939)："(w) hile a scientific truth, or the mathematical expression of it, is not a patentable invention, a novel and useful structure created with the aid of knowledge of scientific truth may be. （科学真理或其数学表达式不是可获得专利的发明，借助于对科学真理的认识所创造的新的、有用的结构才是可能获得专利的）"。

20 世纪中后期到 21 世纪初，计算机软件业蓬勃发展，互联网经济日渐繁荣，美国由于正处于计算机软件和电子商务新技术发展和市场化运用的前沿，针对软件和商业方法的专利随之大量兴起。这类专利往往涉及运用计算机软件实现数学算法、商业方法等概念，其专利适格性一再受到《美国专利法》第 101 条中"抽象概念"这一司法例外的质疑——而在三类司法例外中，"抽象概念"的实际界限可能是最难以阐明和描述的。在这一背景下，不断涌现的软件/商业方法专利申请及相关的诉讼持续成为知识产权领域的热点。20 世纪 70 年代至今的近五十年间，美国涌现出一系列重要的司法判例，对相关领域的专利申请和保护带来巨大影响。

本篇中，以美国从 20 世纪 70 年代至今软件/商业方法专利适格性的司法变革为主线，选取 20 世纪 70 ~ 80 年代的 Benson、Flook、Diehr 案，1998 ~ 2010 年十余年的 State Street 案、Bilski 案，直至近年引起业界极大反响的 Alice 案，以及 2016 ~ 2018 年的 Enfish 案、TLI 案、McRo 案等一系列最新判例（见图 2 - 1），尝试通过纵向的梳理，结合美国国内在 Alice 案判决后的相关争议与影响，以及与司法判定的变迁一脉相承的美国专利商标局专利适格主题审查政策，对各历史阶段司法判定的原则、脉络进行介绍和解析，以期对相关领域的申请策略、审查方式提供有价值的思考。

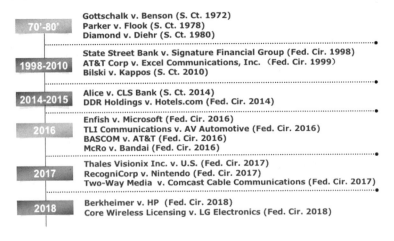

图 2 - 1　美国重要司法判例概览

第二章 美国软件/商业方法专利适格性重要司法判例

第一节 20世纪70~80年代: "方兴未艾"

抽象概念 (Abstract Idea) 本身不具备专利适格性的这一概念源于美国判例法, 其历史可追溯到超过150年前。20世纪60~70年代, 随着集成电路技术的发展, 数字计算机及其相关的软件技术获得长足的进步, 其应用广泛进入工业领域, 涉及数字计算机及计算机算法的专利申请方兴未艾。在这一历史背景下, 20世纪70~80年代, 美国最高法院通过先后发布的案例"三部曲", 初步划定了抽象概念例外的界限, 为随之而来的信息时代的大量专利适格性相关案件奠定了基础。

一、Gottschalk v. Benson 案①

"三部曲"中的第一件案例是最高法院于1972年判决的 Gottschalk v. Benson 案(以下简称 Benson 案)。Benson 案所争议的权利要求8涉及一种在通用数字计算机上将二进制编码的十进制数转换为纯二进制数的方法, 其包括以下步骤:

(1) 将二进制编码的十进制信号存入重入式移位寄存器;

(2) 将信号至少向右移位三位, 直到所述寄存器第二位是二进制"1";

(3) 遮盖所述寄存器第二位的二进制"1";

---

① 93 S. Ct. 253 (1972).

（4）在所述寄存器的第一位增加一二进制"1"；

（5）将信号向左移位两位；

（6）在所述第一位增加一"1"；

（7）将信号至少向右移位三位以备随后所述寄存器第二位是二进制"1"。

美国最高法院认为该权项不具备专利适格性，因为其"彻底先占了相应的数学公式，从实际效果来看是一个仅涉及算法自身的专利"，该方法的步骤可以仅通过人的思维完成。

法院还表示，虽然该权项未具体限制用于任何特定类型的计算机上，不涉及任何特定用途的实施机器，且未转换任何物质，但上述条件仅是可获得专利权的"线索"，并非任何情况下判断可专利性的必要条件，即表明了"机器或转化测试"是判定可专利性主题的重要依据而非唯一手段，而涉及软件的专利也并不必然被排除在可授权的主题之外。也正是在该案中，最高法院建立了"机器或转化测试"这一判断准则。

二、Parker v. Flook 案[①]

6年后，美国联邦最高法院通过 Parker v. Flook 案（以下简称 Flook 案）得以再次对涉及数学算法的专利是否符合专利适格性条件给予考虑。Flook 案所争议的权利要求涉及一种计算警报边界的方法，其利用"平滑算法"使系统对数据走向而不是过程变化中的瞬时波动作出响应，具体表现为以下内容。

一种更新至少一种过程变量的至少一个警报边界值的方法，所述过程包含碳氢化合物的催化转化过程，其中所述警报边界当前值为 $B_o + K$，B_o 为当前警报基准，K 为预定的警报偏移，该方法包括：

（1）确定所述过程变量的当前值，该当前值定义为 PVL；

（2）利用以下公式确定一新的警报基准值 B_1：$B_1 = B_o (1.0 - F)$ +

---

① 98 S. Ct. 2522（1978）.

PVL（F），F 为一大于 0 小于 1.0 的预定数值；

（3）确定一定义为 $B_1 + K$ 的更新的警报边界；

（4）将所述警报边界调整为更新后的警报边界值。

Flook 案与 Benson 案的不同之处是其并未彻底先占数学公式，因为其最后一个涉及调整警报边界值的步骤需要在数学计算之外作出额外的"事后动作（Post-Solution Activity）"。该案仅有的新颖之处是在催化转化过程中使用了一平滑算法公式，但该平滑算法本身不具备新颖性。美国联邦最高法院基于此而判定该权项不满足法定意义上可专利主题的条件："过程本身而不单纯是数学算法必须是新的、有用的""本申请就整体而言未包括可专利的发明"，一件与现有技术的区别仅在于使用数学公式的发明，只有在其实施是新颖和非显而易见的情况下，才是可专利的。

此外，与 Benson 案一样，法院也强调了并不能将该判决视为否定了所有计算机程序相关专利的专利适格性。可见，Benson 案和 Flook 案都没有终结软件专利，相反，在两个案例中均表示了，只有当权利要求仅引述了计算机处理数学公式或算法的步骤而没有更多内容时，其才不满足《美国专利法》第 101 条关于可专利主题的要求，即便这些步骤仅限于在一般的应用领域。根据 Flook 案，"更多"是要求除了公式或算法之外，还需要在权利要求中阐明"创造性概念（inventive concept）"。

三、Diamond v. Diehr 案[①]

Diamond v. Diehr 案（以下简称 Diehr 案）是"三部曲"中法院唯一肯定了数学算法相关专利适格性的案件。Diehr 案涉及一种为了解决现有技术中不开启压机无法获知加工温度的问题而提出的将原始、未处理过的合成橡胶加工成型为精密产品的方法，该方法至少依赖于时间、温度以及模具厚度这几项参数，权利要求如下。

一种在数字计算机的帮助下操作橡胶成型压机来制造精密成型合成

---

① 101 S. Ct. 1048（1981）.

物的方法，包括：

（1）为所述计算机提供一压机数据库，该数据库至少包括……

（2）自然对数转换数据（ln）；

（3）每组待成型合成物所独有的活化能量常数（C）；

（4）依赖于压机所特定的模具几何形状的常数（x）；

（5）压机关闭时在该计算机上初始化一间隔定时器，用以监测关闭后过去的时长；

（6）在成型过程中，不断确定模具中一与压机模穴临近位置的温度（Z）；

（7）向计算机不断提供该温度（Z），在每一处理过程中以频繁间隔反复计算阿伦尼乌斯（Arrhenius）方程以得到处理中的反应时长，即 $lnv = CZ + x$，v 是处理所需的总时长；

（8）在所述计算机中以所述频繁间隔反复比较所述通过阿伦尼乌斯（Arrhenius）方程算得的总时长与所述监测到的过去的时长；

（9）当比较两者相等时，自动开启压机。

美国联邦最高法院认为一种应用某种算法的物理机器或流程与一种要求保护算法本身的发明是不同的。因此，如果该发明作为一个整体满足可专利性的条件，即其涉及"将一物质转换或变为不同的状态或物质"，则该权项就是可专利的主题。

但是法院作出澄清，本判决并不是对 Benson 或 Flook 案判决的否定，两者之间还是存在某些不同。所述澄清包括：

（1）分析不应集中于任何单一的元素之上；

（2）包含算法并不妨碍其可专利性；

（3）软件流程是可专利的，只要满足其他条件——"转换（transformation）"条件就足矣。

通过该案，美国联邦最高法院在 Benson 和 Flook 两案的基础上建立了整体审查原则，重新解释了转换测试方法，并考虑了事后动作（Post-Solution Activity）对方法权利要求的影响，对法院之后的判决具有较为深远的影响。

第二节　1998～2010 年："风起云涌"

从 1981 年发布 Diehr 案判决到 2010 年的二十年，美国最高法院对"抽象概念"是否具备《美国专利法》第 101 条专利适格性的问题一直保持沉默。在此期间，美国联邦巡回上诉法院（以下简称 CAFC）先后在 1998 年就 State Street Bank v. Signature Financial Group 案（以下简称 State Street 案）发布了 En banc 判决[①]，肯定了商业经营方法有资格获得《美国专利法》第 101 条意义下的专利保护；在 1999 年就 AT&T v. Excel Communications 案（以下简称 AT&T 案）发布判决，延续 State Street 案的做法，同样作出了专利适格性的肯定性判决。而这一时期恰逢互联网商务风起云涌，由此，催生了一大批商业方法相关的专利申请，其中涉及大量通过计算机实现相关概念的方案。而这类申请和获得授权的专利是否违反了"抽象概念"这一第 101 条的法定例外，在业界引起了深入而广泛的关切，也最终使得美国最高法院在沉寂 20 年之后，通过 Bilski v. Kappos 案（以下简称 Bilski 案）判决再次对"抽象概念"相关的专利适格性问题发表了意见。

一、State Street Bank v. Signature Financial Group 案[②]

State Street 案涉及用于实现"hub-and-spoke"投资结构的数据处理系统，其权利要求如下。

一种用于管理以合伙形式组成的投资基金的金融服务配置的数据处理系统，每个共同基金是合伙投资基金集合体的一个成员，该方法包括以下步骤：

计算机处理器装置，用于处理数据；

存储装置，用于在存储介质上存储数据；

[①]　En banc 是"on the bench"的法语，意为全体法官出庭审理，以这一方式处理的案件通常被认为更重要或更复杂。

[②]　149 F. 3d. 1368（Fed. Cir. 1998）.

第一装置，用于对所述存储介质进行初始化；

第二装置，用于处理在合伙投资基金里的各个共同基金从前一天的资产数据以及每份共同基金的收益或亏损的数据，并分配在合伙投资基金里的每一份共同基金所得的百分比；

第三装置，用于处理每日合伙投资基金的收益、费用和净收入或者净亏损有关的数据，并在每份共同基金里分配通过上述处理得到的数据；

第四装置，用于处理每日合伙投资基金里未实现的收益和损失的数据，并在每份共同基金里进行分配；

第五装置，用于处理合伙投资基金和每份共同基金里的数据处理全年的收入、费用和资本收益有关的数据。

CAFC 认为，一些独立存在的特定类型的数学主题仅代表抽象概念，直到其变为某种形式的实际应用——"有用的（useful）、具体的（concrete）、有形的（tangible）结果"。将商业方法排除在《美国专利法》第 101 条规定的授权客体之外的观点已经不能适应当今的形势，应当废除此类规定。因此，在判断一项发明是否可以授予专利权时，应当关注申请客体的实质特征，将重点放在该发明是否具有实际的效用（practical utility）上，而本案中计算和分配金融数据满足该要求。

CAFC 还认为，不论该权利要求撰写成一种"装置"还是"方法"，只要其落入了《美国专利法》第 101 条所规定的四种属于法定保护类型（机器、方法、产品、组合物）即可。但是判断一项权利要求是否落入该四种类型，不能仅通过其主题名称来判断，还要判断该权利要求的必要特征、技术细节和实际效果。主题为具有"Hub and Spoke"软件编程的机器的权项产生了有用的、具体的、有形的结果。因此，权利要求属于法定主题，尽管其有用结果是通过数字（如价格、利润、百分比、成本或损失）来体现的。可以看出，法院在该案中对商业方法申请采取了一种较为宽松的态度，将商业方法申请的实际应用性作为判断可专利性的标准，并确立了"有用的、具体的、有形的"测试准则。

二、AT&T Corp v. Excel Communications, Inc. 案①

AT&T 案涉及电信信息封装以及局际交换业务的自动路由，通过使用嵌入在伴随路由呼叫的消息记录中的 PIC 码以便于路由和记账。其中仅方法权利要求存在争议，具体如下。

一种在电信系统中使用的方法，在该系统中由每个用户发起的局际交换业务呼叫自动通过与该用户关联的多个局际交换业务载体中的特定之一的设备进行路由，该方法包括以下步骤：

为局际交换业务呼叫生成一消息记录……

在所述消息记录中包括主局际交换业务载体（PIC）指示器……

CAFC 在本案中遵循了 State Street 案中的做法，反复强调只有"自然法则""自然现象"和"抽象概念"被排除在专利保护之外，并且应当把重点放在"是否该数学算法以一种实践的方式应用而产生了有用的结果"。CAFC 还认为《美国专利法》第 101 条应该以与装置权利要求相同的方式应用于方法权利要求（State Street 案还涉及装置权利要求）。被诉一方坚持认为《美国专利法》第 101 条要求专利适格的主题需实现从一种状态到另一种状态的物理变换或转换。而 CAFC 认为，虽然包含数学算法的方法申请须满足物理变换（physical transformation）或者将事物从一种状态转换为另一种状态的情形才满足可专利的条件，但这一要求仅是数学算法如何具有有用的应用（useful application）的一种例证，并不是不变、唯一的标准。CAFC 认为本案中涉及电子转换和通信系统的方法能够产生"有用的、具体的、有形的结果"，因此是可专利的。在本案中，法院进一步强化了"有用的、具体的、有形的"测试准则，否定了"机器或转化测试"的唯一性，保持了对软件和商业方法相关专利的宽松立场。

---

① 172 F. 3d. 1352（Fed. Cir. 1999）.

三、Bilski v. Kappos 案[①]

（一）案情事实

Bilski 案所涉及的关键权项为权利要求 1 和 4。权利要求 1 描述了指导如何对冲风险的一系列步骤。权利要求 4 采用简单的数学公式体现权利要求 1 中阐述的概念。权利要求 1 包括以下步骤：

（1）在所述商品提供者与所述商品消费者之间产生一系列交易，其中，所述消费者以基于历史平均值的固定价格购买所述商品，该固定价格与所述消费者的风险状态相对应；

（2）识别该商品的市场参与者，其风险状态与所述消费者相反；

（3）在所述商品提供者与所述市场参与者之间以第二固定价格产生一系列交易，以所述市场参与者的一系列交易来平衡所述消费者的一系列交易的风险状态。

其他权利要求解释了如何应用权利要求 1 和 4 使能源提供商和消费者将能源市场需求波动引起的风险降到最低。例如，权利要求 2 要求保护"如权利要求 1 的方法，其中所述商品是能源，所述市场参与者是运输经销商"。一些权利要求还提出了常见的统计学方法来确定权利要求 4 中公式的输入值。例如，权利要求 7 提出使用公知的随机分析技术来确定卖方能够"从历史气候条件下的每个交易"获利多少。

（二）美国专利商标局（USPTO）审理结果

专利审查员驳回了原告的申请，认为"本发明并不以特定的装置实施，仅操作了一种抽象概念，而且解决的是一种纯粹的数学问题而不包括任何实际应用，因而本发明不涉及技术领域"。专利上诉和抵触委员会（Board of Patent Appeals and Interferences，BPAI）维持了驳回决定，结论是本申请仅涉及智力步骤，没有转化物理物质，仅为抽象概念。

（三）CAFC 判决要点

CAFC 全体法官出庭审理了此案，维持了专利上诉和抵触委员会的驳回

---

① 130 S. Ct. 3218（2010）.

决定。首席法官米歇尔撰写了法庭意见。法庭推翻了其先前用于判断发明是否具备《美国专利法》第 101 条意义下可专利性的"方法（process）"的测试，即曾在 State Street 案和 AT&T 案中阐明的判断一种方法是否产生了"有用的、具体的以及有形的结果"的测试准则。该法庭认为，"一种要求保护的方法只有在满足以下条件时才确定是具备第 101 条意义下可专利性的：（1）依赖于某种特定机器或设备；（2）或将某特定物质转化成不同状态或物质"。因此法庭得到结论："机器或转化测试（Machine-or-Transformation Test）"是用来判断一种"方法"具备《美国专利法》第 101 条意义下的可专利性的唯一方式，法庭应用了该测试，并维持原判决认为该申请是不可专利的。

（四）美国联邦最高法院判决要点

美国联邦最高法院 9 位大法官一致同意，Bilski 案专利中争议的方法属于不可专利的抽象概念，但判决理由却不尽相同。9 位大法官以 5:4 的比例作出最终判决意见。肯尼迪大法官出具 12 页的判决意见书，并得到了其余 4 位大法官的支持（包括首席大法官罗伯茨、托马斯、阿利托和斯卡利亚），其判决要点包括以下几个方面。

（1）《美国专利法》第 101 条规定了可专利的发明或发现的四种独立类型："方法、机器、产品以及组合物"，而针对第 101 条上述宽泛的定义，美国联邦最高法院的先前判例提供了 3 种特定的例外，即"自然法则，自然现象以及抽象概念"不属于第 101 条意义下可专利的主题。且第 101 条的可专利性要求仅是一个门槛测试。即使一要求保护的发明满足上述四种类型之一的要求，其还必须同时具备第 102 条规定的新颖性、第 103 条规定的非显而易见性，并符合第 112 条规定的完整与详细公开。

（2）机器或转化测试可以作为一种有用且重要的线索或考察工具，但它不是用来决定发明是否为具备第 101 条意义下的可专利性"方法"的唯一测试。相反，CAFC 违反了诠释成文法的两条原则：法庭"不应将立法机关未表达的限制和条件带入专利法中"，以及"除非额外定义，'字词应解释为它们常规的、当代的、公共的含义'"。法庭并未注意到"方法"的任何常规的、当代的、公共的含义要求其依赖于某种机器或对物品的转化。且 CAFC

错误地推断了美国联邦最高法院已认可采用机器或转化测试作为唯一的测试方式。

（3）第101条并未将商业方法无条件排除在法定"方法"的范畴之外。在第100条（b）项对"方法（process）"的定义中所使用的"方法（method）"可能包含至少某些进行商业活动的方法，且其"常规的、当代的、公共的含义"也未曾排除商业方法。另外，根据《美国专利法》第273条（b）款（1）项，如果一个专利权持有人基于"专利中的方法（method）"起诉侵权，被诉侵权人能够以在先使用作为抗辩，而通过允许这种抗辩，联邦法律本身就已承认可能存在商业方法专利。第273条由此澄清了商业方法只是"方法（method）"中的一种，其至少在某些情况下具备第101条意义下的可专利性。

（4）法庭基于Benson案、Flook案及Diehr案认定Bilski案中的权利要求均试图专利保护抽象概念而非可专利的方法。权利要求1和4解释了对冲的基本概念并将此概念转化为一数学公式。而正如Benson案和Flook案中所争议的算法一样，这是一个不可专利的抽象概念。请求人的其余权利要求是涉及如何在商品和能源市场应用对冲的宽泛示例，其试图专利保护抽象对冲概念的使用以及指导运用已知的随机分析技术来帮助确定公式的某些输入，而其对潜在的抽象原理所添加的内容甚至比被判决为不可专利的Flook案的发明还要少。

（5）由于能够根据法院对于抽象概念不可专利的先前判例而驳回本案，美国联邦最高法院在指出第100条（b）款中对术语"方法（process）"的定义以及参考Benson、Flook案及Diehr案给出的指引之外，未进一步定义何以构成一个可专利的"方法"。另外，尽管不同意采用机器或转化测试作为唯一的测试方式，法院绝不希望阻止CAFC对于其他那些会深化专利法的目标且不会与其条文相悖的限制准则作出推进。

与此同时，以斯蒂文大法官为代表的少数派（包括大法官斯蒂文、金斯伯格、布雷耶和索托马约尔）亦撰写了达47页的意见书，对最终判决结果的上述判决理由不予赞同，坚持认为商业方法是不可专利的主题。斯蒂文希望恢复专利法律法规的历史和宪法本意。斯蒂文表示：①上述5位法官根据

"常规的、当代的、公共的含义"来解释《美国专利法》第 101 条是有缺陷的；②商业方法不属于第 101 条规定的"方法"；③早期美国专利法律法规中的"实用技术"并未包括商业方法；④《美国专利法》立法历史中出现的"太阳下的一切新东西"这个短语在本案中被引用得超出了立法原意；⑤针对《美国专利法》第 273 条的争论是有缺陷的；⑥商业方法专利可能阻碍合法的竞争和创新。

（五）案例小结

虽然 Bilski 案最终的判决结论为否定性意见，但是不难看出，首先，美国联邦最高法院肯定了"机器或转化测试"并不是第 101 条专利适格性的唯一测试这一观点；其次，其并未在已有判例的基础上发展出新的测试准则；最后，尽管存在不同的声音，但是对于商业方法，美国联邦最高法院并未将其从符合第 101 条的专利适格主题中排除，某种程度而言，这仍然给予了商业方法相关专利继续大行其道的空间。

第三节　2014~2015 年："寒冬凛至"

在 Bilski 案判决发布 2 年后，2012 年，美国联邦最高法院在 Mayo Collaborative Services v. Prometheus Laboratories, Inc. 案（以下简称 Mayo 案）中就生物医药领域专利适格性作出了一份重要判决①。该份判决引入了一个判定专利适格性概念的两步法测试框架，将其运用在属于"自然法则"这一法定例外的 Mayo 案中，并最终否定了其专利适格性。2014 年，美国联邦最高法院在备受瞩目的 Alice v. CLS Bank 案（以下简称 Alice 案）判决中重申了 Mayo 的两步法测试框架，并将其应用在软件专利领域，此判决，对软件专利适格性判定产生了深远的影响。

下表 2-1 是从 2014 年 6 月 19 日 Alice 案判决发布到 2016 年 6 月 19 日的两年间，联邦巡回上诉法院、地方法院和美国专利商标局专利审判及上诉委员会（Patent Trial and Appeal Board，PTAB）等各级法院引用 Alice 判决的

---

① *Mayo*, 132 S. Ct. at 1294-95.

专利适格性裁决结果一览①。两年间，法院基于第101条动议共审理了568件专利的适格性，结果中190件专利有效、378件专利无效，平均无效比例为66.4%，其中，CAFC仅维持了3项专利权的有效性，无效了34项专利权，平均无效比例高达91.9%。法院就《美国专利法》第101条动议作出了总计500份裁决意见，其中裁决为无效的391件，裁决为有效的109件，无效性裁决比例为78.2%。具体而言，CAFC在26份裁决中有24份结果为无效，无效比例高达92.3%；地方法院在251份裁决中有167份为无效、84份为有效，无效比例为66.5%；PTAB裁决结果的无效比例也高达89.7%。另有数据显示，同一时期，美国专利商标局基于Alice判决共驳回了36 000件已公开的专利申请，超过5000份申请被放弃。

表2-1　Alice案后两年间专利适格性裁决情况一览

2014.06.19 ~ 2016.06.19		第101条动议数量				涉案专利数量	
		巡回上诉法院	地方法院	PTAB	合计	巡回上诉法院	各级法院总计
裁决结果	无效	24	167	200	391	34	378
	有效	2	84	23	109	3	190
	总计	26	251	223	500	37	568
无效比例		92.3%	66.5%	89.7%	78.2%	91.9%	66.5%

可以看出，受到Alice案的直接影响，司法裁决和行政审批环节对于软件专利适格性的否定性意见一时间已成为压倒性的主流——正如业界所普遍形容的那样，软件专利的"寒冬"凛然而至。本节将对Alice案以及在其之后两年内法院作出仅有的两件肯定性判决之一的DDR案进行介绍。

一、Alice v. CLS Bank案②

（一）案件背景与诉讼审理过程

Mayo案涉案专利提出了一种优化药物剂量治疗人类自身免疫性疾病的

---

① 数据来源：Jasper L. Tran，"TWO YEARS AFTER ALICE v. CLS BANK"，Journal of the Patent and Trademark Office Society 2016，354。

② 134 S. Ct. 2347（2014）.

方法，发明人发现了给药后血液中代谢物浓度与给药剂量无效或有害的可能性之间的关系，并就此获得了一项专利，其中权利要求保护一种根据代谢物水平确定给定剂量水平过低或过高的方法。法院认为该专利不具备专利适格性。在分析该案权利要求时，法院引入了一个判定专利适格性概念的两步法测试框架：测试第一步是考虑权利要求是否指向可专利性的法定例外，即是否指向抽象概念、自然法则或自然现象三者之一，如果是，则进入第二步，判断权利要求"是否不仅是简单地描述这些自然关系"，例如，单独考虑或作为有序组合考虑的"附加要素（additional element）"是否将权利要求的性质"转化为"符合专利适格性的法定例外情形。在该测试框架下，法院在将第一步测试应用到涉诉权利要求后认定，这些权利要求指向了一种自然法则，即血液中特定代谢物浓度与药物剂量无效或有害的可能性之间的关系。第二步测试中，法院确定权利要求没有比描述这种自然关系而做得"明显更多（significant more）"，即单独考虑或作为有序组合考虑的附加要素没有将权利要求的性质转变为符合专利适格性的司法例外。

在 Alice 案中，申请人 Alice 公司受让拥有四项专利（US5970479、US6912510、US7149720、US7725375），其专利披露了一种减轻结算风险的方案，在该方案中，只有商定金融交易中的一方当事人承担履行债务的风险，特别是专利权利要求旨在通过使用计算机系统作为第三方中介来促进双方之间金融义务的交换，类似于支付宝在网络交易中所起的作用。

2007 年 5 月，Alice 公司致函 CLS Bank 等（以下合称 CLS），称其侵犯公司的上述专利。作为应对，CLS 等共同提起了向 Alice 公司的诉讼，辩称相关专利权利要求无效、不可实施或不侵权。Alice 公司进行反诉，指控 CLS 侵权。2011 年，在 Bilski 案判决之后，地方法院作出裁决，认为根据《美国专利法》第 101 条的规定，Alice 公司主张的所有权利要求都不具备专利适格性，CLS 未造成侵权。随后 Alice 公司向 CAFC 提出上诉，CAFC 于 2012 年推翻了地方法院的判决，认为涉诉专利并不属于不符合专利适格性的抽象概念，而是第 101 条下具有可专利性的实际应用。在 CLS 向 CAFC 提交再次听证申请之后，Google、Facebook 等知名公司向法院提交了法庭之友意见书，表示支持 CLS。CAFC 于 2013 年推翻了自己先前的判决，认定

Alice 公司专利无效，2014 年 6 月，美国联邦最高法院也坚持了这一立场。

（二）案情事实与判决要点

Alice 案中，争议专利要求保护三类权利要求：第一，用于交换金融义务的方法；第二，配置成执行交换金融义务的方法的计算机系统；第三，包含用于执行交换金融义务方法的程序代码的计算机可读介质。其中，方法权利要求引述如下。

（1）一种在当事人之间的债券兑换的方法，其中当事人的每一方拥有适用兑换机构的贷方记录和借方记录，贷方记录和借方记录是为了预定债券的兑换，该方法包括步骤：由一个兑换机构的独立的监督机构创建一个各利益相关方的贷方影子记录和借方影子记录；

（2）获得每个兑换机构一天开始时的每个贷方影子记录和借方影子记录的差额；

（3）对每一项债券兑换的交易，监督机构调整各自的每一方的贷方影子记录或借方影子记录，只允许这些交易：在任何时间，不产生借方影子记录的值小于贷方影子记录值的结果，每一所述调整发生在按时间顺序的指令；

（4）在一天结束时，兑换机构中的其中一个监督机构依照调整上述允许的交易，执行相关当事人的贷方记录和借方的记录的借或贷的交易，贷和借的不可撤销的，时间不变的债券放到兑换机构。

美国联邦最高法院在判决中首先重申了 Mayo 案中的判决思想，指出《美国专利法》第 101 条定义了符合专利适格性的主题，其隐含了对"自然规律、自然现象和抽象概念"的排除，在应用第 101 条的排除时，法院必须将权利要求是人类智慧"基石"的不能保护的申请，与那些将这些基石转化为更多内容、从而将其转化为可专利的发明的申请区分开来。因此，使用此框架，法院必须首先确定争议权利要求是否指向不可专利的概念，如果是，法院随后询问在对权利要求的要素单独考虑或作为一个有序组合考虑时，这些要素是否将权利要求实质上转变为可专利的申请。具体到 Alice 案，法院分析包括以下几个方面。

（1）争议权利要求指向不可专利的概念——中介结算的抽象概念。在"长期存在的规则即那些本身不具备专利性的概念"之下，法院裁定，涉及将二进制编码的十进制数字转换为纯粹的二进制形式的算法、[①] 在催化转化过程中计算"报警极限"的数学公式，[②] 以及最近的对冲价格波动的金融风险的方法[③]的权利要求均不具备可专利性。遵循这些案例，尤其是 Bilski 案，其争议权利要求均指向一个抽象概念。从表面上看，本案权利要求被归入中介结算的概念，即利用第三方来减轻结算风险，类似于 Bilski 案的风险对冲，中介结算的概念是"在我们商业系统中长期盛行的一个基本的经济实践"，并且认为使用第三方中介是现代经济的基石。因此，中介结算与对冲一样，是超越了第 101 条范畴的"抽象概念"。

（2）考虑 Mayo 案框架的第二步，即仅需要普通计算机实现的方法权利要求无法将这种抽象概念转变为可专利的发明。理由包括如下两点。

第一，在本领域已知的方法中"简单地追加常规步骤并高度笼统地说明"已经不足以为这种转变提供所需的"创造性概念（Inventive Concept）"。在权利要求中引入计算机不会改变上述分析。无论是增加词语"应用"来阐述抽象概念，还是将抽象概念的运用限定在特定的技术环境，都不足以带来可专利性。而在阐述抽象概念时使用"应用于计算机"的表述也仅是将两个步骤组合，具有同样的缺陷。全部由通用计算机实施通常不是提供"实际应用保证"的附加特征，所谓"实际应用保证"即所述的方法不仅旨在通过撰写来独占某种抽象概念本身。

第二，本案中，代表性方法权利要求所做的仅是指导操作者在通用计算机上实施中介结算的抽象概念。单独考虑权利要求中的要素，由计算机在每一步执行的功能——创建和维护"影子"账户、获取数据、调整账户余额以及发出自动指令——都是完全常规的。而将权利要求的要素看作"有序的组合时"，这些计算机组件"没有增加任何单独考虑各步骤之前所没有的内容"。整体而言，这些方法权利要求仅是简单引述了由通用计算机执行中介

---

① 参见 Benson 案，*Gottschalk v. Benson*, 409 U. S. 71 – 72, 93 S. Ct. 253。

② 参见 Flook 案，*Parker v. Flook*, 437 U. S. 584, 594 – 595, 98 S. Ct. 2522, 57 L. Ed. 2d 451。

③ 参见 Bilski 案，*Bilski*, 561 U. S. , at 599, 130 S. Ct. 3218。

结算的概念。它们并没有如意图提升计算机本身的性能或在任何其他技术或技术领域中实现改进。而使用一些非特定的、通用的计算机来实施中介结算这一抽象概念的指令"不足以"将抽象的概念转变为可专利的发明。

第三，由于申请人的系统和介质权利要求没有向基本的抽象概念增加任何实质性内容，根据第 101 条，它们也都是不可专利的。申请人也承认其介质权利要求与其方法权利要求的可专利性相同，并且系统权利要求与方法权利要求没有实质上的不同——方法权利要求阐述通用计算机上实现的抽象概念；系统权利要求则叙述了一套通用的计算机组件的配置来实现同样的概念。美国联邦最高法院长期以来都警告反对以"仅靠简单的撰写者技术"来使申请具备可专利性的做法。因此，法院认为系统权利要求的可专利性也具有完全相同的结果。

综上，美国联邦最高法院最终维持了判决，认定涉诉权利要求不具备专利适格性。

（三）案例小结

通过本案，美国联邦最高法院确立了适用于软件相关专利的 Mayo/Alice 两步法测试框架，打破了 Bilski 案之后对于"抽象概念"究竟适用何种测试并不明朗的状态。具体包括以下几个方面。

Alice 测试第一步：判断专利要求保护的内容是否指向抽象概念。

Alice 测试第二步：如果在权利要求中出现抽象概念，则确定是否权利要求中的任何要素或要素的组合，是否存在足以确保整体专利方案"明显超出"（Significantly More）抽象概念本身的创造性概念（inventive concept）。

然而，尽管两步法测试框架的第一步强调需要确定争议权利要求是否指向"抽象概念"，但是并未对何为"抽象概念"以及何种权利要求归入"抽象概念"给出更进一步的指示。并且，仅依靠 Alice 案中对争议权利要求本身的否定性分析作为是否指向"抽象概念"和是否带来"明显更多"的"创造性概念"的参考，会使与算法或商业方法概念相关的软件商业方法专利很难通过该测试框架的第一步，进而在测试框架第二步的分析中也较难把握全面而客观的分析基准。总而言之，Alice 案虽然确立了新的标准，也因其判决本身的局限性为后续的审判带来更多的问题。

二、DDR Holdings v. Hotels. com 案①

（一）案件背景与诉讼审理过程

Alice 案对软件专利的可专利性结论影响巨大，在美国联邦最高法院发布判决之后近两年时间，CAFC 及地方法院所作出的涉及软件专利可专利性的判决结果绝大多数为否定性结论，仅有极个别案件的可专利性获得了肯定性的裁定，DDR Holdings v. Hotels. com 案（以下简称 DDR 案）就是其中具有代表性的案例。

该案背景是，专利权人 DDR Holdings, LLC.（以下简称 DDR）对竞争对手 HOTELS. COM，L. P. 等多家公司（以下简称 HOTELS）提起侵权诉讼，指控侵犯其美国专利号为 US6 993 572（以下简称 572 号专利）和 US 7 818 399（以下简称 399 号专利）的专利权，上述专利具体涉及为宿主网站提供透明的、上下文敏感的电子商务支持页面的电子商务系统和方法。在陪审团对竞争对手作出不利判决后，竞争对手提出了作为法律问题的新的判决动议②（renewed motions for judgment as a matter of law，JMOL），提出了包括专利权人主张的专利权利要求不属于《美国专利法》第 101 条意义下的可专利性客体及不侵权等多项理由。美国德克萨斯州东区地方法院否决了该动议，并根据陪审团的调查结果作出了有利于 DDR 的最终判决。竞争对手继而上诉。巡回上诉法院最终支持了地方法院对 399 号专利不侵权和无效的 JMOL 的否决裁定；但是由于巡回上诉法院得出结论认为对 572 号专利的裁定属于一个法律问题，因此推翻了地方法院对 572 号专利的 JMOL 的否决裁定，发回重审。

（二）案情事实与判决要点

DDR 是 572 号专利和 399 号专利的受让人。572 号专利和 399 号专利是美国专利 US6629135（以下简称 135 号专利）的继续申请，其优先权日期为

---

① 773 F. 3d. 1245（Fed. Cir. 2014）.
② 基于美国联邦民事程序规则（Federal Rules of Civil Procedure）第 50 条（a）（b）款，其中，依法律裁决（Judgment as a Matter of Law，JMOL）是指如果当事人对案件中的主要事实不存在真正的争议，或者案件仅存在法律问题不需交付陪审团，一方当事人提出动议，由法官直接审理并作出裁决。

1998 年 9 月 17 日。这些专利中均涉及生成复合网页的系统和方法，其将"宿主（host）"网站的特定视觉元素与第三方商家的内容相结合。例如，生成的复合网页可以将宿主网站的徽标、背景颜色和字体与来自商家的产品信息组合。

涉诉专利说明书均解释说，现有技术系统允许第三方商家从宿主网站诱出访客流量，因为当访问者点击了宿主网站上的商家广告后，将被带到第三方商家的网站。而涉诉专利公开了一种系统，该系统通过创建允许访问者在某种意义上同时位于两个网站的新网页来为宿主网站解决上述流量被分流的问题。当激活宿主网站上的超链接（如第三方商家的广告）时，系统并不会将访问者带到商家的网站，而是生成并将访问者引导至一个显示第三方产品信息的复合网页，该复合网页仍然保留宿主网站的"外观和感觉（look and feel）"。这样，宿主网站可以显示第三方商家的产品信息，而通过在生成的网页中显示该产品信息来保留其访问流量，并给予页面浏览者一种其查看的是宿主网站页面的印象。

572 号专利的代表性权利要求 13 引述如下。

> 电子商务外包系统，包括：
>
> （1）数据存储器，包括与宿主网页相关联的外观和感觉描述，该宿主网页具有与商业对象相关的链接；
>
> （2）计算机处理器，其耦合到数据存储器并通过因特网与宿主网页通信，并且在接收到链接已被与宿主网页进行因特网通信的访问者计算机激活的指示时，其被编程为提供具有基于数据存储器中外观和感觉描述的外观和感觉，以及具有与链接相关联的商业对象内容的复合网页到访问者计算机。

系统权利要求 13 要求所述系统向宿主网站提供"链接"，该"链接"将宿主网站与"商业对象"相关联，"商业对象"是商家的产品或产品目录。在识别出网站访问者已激活链接之后，系统从描述宿主网页的"外观和感觉"的数据存储器中检索数据，包括诸如徽标、颜色、字体及页面布局等可视化元素。接下来，该系统构建一个具有基于数据存储器中相应描述的"外观和感觉"以及包括来自相关商家产品目录的产品信息的复合网页。

399 号专利涉及类似的系统，其更强调"可扩展的计算机架构"以提供与多个宿主网站—商家组合相关联的"动态构建的网页页面"。399 号专利的代表性权利要求 19 引述如下。

> 一种用于在外包提供方供应提供商业机会的网页的系统，该系统包括：
>
> （1）计算机商店，其包含用于多个第一网页中的每一个的数据，所述数据定义多个视觉上可感知的元素，所述视觉上可感知的元素对应于所述多个第一网页：
>
> ①其中每个第一网页属于多个网页所有者之一；
>
> ②其中每个第一网页显示至少一个与商业对象相关联的活动链接，该商业对象与多个商家中所选择的一个商家的购买机会相关联；
>
> ③其中所选择的商家、外包提供方和显示相关链接的第一网页的所有者是彼此相关的第三方。
>
> （2）外包提供方的计算机服务器，该计算机服务器连接到计算机存储器并编程为：
>
> ①从计算机用户的网络浏览器接收指示激活由第一网页之一显示的链接之一的信号；
>
> ②自动识别链接已被激活的第一网页之一作为源页面；
>
> ③响应源页面的识别，自动检索与源页面对应的存储数据；
>
> ④使用检索到的数据，自动生成并向 Web 浏览器发送第二网页，该第二网页显示：A. 与已激活的链接相关联的商业对象相关联的信息，B. 多个视觉上可感知的视觉上对应于源页面的元素。

与 572 号专利的权利要求 13 类似，399 号专利的系统权利要求 19 要求数据存储保存视觉上对应于宿主网页的"视觉上可感知的元素"（或"外观和感觉"元素），且宿主网页必须包含与商家的"购买机会"相关联的链接。一旦访问者激活该链接，该系统生成并向网站访问者的网络浏览器发送复合网页，该复合网页包括商家的产品信息和视觉上对应于宿主网站的"外观和感觉"的页面元素。

权利要求 19 要求数据存储必须存储多个主机的"外观和感觉"描述，并且每个链接必须与特定商家的产品目录相关联。权利要求 19 还要求商家、系统运营商和宿主网站是"彼此相关的第三方"。当网站访问者激活与商家的产品目录相关联的链接时，系统识别宿主网页然后发送使用数据存储中宿主网站的"外观和感觉"元素和来自相关商家的产品信息的复合网页。

在本案判决中，CAFC 首先回顾了 Alice 案两步法的判断准则，并指出，虽然美国联邦最高法院并没有在 Alice 案判决中划定"抽象概念"的精确轮廓，但通过以往判例，法院已提供了一些重要的原则，如数学算法、包括在通用计算机上执行的算法，以及一些基本的经济和传统商业实践，均属于抽象概念。根据以往判例，当权利要求的陈述过于宽泛和一般，以至于被认为是对其基本的抽象概念的充分具体和有意义的应用时，尽管许多权利要求列举了各种计算机硬件元件，但这些权利要求实质上仅针对因特网上抽象商业实践或使用传统计算机性能，不具备专利适格性。

在此背景下考量 399 号专利的权利要求。首先，在 Alice 案测试第一步分析中，需确定本案中由计算机实现的争议权利要求是否指向一个不符合专利适格性的抽象概念。法院认为 399 号专利权利要求既未引述数学算法，也未引述经济或长期以来的商业惯例，虽然权利要求解决的问题涉及保留网站访问者这一流量困境，但这是互联网特有的困境。

实际上，确定抽象概念的确切性质并不像 Alice 案或之后的其他一些抽象概念案例中那样简单。本案争议方自身对潜在抽象概念的不同表述就说明了这一难题。争议方以多种方式描述了所谓的抽象概念，包括"使两个网页看起来相同""使用互联网将计算机与商业联合"，以及"通过使用许可的商标、徽标、配色和布局，使两个电子商务网页外观相似"等。异议方将 DDR 的专利描述为企业的目标，即如果两个网页具有相同的"外观和感觉"，就可以增加在线商家的销售额。但如下所述，在上述任何一个抽象概念之下，399 号专利的权利要求都能够满足 Alice 案测试第二步的要求。

本案的权利要求确实类似于 Alice 等案例中的权利要求，因为这些权利要求均涉及计算机和因特网。但是，它们又有所不同，因为本案权利要求并非仅是将互联网出现之前已知的某些商业惯例搬上互联网，相反地，本案所要求保护的解决方案植根于计算机技术中，是为了克服计算机网络领域特别出现的问题而产生的。

特别是 399 号专利解决了保留网站访问者的问题，当点击宿主网站上显示的第三方产品的广告时，访问者不再像传统的互联网超链接操作一样被转移到第三方的网站。相反，该专利权利要求内容为要求"外包提供商"拥有一个网络服务器，该服务器将访问者引导到一个自动生成的复合网页，该网页结合了来自宿主网站的视觉"外观和感觉"元素以及来自第三方商家网站的相关产品信息。这样，宿主网站的访问者并不会像以往那样立即被引流到第三方网站，而是由宿主网站转到外包提供商服务器上的网页，该网页包含来自宿主网站的"外观和感觉"元素，并且向访问者提供从第三方商家购买产品的机会而无须实际进入该商家的网站。

法院进而对比了本案中所需解决的问题相较于传统商业场景的特殊性。异议意见中提到"店中店"的概念，例如，包含了售卖第三方合作伙伴游轮度假套餐的售货亭的仓储式商店，异议意见声称其是 399 号专利权利要求在互联网之前的相似情形。法院认为，虽然这一概念在相对的时间框架内可能是众所周知的，但这种做法并不必考虑因特网"地址"的短暂性质，或者在不同地址之间的近乎瞬时的传输是通过标准互联网通信协议实现的，这就引入了一个在实体的环境中不会出现的问题。特别是一旦客户进入实体仓储商店，该客户可能会遇到售卖第三方邮轮度假套餐的售货亭，然而，走入这个售货亭，客户将不可能突然并完全被运送到仓储商店之外，并被重新安置到与第三方相关的独立物理场所——类似于在网络空间中简单点击超链接后发生的那样。而这种在互联网环境中保持对客户注意力控制的挑战，正是在 399 号专利的权利要求所试图解决的。

然而法院也提示道，并非所有旨在解决以互联网为中心的挑战的权利要求都具备专利适格性。例如，在 CAFC 就 Ultramercial, Inc. v. Hulu, LLC

一案（以下简称 Ultramercial 案）发布的判决意见①中，专利权人辩称其权利要求指向特定的广告和内容分发方法，该方法以前是未知的，也从未在互联网上使用过。但仅凭这一点并不能使其权利要求具备可专利性。特别是当法院发现该案权利要求只是引述了"提供媒体内容作为观看广告的交换"，以及"其他如更新活动日志、要求消费者查看广告的请求、限制公共访问和使用互联网等常规附加步骤"的抽象概念时。

而 399 号专利的权利要求与 Ultramercial 案中的权利要求完全不同，因为 399 号专利并没有宽泛而概括地要求使用互联网来执行抽象的商业实践。与 Ultramercial 案权利要求不同，本案权利要求指明了如何操纵与互联网的交互以产生期望的结果——该结果取代了通常由点击超链接触发的例行和常规事件。权利要求涉及的系统生成并将访问者指向前文所述的复合网页，而不是以计算机网络正常的、预期的方式将访问者发送至与所点击的广告相关的第三方网站。当把 399 号专利争议权利要求的限定一并作为有序组合时，该权利要求即引述了一种不仅限于因特网常规或传统运用的发明。

同样清楚的是，争议权利要求并没有试图通过使两个网页外观相同或异议方建议的任何其他方式来先占用于增加销售的所有应用概念。相反，他们引述了一种特定的方式，通过外包提供商自动创建复合网页，其吸收来自多个来源的元素，以解决因特网上的网站所面临的问题。因此，399 号专利的权利要求包括了"额外功能"，其确保权利要求不仅是通过撰写上的努力来垄断抽象概念。简而言之，所要求保护的解决方案总体上提供了用于解决该特定的以因特网为中心的问题的创造性概念，使权利要求具备专利适格性。

（三）案例小结

本案权利要求通过了 Alice 案/Mayo 案两步法测试的核心在于，法院认为本案所要求保护的解决方案植根于计算机技术中，是为了克服计算机网络领域特别出现的问题而产生的，因此，不属于以往任何一种指向抽象概念的情况，且即便认为其指向抽象概念，其所要求保护的解决方案总体上提供了

---

① Ultramercial, Inc. v. Hulu, LLC, 772 F. 3d 709 (Fed. Cir. 2014).

用于解决特定的以因特网为中心的问题的创造性概念，这就与如 Ultramercial 案等以往诸多判例中，同样是涉及某种商业实践与互联网的结合的方案构成了微妙的区别。尽管本案之后的法院判决依然鲜有肯定性的结论，但本案仍然为软件商业方法专利的适格性分析提供了一类基于技术分析的非常有价值的判定思路。

第四节　2016～2018 年："冰雪初融"

在 Alice 案判决发布近两年后，CAFC 于 2016 年 5 月就 Enfish LLC v. Microsoft Corporation 案（以下简称 Enfish 案）发布判决，对涉案软件专利的专利适格性给出了肯定性结论，这是 Alice 案之后，CAFC 作出的第二件肯定性判决，而距离上一份肯定性判决（2014 年 12 月 DDR 案判决）已时隔一年半。在 Enfish 案之后，CAFC 接连发布了一系列涉及软件专利适格性的判决意见，其中裁决专利适格性有效的判决比例较 Enfish 案之前有了大幅的增长。如图 2－2 所示，从 Alice 判决后到 2018 年底，CAFC 共作出涉及专利适格性的判决 116 份，其中在 Enfish 案之前的 23 份判决中，仅有 1 份为肯定性结论（DDR 案），有效性比例为 5%；而在 Enfish 案之后作出的 108 份判决中，肯定性结论的有 14 份，有效性比例增长为 15%。

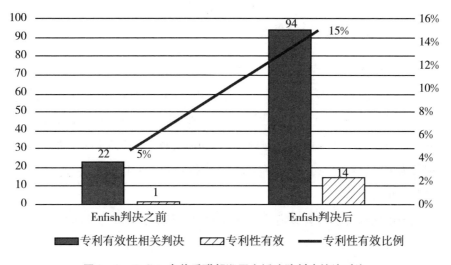

图 2－2　Enfish 案前后联邦巡回上诉法院判决结论对比

从时间维度上看（见图2-3），从2015年到2018年的4年，CAFC共作出涉及专利适格性的判决113份，其中2015年的10份判决全部为否定性结论，2016年从Enfish案开始，肯定性结论的判决逐渐增加，从肯定性结论的平均比例来看，整体呈现出线性上升的趋势，数量众多的判决意见也为后续的审判和审查提供了愈加丰富的参考依据。"后Alice时代"的寒冬，冰雪初融。

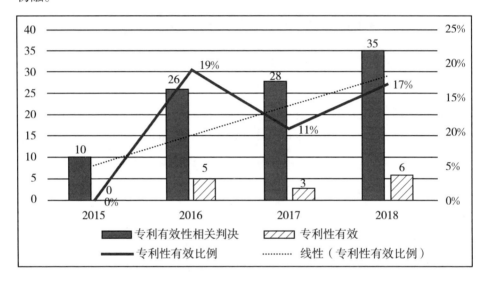

图2-3 2015～2018年 联邦巡回上诉法院专利适格性判决结论对比

一、Enfish v. Microsoft 案①

（一）案件背景与诉讼审理过程

Enfish案的背景是2012年美国Enfish公司在加州中区地方法院起诉Microsoft公司等五家公司，提出Microsoft公司产品NET Framework平台中的ADO. NET数据存取技术，涉嫌侵犯Enfish公司于2000年获得的两项美国专利号为US6151604（以下简称604号专利）及US6163775（以下简称775号专利）的专利权。

加州中区地方法院就该案作出简易判决，认为涉案专利的所有权利要求

---

① 822 F. 3d 1327（Fed. Cir. 2016）.

均不符合《美国专利法》第 101 条关于专利适格性的要求，因而专利权无效。Enfish 公司就该简易判决上诉，CAFC 于 2016 年 5 月 12 日作出判决，推翻了加州中区地方法院关于涉案专利适格性的结论，认为涉案权利要求并不属于抽象概念，因而符合《美国专利法》第 101 条的要求。

（二）案情事实

涉案的 604 号专利和 775 号专利都是软件类发明专利，保护的是一种计算机数据库的"自我参照"逻辑模型。所谓逻辑模型，即用于说明计算机数据库中各类信息元素间如何关联的数据模型。逻辑模型的运用通常体现为创建某种特定的数据表，逻辑模型并不描述数据表中的比特和字节在物理存储设备中的具体排布。与传统逻辑模型有所不同的是，涉案专利所涉及的逻辑模型是通过由同一表中的行来定义列的方式，由一个单一的表来包含所有数据实体，因此被称为"自我参照"特性。

这一"自我参照"模型可以通过和传统的"关联"模型对比来说明。在关联模型中，每一数据实体都由一张单独的表提供，每张表包含定义该表的标识列，数据库由多张表构成，表与表之间通过标识列来相互关联。举例来说，一个公司的知识数据库可能包括以下几个表单：文档表单（Document Table）、人员表单（Person Table）和公司表单（Company Table）。其中文档表单包含知识库所存储的文档信息，人员表单包含文档作者信息，公司表单包含文档作者所属公司的信息。基于关联模型，如果数据库要存储的信息是关于名为 proj. doc 的文档、名为 Scott Wlaschin 的作者以及名为 DEXIS 的公司，其存储内容和关联关系如图 2 - 4 所示。

可以看到，"文档表单（Document Table）"通过"作者（Author）"标识与"人员表单（Person Table）"关联，人员表单通过"受雇于（Employed By）"标识与"公司表单（Company Table）"关联。通过这项技术，关联模型通过获取分离表单中的数据实体类型获取表单之间的关联关系，进而建立不同表单的行数据之间的关联。

和上述关联模型不同，涉案专利中的"自我参照"模型具有两个特性：（1）自我参照模型可以在单一表单中存储所有数据实体类型；（2）自我参照

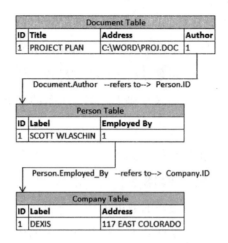

图 2-4　文档存储内容和关联关系

模型中的列可以由同一张表单中的行来定义。举例说明，前述涉及公司知识库的数据模型如由自我参照模型实现，可表示为如图 2-5。

ID	Type	Title	Label	Address	Employed By (#4)	Author
#1	DOCUMENT	PROJECT PLAN		C:\WORD\PROJ.DOC		#2
#2	PERSON		SCOTT WLASCHIN		#3	
#3	COMPANY		DEXIS	117 EAST COLORADO		
#4	FIELD		EMPLOYED BY			

图 2-5　自我参加模型

该表单存储了与前述示例相同的信息，但所有信息均包含在一张表单中。除此之外，该表单还额外地包括一行，该行以 ID = #4 起始，其赋值包括数据类型 Type = "field"（域）和数据标签 Label = "Employed By"（受雇于）。这个将数据类型赋值为"field"（域）的行非常特殊，因为借由它定义了同一表单中的某一列。此时，ID = #4 开始的这一行与倒数第二列相关联了起来，该列的列名中也指明了#4 这一 ID。也就是说，ID = #4 开始的这一行定义了相关联的列的单一属性即其标签，由于该行的标签值为"Employed By"，我们获知相关联的列标签为"Employed By"。在其他情况下，某行可能会定义某列的其他属性值，如数据类型（文本、整数、小数等）。因为在专利中描述了这种同一表单的列由行来定义的模型，其被称为"自我参照"模型。

这一专利具有多种优点。例如，专利中所公开的索引技术，可以带来相较于传统的关联模型更快的数据搜索速度；专利中的自我参照模型可以使除结构文本数据以外的其他数据的存储更为高效，如图像数据和非结构文本数据；专利中的自我参照模型给数据库的配置带来了更大的灵活性。

2012 年，Enfish 向加州地方法院提交了诉讼请求，起诉微软的 ADO. NET 产品侵犯了 604 号专利和 775 号专利的专利权。ADO. NET 为软件应用提供了接口以用于存储、搜索和操控存储在数据库中的数据。Enfish 声称 ADO. NET 在其部分操作中创建和操作了自我参照表单。

加州地方法院就诉讼发布了简要判决，其中认为涉案专利的全部权利要求均指向抽象概念，不符合《美国专利法》第 101 条的规定。Enfish 就该简要判决向 CAFC 提起了上诉。

（三）判决要点

CAFC 的判决首先回顾了美国联邦最高法院关于 Alice 案和 Mayo 案的判决结论，即根据美国联邦最高法院的判例，首先应确定争议权利要求是否指向不能授予专利权的概念；如果通过了这一判断，再进入第二步测试，即考虑每一权利要求中的元素，无论单独或作为有序的结合，其附加元素是否将权利要求的本质转化为可授予专利权的申请。

但是，美国联邦最高法院并没有对于什么样的权利要求指向"抽象概念"即如何满足 Mayo/Alice 测试的第一步，给出确定的规则。而 CAFC 与美国联邦最高法院都认为，通过将争议权利要求与以往案例中被判定为抽象概念的权利要求进行对比就足以作出上述判断——例如，基本的经济和传统的商业实践通常都会被判定为抽象概念，即便将其通过计算机实现。

在设立 Mayo/Alice 两步法测试的过程中，美国联邦最高法院申明，必须首先确定争议权利要求是否指向专利不适格的概念。这一规定非常明确地表明，两步法中的第一步是有意义的，即实质上是存在一类权利要求不指向专利不适格概念的。因此，对于"指向"一问，并不能仅判断权利要求是否"包括"不适格概念，因为实质上，几乎所有通常意义上包括物理产品和步骤的适格专利概念都"包括"了某种自然规律或自然现象，毕竟它们存在于物理世界。相反地，"指向"一问是基于说明书内容以及权利要求的特征整体上是否指向排除主题的判断，来对权利要求进行初步的筛选。

CAFC 并不认为 Alice 案判决宽泛地认定了所有计算机相关技术的改进都先天指向抽象概念，进而必然进入第二步测试。实际上，有一些计算机相关技术的改进，当其撰写恰当时，毫无疑问是不属于抽象概念的，如芯片结构、LED 显示器等类似的技术。CAFC 也并不认为软件权利要求就一定和硬件相反而先天指向抽象概念，进而要进入 Alice 测试的第二步进行彻底的分析。软件也可以和硬件一样，对计算机技术进行非抽象性的改进，而且通常情况下这些改进通过软硬件均可实现。因此，法院并没有理由将那些指向计算机相关技术改进的权利要求，包括软件权利要求，都认为是抽象的从而必然地进行 Alice 测试的第二步分析。由此，法院认为，即便在 Alice 测试的第一步，也应当认真考虑权利要求是指向对计算机功能的改进还是指向抽象概念。

接下来，法院明确了其对本案的分析结论。本案中，Alice 测试第一步分析所关注的是，权利要求的焦点究竟是其特别宣称的对计算机性能的改进（计算机数据库的自我参照模型表），还是在于它是一个作为"抽象概念"的方法，计算机仅作为工具被其调用。而在 Bilski 案、Alice 案以及事实上遵循美国联邦最高法院判例所作出的与计算机相关的基于《美国专利法》第 101 条的所有判决中，权利要求无疑都被认定为第二种情况——进而需要通过 Alice 测试的第二步作出分析，判断在抽象概念的运用中是否引入了创造性的概念。然而在本案中，权利要求的焦点很明显是对计算机性能本身的改进，而非运用计算机的通用性能来执行的经济或其他任务的改进。

因此，法院发现本案中争议权利要求并不指向 Alice 案判决意义下的抽象概念。更准确地说，它们指向一种计算机运行方式的特定改进，体现为自我参照模型表。CAFC 以 604 号专利的权利要求 17 为例进行了详细分析。权利 17 记载了如下内容

> 一种用于计算机内存的数据存储和检索系统，包括：
>
> 用于根据一种逻辑表配置所述内存的装置，其包括：
>
> 复数个逻辑行，每一所述的逻辑行包括一个对象识别号（OID）以识别每一逻辑行，每一逻辑行与一条信息记录相对应；

复数个逻辑列，与所述复数个逻辑行相交叉，以定义复数个逻辑单元，每一所述逻辑列包括一个对象识别号 OID 以识别每一逻辑列；

用于索引所述表存储的数据的装置。

地方法院根据《美国专利法》第 112 条第 6 款的规定①，将上述以 means-plus-function 形式撰写的权项解释为需要以下四个步骤的算法。

（1）在计算机内存中创建一个逻辑表，其不需要持续存储在计算机内存中，该逻辑表包括行和列，行与数据记录相关，列与域或属性相关，逻辑表可以存储不同种类的记录。

（2）为每一行和列分配一个对象识别号（OID，Object ID），当作为数据存储时，该识别号可以作为指针指向关联的行或列，并且在不同数据库间长度可变。

（3）对每一列而言，在一个或多个行中存储关于该列的信息，通过在逻辑表中创建新的列定义记录来创建附加其后的即刻可用的新列，使其成为"自我参照"表单。

（4）在一个或多个由行与列交叉定义的单元中存取数据，所述数据可包括结构化数据、非结构化数据或指向其他行的指针数据。

地方法院认为，该权利要求所指向的抽象概念为"在一逻辑表单中存储、组织并检索内存"，或简化为"使用表格格式组织信息的概念"。同样地，Microsoft 公司敦促法院将权利要求认定为指向"将数据组织为由可识别的行和列构成的逻辑表单的概念，其中一个或多个行被用于存储定义列的信息或索引"。然而 CAFC 认为，以如此抽象和脱离权利要求语言的方式描述权利要求，会使第 101 条的法定例外几乎完全颠覆《美国专利法》的规定。

CAFC 指出，本案中权利要求并非简单地指向任何存储表格数据的形式，

---

① 《美国专利法》第 112 条第 6 款规定：　"An element in a claim for a combination may be expressed as a means or step for performing a specified function without the recital of structure, material, or acts in support thereof, and such claim shall be construed to cover the corresponding structure, material, or acts described in the specification and equivalents thereof."。根据这一条款，组合权利要求中的要素可以仅以其执行特定功能的装置或步骤来表述，而不必写出其结构、组分或动作。而对于这样的权利要求，应当将其解释为覆盖了说明书中记载的与上述功能对应的结构、组分或动作及其等同物。

而是特别指向一种用于计算机数据库的自我参照表。在权利要求17中，其反映在前述算法的步骤三中。之所以要以这种方式描述权利要求，是基于说明书中所强调的"本发明通过利用一种灵活的、用于存储数据的自我参照表，相对于现有技术改进了信息查询和搜索系统"。

并且说明书还教导了自我参照表与传统规数据库结构运作方式的不同。根据说明书，那些"采用相关模型或面向对象模型"的传统数据库不如本发明，因为现有数据库要求编程者预定义数据结构，相应的数据条目必须与所述数据结构规范一致，而本发明的数据库并不需要编程者预定义用户数据条目必须遵循的数据结构。不仅如此，说明书中还给出了以下教导：所要求保护的发明相对于传统数据库还有其他优势，如灵活性提高、数倍提高检索速度以及更少的内存需求——这也有助于法院得出关于权利要求指向现有技术改进的结论。

CAFC 认为，地方法院将权利要求认定为简单地指向"使用表格格式组织信息的概念"，这过度简化了权利要求中"自我参照"的部分，低估了本发明的优势。地方法院认为本案专利的自我参照概念可以通过创建一个具有简单标题行的表来达成，但事实并非如此简单。例如，前述算法步骤三中所述的通过在同一表格的行中存储每一列相关的信息，从而可以通过创建新行来在表中增加新的列，显然，这不是创建一个标题行那么简单。

不仅如此，CAFC 也不认可由于发明可在通用计算机上运行就能为其"定罪"的论点。与 Alice 案的争议权利要求不同，本案中权利要求指向一种对计算机功能的改进。Alice 案及较为近期的判决[①]中的争议权利要求，可以很容易地被理解为将公知的商业实践简单实施在传统的计算机组件上。而其他一些被认定为非专利客体的权利要求，是在任何通用计算机上引述抽象的数学公式，或将数学公式引述于纯粹的传统计算机应用中。

而类似地，在定义改进时未引用物理组件，也不能为权利要求定罪。这是为了避免复兴机器转化测试，或对软件专利开创绝对禁止的风险。计算机

---

① 如案例 *Versata Development Group*, *Inc. v. SAP America*, *Inc.*, 2014 - 1194（Fed. Cir. 2015）。

技术的很多进步都包含对软件的改进，究其本质，可能未必是由特定的物理特性所决定，而是来自其逻辑结构和操作。通过 Bilski 案、Alice 案及其他案例，CAFC 并没有看出有将这一巨大的技术进步领域排除出专利授权客体的迹象。

总之，本案权利要求中所引述的自我参照表，是一种设计用于提高计算机存储和检索内存数据方式的特定的数据结构类型。说明书中对于现有技术缺点的描述，结合关于本发明建立自我参照表的特性的描述，使 CAFC 相信其为第 101 条所进行的发明特征化分析并没有被"撰写者艺术"所蒙蔽。换句话说，本案的情况并不属于在通用计算机组件上事后增加基础的经济实践或数学方程，本案权利要求指向一种软件领域问题的解决方案的特定实现。因此，CAFC 认为争议权利要求并不指向一种抽象概念。

而由于在 Alice 测试的第一步中，若权利要求并不指向抽象概念，则该测试的第二步分析就不需要进行了。CAFC 承认，在其他包含计算机相关权利要求的案件中，如何确定权利要求指向什么可能是非常关键的。在这些案件中，对于所引述的计算机技术，分析发明是否存在可论证的具体改进可以在测试的第二步进行。然而本案中，CAFC 认为权利要求并不指向抽象概念的理由非常明确，因此通过第一步分析即结束了测试。本案权利要求属于专利授权客体。

（四）案例小结

本案中，CAFC 认为争议权利要求因并不指向抽象概念而具备第 101 条意义下的专利适格性，且由于其直接通过了 Mayo/Alice 测试的第一步，因此无须进行第二步测试。作出这一判断的核心在于，法院结合专利说明书内容和权利要求的特征整体认定，专利权利要求涉及对计算机性能本身的改进，而非运用计算机的通用性能来执行的经济或其他任务的改进。法院同时还强调了以下意见：首先，Mayo/Alice 两步法测试的第一步是有意义的，在判断时，并不能将"指向"抽象概念等同于"包括"抽象概念；其次，关于"抽象概念"的认定，不能过于抽象、简化或脱离权利要求的语言来进行；最后，对于软件相关权利要求，不能仅因为其在通用计算机上运行，或者未引述物理组件，就认为其必然指向抽象概念，而需要结合其在所在的技术领域解决的问题来整体判断。此前，CAFC 关于软件相关专利适格性的判决中，权利要求都无法通过两步法测试的第一步，而本案是一个重要的转折点。

二、In Re TLI Communications LLC Patent Litigation 案①

（一）案件背景与诉讼审理过程

TLI 案的背景是 2014 年，TLI Communications LLC（以下简称 TLI）在美国特拉华区和弗吉尼亚东区地方法院提起一系列诉讼，指控被告侵犯其美国专利号为 US6038295（以下下简称 295 号专利）的专利权。被告提出动议，认为 295 号专利涉及不适格的专利主题，要求驳回起诉。地方法院批准了被告的动议，认为权利要求涉及"获取、组织、分类和存储照片的抽象概念"。TLI 就该项判决上诉，CAFC 在 Enfish 案判决发布 5 天后即 2016 年 5 月 17 日作出判决，维持了地方法院的意见，并从相反的角度进一步解释了 Enfish 案中的部分观点。

（二）案情事实与判决要点

295 号专利涉及一种用于记录数字图像、将数字图像从记录装置传送到存储装置并在存储装置中管理数字图像的设备。说明书中指出其可以传输"各种数据类型"，包括音频和静态图像，同时还可利用蜂窝电话进行图像传输，并且在本发明提出时，如何"数字化、压缩和发送诸如照片的单个静态图像"的技术是已知的。不仅如此，说明书中还承认，现有技术已教导了"具有图形注释能力的图像和音频通信系统，其中在电话系统中使用语音、数据和图像通信"，但是"当大量的数字图像被记录下来并被存档在中央计算机单元中时，数据库的组织就成为一个问题"，"特别是，随着要归档的图像数量的增加，定位图像数据文件数据的问题也会凸显出来"。本发明试图通过简单、快速地提供数字图像的记录、管理和归档来解决上述问题，因此可以很容易地追踪信息。

更具体地说，本发明教导了手动或自动将"分类数据"（如日期或时间戳）分配给数字图像并将这些图像发送到服务器，服务器提取分类数据并根

---

① 823 F. 3d 607（Fed. Cir. 2016）.

据分类信息存储数字图像。以权利要求 17 为例并参见图 2 - 6。

一种用于记录和管理数字图像的方法，包括以下步骤：

使用电话单元中的数字拾取单元记录图像；

将由数字拾取单元记录的图像作为数字图像以数字形式存储；

将至少包括数字图像和分类信息的数据传输到服务器，其中所述分类信息可由电话单元的用户规定用于分配给数字图像；

由服务器接收数据；

从接收的数据中提取表征数字图像的分类信息，以及将数字图像存储在服务器中，所述存储步骤考虑分类信息。

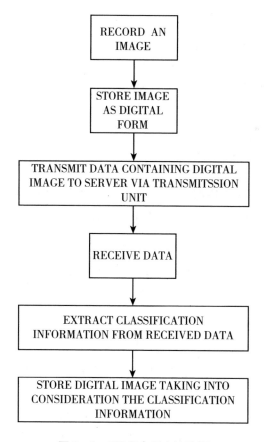

图 2 - 6 295 号专利方法流程

独立权利要求 1 和 25 陈述了基本相同的概念，但其是基于设备或系统的情况。权利要求 1 包括"用于分配由所述至少一个电话单元的用户规定的分类信息以表征由所述数字拾取单元获得的数字图像的装置"。同样，权利要求 25 引述了"对应于数字静态图像数据分配信息的装置"。权利要求 10 和 11 在权利要求 1 的基础上添加了"图像分析单元"和"控制单元"。

（三）判决要点

CAFC 根据 Alice 案框架对 295 号专利进行了分析。法院指出，在 Alice 测试的第一步，必须确定所涉及的权利要求是否指向适格主题的法定例外——如抽象概念。在确定权利要求是否指向抽象概念时，必须注意避免将权利要求过分简化，因为某种程度上，所有发明都体现、使用、反映、依赖或运用了自然规律、自然现象或抽象概念。然而，也并不是每一项引述了具体的、有形的组成部分的权利要求，都可以通过关于是否指向抽象概念的测试，如美国联邦最高法院在 Alice 案判决①中所指出的那样，仅引述了通用计算机组件的权利要求还是指向抽象概念；或者如 CAFC 在 Mortg. Grader, Inc. v. First Choice Loan Serv. Inc. 案判决②中所指出的，引述了"接口""网络"和"数据库"的权利要求仍然指向一种抽象的概念。

就其表面而言，权利要求 17 涉及分类图像和基于分类存储图像的概念。虽然权利要求 17 需要具体的、有形的部件，如"电话单元"和"服务器"，但说明书中清楚地表明，所列举的物理部件仅提供了一种通用环境，在该环境中其有组织地执行分类和存储数字图像这一抽象概念。并且说明书强调了本发明"涉及用于记录、传送和管理数字图像的方法"，即强调了权利要求 17 指向抽象概念。TLI 对要求保护的发明的特性描述也支持了上述 Alice 测试第一步分析的结论，在其案情简述中，TLI 基本复述了 295 专利公开的内容，并声称权利要求 17"针对的是一种记录和管理数字图像的方法"。

法院引述了 Enfish 判决中的意见，③ 强调第一步的相关调查是"询问权

① Alice, 134 S. Ct. at 2355.

② Mortg. Grader, Inc. v. First Choice Loan Serv. Inc. , 811 F. 3d 1314, 1324 – 25（Fed. Cir. 2016）.

③ Enfish, LLC v. Microsoft Corp. , No. 2015 – 2044, 822 F. 3d 1327, 1335（Fed. Cir. May 12, 2016）.

利要求针对的是改进计算机功能还是指向抽象概念"。法院将"针对计算机功能改进"的权利要求与"简单地将常规计算机组件添加到众所周知的商业实践""在任何通用计算机上使用抽象数学公式""纯数学公式通过传统计算机实现"及"使用常规计算机动作在计算机上执行的通用步骤"进行了对比。与 TLI 上诉时提出的论点相反，法院认为争议权利要求并不指向计算机功能的具体改进，相反，其指向在众所周知的环境中使用的传统或常规的技术，且没有关于任何本发明反映了通过组合上述两者以解决任何问题的创造性解决方案。295 号专利中，发明人面临的问题不是如何将相机与蜂窝电话相结合、如何通过蜂窝网络传输图像或如何将分类信息附加到图像数据，也不涉及存储数字图像的服务器的结构。相反，发明者的意图是"为数字图像的记录、管理和存档提供简单、快速的方式，从而很容易地追踪信息"。

在说明书中，并没有描述新的电话、新的服务器或两者新的物理组合。说明书中也未能提供有形组件的任何技术细节，而是主要以纯粹的功能性术语来描述系统和方法。例如，权利要求中的"电话单元"被描述为具有"电话单元的标准特征"，其进一步增加了"用于记录图像的数字图像拾取单元"，而该单元"作为已知类型的数码相机进行操作"。换句话说，电话单元本身仅是通向分类图像并根据其分类存储图像这一抽象概念的通道。事实上，说明书中已经指出移动电话可用于图像传输是"已知的"，现有的电话系统可以传输图片、音频和动态图片，并且还具有"图形注释能力"。

同样，说明书也仅简单描述了服务器是用于执行通用计算机功能，如存储、接收和提取数据。"服务器包括接收单元，分析从电话单元发送的关于分类信息的数据的分析单元，以及用于存储数字图像的存储器"。但是服务器的功能是用模糊的术语来描述的，没有任何有意义的限制，换句话说，专利权人和权利要求的焦点不在于改进的电话单元或改进的服务器。

基于相同的原因，这些权利要求既不是针对"技术问题"提出解决方案，也没有像 DDR 案中的专利那样，有任何声明试图解决"特定于互联网的挑战"。相反，如前所述，权利要求仅指向了一种以有组织的方式对数字图像进行分类和存储的抽象概念。根据美国联邦最高法院在 Bilski 案判决中的意见，法院应用"抽象概念"例外涵盖与组织人类活动方法有关的发明。

法院认为，正如涉及"内容提取"的争议权利要求指向"收集数据""识别收集的数据集内的某些数据"和"将识别的数据存储在内存中"一样，将诸如日期和时间之类的分类数据附加到图像以便以有组织的方式存储这些图像，是足以落入 Alice 测试第一步的一种成熟的"基本概念"。尽管权利要求将抽象概念限定到移动电话系统这样一个特定的环境中，也不会使权利要求在第一步的分析中不落入抽象概念的范畴。

对于 Alice 测试的第二步，法院认为，权利要求没有引用任何单独或以其有序组合考虑，能够将分类和存储数字图像的抽象概念转化为符合专利适格性应用的要素。单纯地引述具体的、有形的组件不足以将专利资格赋予一种抽象的概念。相反，这些组件必须具有多于业界"众所周知的、常规的传统动作"的性能。因此，巡回上诉法院同意地方法院的观点，即对"电话单元""服务器""图像分析单元"和"控制单元"的引用并不能为抽象概念添加创造性概念以将其转化为专利适格主题。

TLI 辩称，即使在现有技术中已知，权利要求中引述的组件也不能被认为是 Alice 测试中抽象事实调查中的"传统"组件。法院认为，只需要查看说明书中的描述即可知道，其中将电话单元和服务器描述为执行诸如发送和接收数据的基本计算机功能，或执行本领域"已知"的功能。换句话说，正如法院在下文所论述的那样，其所声称的功能是业界已知的"众所周知的、常规及传统的动作"。

其一，对于所述"电话单元"，权利要求中标示了带有数字拾音设备的电话单元。TLI 在其起诉书中表示，这与"拍照手机"类似，并且是本发明的核心特征，足以将权利要求转化为符合可专利性要求的主题。但是 TLI 在法庭辩论中放弃了这个立场，承认电话单元本身不是一个足以赋予专利资格的发明概念。无论如何，说明书中确认了电话单元本身的操作在预期之内：当它不被用作"普通电话"来拨打电话时，电话单元的"数字图像拾取单元作为已知类型的数字照相机操作"根据已知方法压缩图像，并且根据已知方法发送图像数据和分类数据。换句话说，电话单元仅简单地提供了以有组织的方式进行分类和存储数字图像的抽象概念的环境。

其二，所述"服务器"也未能添加创造性概念，因为它仅是通用计算机，使用已知的"任意数据库系统"来"管理"数字图像。根据美国联邦最高法院在 Alice 判决中的意见，"计算机实现的发明中计算机的作用在这种分析的背景下被认为是有意义的，即它必须涉及不仅仅是产业已知的'众所周知的、常规及传统的动作'"。本案中，服务器仅简单地接收数据，"从接收的数据中提取分类信息"并"根据分类信息存储数字图像"。

　　这些步骤完全符合法院之前发现的通用计算机组件不足以将创造性概念添加到其他抽象概念的先例。例如，Alice 案[①]中"几乎每一个计算机都将包括一个'通信控制器'和'数据存储单元'以执行该方法权利要求所要求的基本的计算、存储和传输功能"；Content Extraction[②] 案中，将信息"存储到"内存中，并且使用计算机"将物理页面上的形状转换为字体字符"不足以授予专利资格；Mortg. Grader[③] 案中，通用计算机组件如"接口""网络"和"数据库"，并不能满足创造性概念的要求；Intellectual Ventures I[④] 案中，"数据库"和"通信媒介""都是通用计算机组件"；BuySAFE v. Google, Inc.[⑤] 案中，"计算机通过网络接收和发送信息——无须进一步说明——甚至不具备创造性"。

　　从属权利要求 10 和 11 分别引述了"用于确定数字图像质量的图像分析单元"和"用于控制数字图像分辨率的控制单元"。这些组件据称用于分析从电话单元发送的图像数据以确定发送图像的质量，并且如果满足某些标准，则指示电话单元重新发送图像。虽然这些单元旨在向服务器添加额外的功能，然而说明书对这些组件的讨论仅局限在抽象功能描述的程度，而没有关于如何实现本发明的技术解释。例如，"图像分析单元"可预见地是在分析数字图像以"确定提供给服务器的数字图像的质量"，而且，"控制单元"可预见地是"控制"所要求功能的各个方面。它使用已知的图像压缩技术"控制数字图像的图像分辨率""在通过传输系统传输数据期间控制传输速率"。服务

---

① Alice，134 S. Ct. at 2360.

② Content Extraction，776 F. 3d at 1345，1348.

③ Mortg. Grader，811 F. 3d at 1324－25.

④ Intellectual Ventures I，792 F. 3d at 1368.

⑤ BuySAFE v. Google，Inc.，765 F. 3d 1350，1355（Fed. Cir. 2014）.

器组件的这种模糊的功能描述不足以将抽象概念转化为具备可专利性的发明。

总之，权利要求所引述的物理部件完全基于其普通用途按预期行事。虽然权利要求书叙述了以有组织的方式对数字图像进行分类和存储的抽象概念是在电话系统中进行的，但 295 号专利未能提供实现该想法所必需的必要细节。正如 Intellectual Ventures I① 案判决中所述的那样，"对于只是说明了'将其应用到计算机上'的步骤不能被赋予专利资格"，在这里，一般性地说明"在电话网络上应用它"的步骤也不能被授予专利资格。因此，法院认为 295 号专利指向专利不适格主题，并维持地方法院的判决。

（四）案例小结

本案中，在两步法测试的第一步，法院认为权利要求的方案虽然依赖于具体的、有形的部件，但结合说明书内容可知，其所列举的物理部件仅提供了一种通用环境，在该环境中其有组织地执行分类和存储数字图像这一抽象概念涉及分类图像和基于分类存储图像的概念，因此权利要求指向抽象概念；进而在第二步测试中，法院认为单纯地引述具体的、有形的组件不足以将专利资格赋予一种抽象概念，本专利中的组件未提供多于"众所周知的、常规的传统动作"的性能，不足以为抽象概念添加创造性概念，因此无法通过测试，不具备专利适格性。法院通过本案强调了，即使在说明书和权利要求中描述了具体可见的硬件元素，其也并不意味着必然解决了改进计算机性能的问题，如果其仅是利用了组件的通用性能，在说明书中对应的描述仍然模糊抽象、不具备技术细节，权利要求仍然无法通过两步法测试。也就是说，在关注技术本质的同时，还需要结合说明书中具体的技术细节客观判断，这恰恰是从相反的角度再次论述了 Enfish 案中的观点。

三、BASCOM v. AT&T 案②

（一）案件背景与诉讼审理过程

BASCOM 案的背景是，原告 BASCOM 全球互联网服务有限公司（以下

---

① Intellectual Ventures I, 792 F. 3d at 1371 – 72（引用 Alice, 134 S. Ct. at 2359）.

② 827 F. 3d 1341（Fed. Cir. 2016）.

简称 BASCOM）针对被告 AT&T Mobility LLC 和 AT&T Corp.（以下统称为 AT&T）涉嫌侵犯其拥有的美国专利号 5 987 606（以下简称 606 号专利）的专利权，在德克萨斯州北区法院提出诉讼，该项专利涉及一种用于过滤互联网内容的方法和系统。

AT&T 提出动议，认为 606 号专利不符合《美国专利法》第 101 条规定的专利适格性，要求驳回起诉，地方法院支持了被告的动议，认为 606 号专利无效。BASCOM 就该项判决上诉，CAFC 于 2016 年 6 月 27 日作出判决，认为 606 号专利的权利要求具备将抽象概念转换为可专利主题的创造性概念，因而撤销了地方法院的判决，发回重审。

（二）案情事实

606 号专利申请日为 1997 年 3 月 19 日，在其申请时，已知互联网包含着消费者、学生和企业等各方试图访问的信息，正如该专利在发明背景部分中所描述的，诸如 Netscape Navigator TM 或 Microsoft Explorer TM 之类的网页浏览器允许用户以 HTML 文件的形式访问网站。但是，某些网站包含的信息并不适合某些用户，公司有必要阻止其员工访问具有某些类型信息的网站，如一些面向娱乐的站点，同时还要允许他们继续访问技术或商业网站；父母需要阻止其家人访问包含色情或其他令人反感的信息的网站；等等。

计算机行业通过开发软件工具来满足这种需求，该类工具可以控制通过互联网收到的信息类型。软件工具会检查用户访问网站的请求并应用一个或多个过滤机制：如独占过滤（"黑名单"），阻止访问预定的互联网站点列表上的所有站点；包容性过滤（"白名单"），允许只访问预定的互联网网站列表；以及单词筛选或短语筛选过滤，阻止访问包含预定列表中的任何单词或短语的网站页面。

根据 606 号专利，过滤软件一般首先会设置在本地计算机上，使每台本地计算机都有自己的过滤器，用于根据计算机操作者的要求过滤网站或其他互联网内容。尽管过滤软件可以达到预期的目的，但是将过滤互联网内容的工具安装在每台本地计算机上存在着以下问题：（1）它可能会受到来自精通计算机技术的终端用户（如青少年或公司雇员）的修改或阻挠；（2）在每个终端用户的客户端机器上安装困难且耗时；（3）软件依赖于各个终端用户的硬件和操作系统，并且需要为不同的终端用户平台修改软件；（4）客户端数据库必须经常更新以跟踪各种互联网站点内容的变化，而这些更新需要频繁地从互联网或磁盘更新下载。

为了克服在每台本地计算机上安装过滤软件的缺点，另一现有技术系统将过滤器重新定位到本地服务器。例如，与互联网有一条连接线路的公司可能在其员工的计算机和互联网连接之间放置一台服务器。在这种配置中，许多具有不同硬件和操作系统的个人计算机通过局域网连接到一台本地服务器。当使用个人计算机的员工通过互联网请求网站时，本地服务器将过滤所有对互联网内容的请求，这样，精通电脑的终端用户就不再能轻易地"修改或阻挠"过滤工具来访问被封锁的网站。但是，这类本地服务器上的"万能"过滤器并不理想，因为一套过滤标准通常不适合所有的终端用户。这种过滤互联网内容的解决方案也需要耗时的本地服务来启动和维护，而且实施过滤功能的软件通常是与单个局域网或本地服务器平台绑定的。

最终，一些互联网服务提供商（ISP，Internet Service Provider）（如美国在线）通过在其远程服务器上安装过滤器，使 ISP 可以阻止其用户访问某些网站。但是，该解决方案继续使用单一的过滤标准来处理来自其所有订户的所有网站请求，仍然存在弊端。

根据 606 号专利的描述，其发明一方面结合了已知过滤工具的优点，同时还避免了它们的缺点。该专利中的过滤系统通过在 ISP 服务器上安装过滤器，避免了被有计算机知识的终端用户修改或阻挠，同时避免了被安装和依赖于单个终端用户硬件和操作系统或绑定到单个局域网或本地服务器平台。而且，与在本地服务器和远程 ISP 服务器上已有的过滤工具不同，其所要求保护的过滤工具保留了位于每台本地计算机上的过滤工具的优势，个人能够自定义如何过滤来自自己计算机的互联网内容请求，而不是对每个人的请求都应用一套通用的过滤规则。

要求保护的发明通过利用某些通信网络的技术能力，在远程 ISP 服务器处提供个性化的可定制过滤。在这些网络中，ISP 能够将个人用户与访问网站（或其他互联网内容）的特定请求相关联，并且可以将该用户的请求与其他用户的请求区分开来。正如 606 号专利所描述的，ISP 能够完成这种关联的一种方式是要求每一用户首先完成在 ISP 服务器的登录过程，用户登录后，ISP 服务器就可以将用户与访问特定网站的请求关联起来。由于 ISP 服务器上的过滤工具包含每个用户的自定义过滤机制，因此，与 ISP 服务器结合使用的过滤工具可以将特定用户的过滤机制应用于该用户请求的网站。总而言之，ISP 服务器接收访问网站的请求，将该请求与特定用户相关联，并识别所请求的网站，然后过滤工具将与特定用户相关联的过滤机制应用于所请求的网站，以确定与该请求相关联的用户是否被允许访问网站。过滤工具会将网站的内容返回给用户，或者向用户发送一条消息，指示请求被拒绝。根据 606 号专利的描述，其过滤系统相比于现有技术中的计算机过滤器具有新的优势，因为在此之前并没有人提出过在远程服务器处提供定制的过滤器。

606 号专利的权利要求引述了一种用于过滤互联网内容的系统。要求保护的过滤系统位于远程 ISP 服务器上，该远程 ISP 服务器将每个网络账户与一个或多个过滤方案，以及来自多个过滤元件集合的至少一组过滤元件相关联，从而允许各个网络账户自定义与账户关联的互联网流量的过滤。例如，一个过滤方案可以是"单词筛选类过滤方案"，并且一组过滤元素（来自多个集合）可以是"被禁止单词或短语的主列表与单词、短语或规则的单独列表"。606 号专利包含两组权利要求：第一组限定为远程 ISP 服务器上的个人可定制过滤；第二组进一步限定为 ISP 服务器上实现的混合过滤方案，包括主包含列表、可单独定制的排除列表集合，以及可单独定制的包含列表集合。

对于个人可定制过滤的权利要求，BASCOM 认为权利要求 1 为代表性权利要求，其内容如下。

1. 一种内容过滤系统，用于过滤由个人控制的接入网络账户从计算机互联网获取的内容，所述过滤系统包括：

本地客户端计算机，其为由个人控制的接入网络账户生成网络访问请求；

至少一个过滤方案；

多组逻辑过滤元素；

远程 ISP 服务器，其耦合于所述客户端计算机和所述计算机因特网，所述 ISP 服务器将每个所述网络账户与至少一个过滤方案和至少一组过滤元素相关联，所述 ISP 服务器还从所述客户计算机接收所述网络访问请求，并利用所述关联的一组逻辑过滤元素执行所述关联的过滤方案。

对于混合过滤方案的权利要求，BASCOM 认为权利要求 22 和权利要求 23 为代表性权利要求，其内容如下。

22. 一种 ISP 服务器，用于过滤转发给受控的接入网络账户的内容，所述受控的接入网络账户在远程客户端计算机处生成网络访问请求，每个网络访问请求包括目的地地址字段；

一个允许网站的主包含列表；

复数个排除站点的排除列表集合，每个受控的接入网络账户与排除站点的所述多个排他列表中的至少一个集合相关联；

过滤方案，如果所述目的地地址存在于所述主包含列表上而不是所述至少一个相关联的排除列表上，则所述过滤方案允许所述网络访问请求，由此所述受控的接入网络账户可以唯一地与一组或多组排除站点相关联。

23. 如权利要求 22 所述的 ISP 服务器，还包括：

复数个允许站点的包含列表，每个受控的接入用户与所述多个允许站点的包含列表中的至少一个相关联，如果所述请求的目的地地址存在于所述至少一个包含列表上，则所述过滤方案允许所述网络访问请求。

AT&T 认为 606 号专利的所有权利要求均是无效的，理由是这些权利要求均指向"过滤内容""过滤互联网内容"或"确定谁能看到什么"这样的抽象概念，其中每一项都是一种众所周知的组织人类活动的方法，正如中介处理的概念在 Alice 案中被认为是抽象概念一样。AT&T 将过滤内容这一概念类比于父母或图书管理员禁止儿童阅读某些书籍的情形，并认为在互联网上进行过滤并不能使这种想法变得不抽象。最终，AT&T 指出了每项权利要求的单独限定，并认为没有任何限定将内容过滤的抽象概念转化为符合专利资格的主题，因为它们仅引用了通用计算机组件来执行常规和传统的动作。

BASCOM 回应说，606 号专利的权利要求并不指向抽象概念，因为它们解决了计算机网络领域出现的问题，并提供了完全植根于计算机技术的解决方案，类似于 DDR 案[①]中争议权利要求所涉及的方案。BASCOM 总结了近期美国联邦最高法院和 CAFC 基于第 101 条裁决为无效的权利要求的特点，认为其均聚焦在那些指向独立于计算机技术的长期以来的基本实践的权利要求。BASCOM 称其权利要求是不同的，因为过滤互联网内容在发明时并不是一种长期以来的基本实践，并且并不独立于互联网技术。最后，BASCOM 认为，即使法院认定权利要求指向抽象概念，也可以在下列限定所构成的有序组合中找到创造性概念："接收因特网内容请求的特殊 ISP 服务器，该 ISP 服务器与特定的用户以及特定的过滤方案和元素相关联"。

地方法院同意 AT&T 的观点。地方法院认定权利要求指向"过滤内容"这一抽象概念，因为"互联网上提供的内容，与通过书籍、杂志、电视或电影等其他媒体观察、阅读和进行交互获得的内容并无本质差别"。在寻求"创造性概念"时，地方法院首先确定没有某项单独的限定是有创造性的，因为分别看每个限定，均是一种众所周知的通用计算机组件或标准过滤机制。此外，地方法院认定限定的组合也不具有创造性，这也是因为"显然由过滤方案和过滤元素组成的过滤软件在现有技术中是众所周知的"，并且"使用 ISP 服务器过滤内容对从业者而言是已知的"。地方法院还指出，通用计算机组件没有具体的结构，加大了此类权利要求可能会先占所有过滤方案的可能性。

（三）判决要点

CAFC 根据 Alice 两步法测试框架对 606 号专利进行了分析。606 号专利的权利要求旨在过滤互联网上的内容。具体而言，权利要求 1 涉及"用于过滤从因特网计算机网络检索的内容过滤系统"，权利要求 22 类似地针对"用于过滤内容的 ISP 服务器"。通过将本发明描述为"一般地涉及用于过滤因特网内容的方法和系统"，说明书中强化了该概念。因此，CAFC 同意地方法院的观点，即过滤内容是一个抽象概念，因为它是一种长期以来众所周知的组织人类行为的方法，与以前发现的抽象概念类似。

---

① DDR Holdings, LLC v. Hotels. com, L. P. , 773 F. 3d 1245 （Fed. Cir. 2014）.

BASCOM 认为，这些权利要求指向的内容更窄，即在权利要求限定中所阐述的过滤内容的具体实施。具体而言，BASCOM 声称，权利要求 1 "指向更具体的问题，即以可以为尝试访问此类内容的个人定制的方式提供互联网内容过滤，同时避免需要（可能数百万）本地服务器或计算机执行这种过滤，并且不太受用户规避的影响"；权利要求 23 指向的是 "更为具体的问题，即构建的过滤方案不仅要有效，还要使用户级的定制能够在添加用户时保持可管理性，而不是变得棘手复杂"。对此法院指出，我们有时会将权利要求的限定纳入其对权利要求所指向的概念的阐述中，例如，在 Enfish 案①中是基于与 means-plus-function 限定所对应的算法步骤来定义用于第一步测试目的的权利要求的概念。而本案与 Enfish 案不同，其就如何描述权利要求所指向的概念提出了迫切的需求。Enfish 案的权利要求基于其特定的限定理解，很明确地指向计算机性能的改善，而与此相反，本案权利要求及其具体限定并不太适于在测试第一步中确定其指向非抽象概念。因此，法院延迟到测试第二步中再来考虑权利要求中具体表述所产生的限定。

因此，法院转向测试的第二步并搜索 "创造性概念"。"创造性概念" 可以出现在一个或多个单独的权利要求限定中或限定的有序组合中。将抽象概念转化为符合专利适格性要求的创造性概念必须远远超过抽象概念本身，且不能只是简单教导在计算机上实现或应用抽象概念。

CAFC 总结了地方法院的认定思路。地方法院分别审视了每项限定，并指出在说明书中，"本地客户端计算机""远程 ISP 服务器""计算机互联网"和 "受控网络接入账户" 等限定均被描述为众所周知的通用计算机组件。地方法院还指出，说明书中将过滤系统描述为 "可被执行的任何类型的代码"及数据库条目，继而总体考虑了这些限定，认为 "显然由过滤方案和过滤元素组成的过滤软件在现有技术中是众所周知的"，并且 "使用 ISP 服务器来过滤内容对从业者而言是众所周知的"。地方法院由此得出结论认为，BASCOM 并没有充分主张其权利要求公开了一项创造性概念，因为 "无论单独考虑，或作为有序组合考虑，其限定不过是涉及通用计算机组件和互联网

---

① Enfish, 822 F. 3d at 1337, 2016 WL 2756255 at *6.

的常规附加步骤，其通过众所周知的方式来完成过滤互联网内容这一抽象概念"。

CAFC 同意地方法院的以上意见，即单独来看，权利要求的限定引述了通用计算机、网络和互联网组件，而这些组件本身都不具有创造性。BASCOM 并没有主张其发明了本地计算机、ISP 服务器、网络、网络账户或过滤器，说明书中也没有将这些元素描述为具有创造性。

但是，CAFC 并不同意地方法院对于上述限定的有序组合的分析。基于 Mayo/Alice 框架，对于《美国专利法》第 101 条的调查来说，考虑权利要求中的元素是否仅是引用了"众所周知的、常规的传统动作"当然是目前的判断标准，然而，地方法院对本案的分析看起来更类似于根据《美国专利法》第 103 条进行的显而易见性分析，只是没有解释合并权利要求限定的理由而已。创造性概念的调查不仅需要认定权利要求的每个元素本身在本领域中是已知的，如本案中的情况，在已知的传统元件的非传统和非通用的配置中找到创造性概念也是有可能的。

606 号专利中描述并要求保护的创造性概念是在远离终端用户的特定位置处安装过滤工具，其具有特定于每个终端用户的可定制的过滤特性。该设计为过滤工具提供了本地计算机上过滤器的优点以及 ISP 服务器上过滤器的优势。BASCOM 解释说，本专利的发明概念在于利用至少一些 ISP 的能力来识别与 ISP 服务器通信的个人账户，并将对因特网内容的请求与特定个人账户相关联。BASCOM 认为，本发明构思通过将个人账户与其自己的过滤方案和元素相关联，同时将过滤系统定位在 ISP 服务器上，在过滤系统中利用了网络技术的这一技术特性。基于有限的记录，作为一个法律问题，法院并不能认定这种过滤互联网内容的具体方法是传统的或通用的。

权利要求不仅描述了过滤内容这一抽象概念本身以及在互联网上或者在一组通用计算机组件上执行这一概念的需求，这些权利要求也不会先占在互联网上过滤内容的所有方式。相反，其描述了一种实施过滤内容这一抽象概念的具体方式。过滤互联网内容已经是一个已知的概念，而该专利描述了其特定的元素配置是如何相对于过滤这种内容的现有技术方式作出了技术改进。如前所述，现有技术中的过滤器或者易受黑客攻击并依赖于本地硬件和软件，或者局限于不灵活的"一刀切"过滤方案。BASCOM 称，发明人认识到可能有一种多功能的过滤器实施方式，可以适应许多不同用户的偏好，同时也可以远程安装在一个特定位置。因此，这些权利要求"并不仅仅旨在为垄断抽象概念而撰写"，相反，这些权项可以被理解为"改进现有的技术流程"。

CAFC 还将本案与其近期作出的专利适格性判决进行了分析和比较。以 DDR 案为例，DDR 的专利对互联网独有的问题提出了技术解决方案，即当点击某一链接时，网站的视觉效果会立即消失，点击操作会将另一家公司的网站在网络空间中传送给浏览者。DDR 案中所要求保护的发明通过向浏览者发送混合网页来以特定技术方式解决该问题，该混合网页将第一网站的视觉元素与来自第二网站的希望访问的期望内容进行组合。这种混合网页的创建将第一个网站的外观和感受与第二个网站的期望内容共同展示，这需要一个特定的技术解决方案，而并非要求保护能够留住网络观众的所有实现方式。

尽管 DDR 的专利旨在留住潜在客户，但其发明并没有要求保护商业方法本身，而是保护了一种解决现有网站主机和浏览问题的技术方法。类似地，尽管 606 号专利中的发明是在内容过滤这一背景下设计的，但是该发明要求保护的并非将内容过滤概念简单应用于互联网。相反，606 号专利要求保护的是一个基于技术的解决方案（而非由通用技术组件以常规方式实现的基于抽象概念的解决方案），其在互联网上过滤内容以克服其他互联网过滤系统存在的问题。通过采用一种现有技术中的过滤器解决方案（ISP 服务器上的万能过滤器）并使其更加动态和高效（在 ISP 服务器上提供个性化过滤），所要求保护的发明体现了一种提升计算机系统自身性能的基于软件的发明。

法院还列举了此前的一些其他判例，如 OIP[1]、Intellectual Ventures I[2]、Content Extraction[3]、Untramercial[4]、Accenture[5] 等案，经过对比，认为 BASCOM 案中的 606 号专利并没有先占在互联网或在通用计算机组件上使用

[1]　788 F. 3d at 1363.
[2]　792 F. 3d at 1371.
[3]　776 F. 3d at 1348.
[4]　772 F. 3d at 715 – 16.
[5]　728 F. 3d at 1344 – 45.

内容过滤这一抽象概念的所有方式，权利要求为过滤系统开拓了新的位置（远程 ISP 服务器），并要求系统能够为用户个性化配置过滤方案。

综上，虽然 606 号专利权利要求指向了内容过滤的抽象概念，但 BASCOM 充分声称这些权利要求通过了 Alice 两步法测试框架的第二步。BASCOM 称权利要求限定的有序组合中存在创造性概念，其将内容过滤的抽象概念转换为一种特定的实际应用。CAFC 没有发现驳回这一主张的理由，因此，撤销了地方法院的判决。

（四）案例小结

在本案中，CAFC 首先肯定了内容过滤的确属于抽象概念，因为"其是一种已长期存在并众所周知的组织人类行为的方法，与以往被认为抽象的概念类似"，因而权利要求无法通过两步法测试的第一步；在两步法测试的第二步中，法院虽然承认孤立来看权利要求的限定，其的确引述了常规的计算机网络和互联网组件，但是由于该专利中安装过滤器的位置比较特殊，且针对每个终端用户可以定制过滤内容，因此其要求保护的是一个基于技术的方案，其要素的有序组合为权利要求中的抽象概念增添了创造性概念，因此，该专利属于技术上的解决方案，它解决了现有互联网过滤系统的问题，属于专利适格主题。法院通过本案明确，引述了常规的计算机网络和互联网组件并不一定导致权利要求不具备创造性概念，需要基于所引述的要素或其有序组合是否解决了技术问题客观判断。

四、McRo v. Bandai 案[①]

（一）案件背景与诉讼审理过程

McRO 案的背景如下：2012 年和 2013 年，原告 McRO 公司和 DBA Planet Blue 两家公司（以下统称为 McRO）就其分别拥有的美国专利号为 US6307576（以下简称 576 号专利）和 US6611278（以下简称 278 号专利）的专利权在加州中区地方法院和特拉华州地方法院发起一系列侵权诉讼，被告通常是视频游戏开发或出版商，如 BANDAI、美国世嘉、迪士尼互动工作

① 837 F. 3d 1299（Fed. Cir. 2016）.

室、Sony 等公司。2014 年 1 月，部分原始在特拉华州提出的诉讼被转移至加州中区地方法院审理。2014 年 7 月 10 日，所有在加州中区地方法院审理的诉讼被告方联合提出了一项动议，认为涉诉专利权属于涉及《美国专利法》第 101 条的无效主题。2014 年 9 月 22 日，加州中区地方法院支持了此项动议，认定涉诉专利权利要求针对的是专利不适格的主题。McRO 不服提出上诉，CAFC 反转了地方法院的结论，认为涉诉专利符合第 101 条专利适格性要求。

（二）案情事实

576 号专利和 278 号专利均授权予同一发明人 Maury Rosenfeld，发明名称均为"一种自动唇同步和面部表情动画特征创建方法"，其中 278 号专利为 576 号专利的继续申请，其说明书内容相同。

1. 关于现有技术

专利涉及对已有 3D 动画方法的部分功能实现自动化。如在专利的背景技术中所解释的，现有技术方法使用角色脸部的多个 3D 模型来描绘讲话期间的各种面部表情。要为角色设置讲话时的动画，该方法会在角色多个模型的表情间实施变换。"中性模型"是动画角色处于静止、中性状态时面部表情的三维表示。角色脸部的其他模型被称为"变形目标"，并且每个模型代表角色发出一个音素（特定发音）时的脸部表情。角色在特定发音时脸部的视觉表现也称为"视位"。如图 2－7 所示，是"Aah"音素的变形目标示例。每一个变形目标和中性模型都具有在面部特定位置的识别点，称为"顶点"。

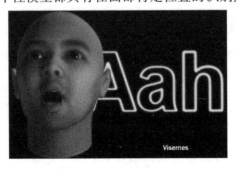

图 2－7 "Aah"音素的变形目标

中性模型和变形目标的这些顶点（以及它们在脸部的对应点）的位置的差异集，形成了表示两个模型之间顶点位置变化向量的"增量集"。每个变形目标都具有相应的增量集，其由表示变形目标顶点与中性模型间的差的矢量组成。

面部表情被描述为每个变形目标数值及其增量集的函数，并且其被应用于修改角色模型。"在制作动画产品时，动画师为每个增量集分配一个通常从0到1的值，该值称为'变形权重'"。所有增量集的变形权重集称为"变形权重集"。中性模型由所有值为0的变形权重集表示。理想的变形目标由变形权重值为1的变形目标增量集和变形权重为0的所有其他增量集表示。

该现有的动画方法的强大之处在于通过使用0和1之间的变形权重来生成中间表情，以将多个变形目标混合。例如，中性模型和"oh"表情之间的中间表情可以简单地通过将"oh"的变形权重设置为0.5，即50%来表示，如图2-8所示。同样的，从中间表情到下一个音节的模型可以通过将"oh"的变形权重和下一个音节的权重均设置为0.5来表示，从而创建这两个增量集的混合。对于每个变形权重集，通过将变形权重集中的变形权重和变形目标对应的增量集的乘积作为每个矢量相对中性模型的位移，来计算得到的面部表情。

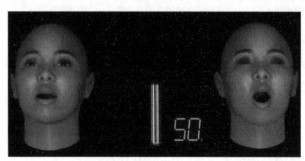

图2-8　中性模型和"oh"表情的变化示意

本发明之前的角色及唇同步动画通常由动画制作者在计算机的帮助下完成。动画师使用"关键帧"方法，即艺术家在某些重要时刻（"关键帧"）设置恰当的变形权重，而不是在每一帧都设置。动画师根据一个与时间同步的语音脚本（"定时脚本"）知道角色在给定时间发出哪个音素。图2-9列出了角色发出的每个音素的出现时间。

time (sec)	phoneme	word
0		Sil
1.895	h	hello
1.965	eh	
1.995	l	
2.105	o	
2.137	w	
2.165	dh	there
2.235	eh	
2.335	r	
2.435	sil	
2.475	h	how
2.545	a	
2.601	w	
2.635	AA	are
2.66	r	
2.695	y	you
2.835	uw	
2.885	t	today
2.945	ah	
2.985	d	
3.045	e	
3.16	y	
3.225	sil	

图 2-9　与时间同步的语音定时脚本示例

动画师利用计算机，根据定时脚本中的音素定时来手动为每个关键帧确定恰当的变形权重集。"对于每个关键帧，艺术家都会看着屏幕，依靠他的判断，操纵角色模型，直到它看起来正确——这是一个依赖视觉和主观的过程"。由于音素和绘制的关键帧在时间上对应，所以现有方法能够同步 3D 角色的嘴唇和面部表情，之后，计算机程序会在动画制作者设置的关键帧之间进行插值，基于关键帧之间的连续转换，在中间时间点确定适当的变形权重集以创建中间帧。

2. 关于本案专利

本案专利批评现有的关键帧方法"非常烦琐且耗时，并且由于描述语音需要大量关键帧而导致不准确"。专利中提出：

> 本发明克服了现有技术的许多缺陷，并通过提供一种内置在计算机软件中的集成方法来实现其目的，该计算机软件与计算机一起用于快速、高效的唇部同步和角色面部表情的操纵，从而允许以极具成本效益的方式快速制作富有创意和表现力的动画产品。①

---

① 参见 576 号专利第 2 列第 Ⅱ 部分 38 ~ 44 行。

因此，本发明的主要目的是提供一种自动生成动画角色中精确逼真的唇同步和面部表情的方法。

实质上，本专利旨在将三维动画师的任务自动化，特别是确定何时设置关键帧以及完成这些关键帧的设置。这种自动化是通过应用在定时脚本中用来确定变形权重输出的规则来完成的。专利描述了许多示例性规则集，其不仅是简单地将来自定时脚本的单个音素与适当的变形目标匹配，相反，这些规则集旨在通过"考虑基于背景的相似音素嘴部位置的差异"来产生更逼真的语音。

在576号专利说明书中提供应用的一组示例性规则是用于从沉默过渡到说"你好"的角色。该示例性规则集用于插入从沉默到临近第一个音节开始前的转换。当角色开始从沉默（由闭口的中性模型显示）转换到第一个音节的变形目标时，该转换会以其开口形状来标记，也就是说，规则会自动化角色的面部表情，因此角色会等到它开始说话前不久才开始张嘴。对应于现有技术方法，该规则的效果是在尚无音素发音的点自动创建关键帧。相反，如果没有在该位置设置过渡，则生成的动画将不太真实。由于计算机内插这两个点之间的连续过渡，角色将从序列的开始逐渐通过其第一句话语而张开嘴。在现有技术系统中，动画制作者必须主观地识别有问题的序列并通过添加适当的关键帧来手动修复，然而本发明使用规则自动地在正确的点处设置关键帧以描绘更逼真的语音，从而获得类似于先前由动画师手动实现的效果。

576号专利的权利要求1是本案权利要求中的代表性权项。

一种自动生成三维角色唇同步及面部表情动画的方法，包括：

获得第一组规则，其将输出变形权重集合流定义为音素序列和所述音素序列时间的函数；

获得具有多个子序列的音素的定时数据文件；

通过针对所述第一组规则评估所述多个子序列，生成输出变形权重集的中间流，以及两个相邻变形权重集之间的多个转换参数；

基于所述输出变形权重集的中间流和所述多个转换参数生成所需帧速率的输出变形权重的最终流；

将所述输出变形权重集的最终流应用于一系列动画角色，以完成所述动画角色的唇同步和面部表情控制。

（三）判决要点

CAFC 首先明确了对权利要求的解释方式，进而从权利要求的具体限定和权利要求的指向两方面论述了第 101 条的专利适格性。

1. 权利要求的解释

法院明确，对于本案，权利要求的解释是有助于解决第 101 条专利适格性问题的。具体而言，双方就权利要求中的特征"第一组规则"评估的是音素序列还是单个音素的争议，可以依据权利要求的表述解决。法院同意 McRO 的观点，即权利要求中的规则仅限于评估由多个连续音素组成的子序列，这些限定根据权利要求的表述是显而易见的，具体而言，权利要求中是"通过针对所述第一组规则评估所述多个子序列"来生成中间变形权重集和转换参数，仅评估单个音素的规则无法满足此限定，相反，所要求保护的"第一组规则"必须明确限定以评估音素的子序列。

2. 专利适格性

（1）关于权利要求的具体限定。地方法院裁定，567 号专利的权利要求 1 是基于自动化规则将变形目标和增量集用于唇同步三维动画的抽象概念。CAFC 表示不同意上述观点。CAFC 曾提醒过地方法院务必小心谨慎，避免由于一般化权利要求及未考虑权利要求的具体要求而过度简化权利要求。[1] 本案中，权利要求仅限于具有特定特征的规则。正如地方法院在进行权利要求解释时所承认的那样，"权利要求本身对第一组规则提出了有意义的要求：它们将输出变形权重集合流定义为音素序列和所述音素序列时间的函数"，它们还需要"将所述第一组规则应用于每个定时音素的子序列"。无论是在 Alice 测试的第一步还是第二步，在确定方法的可专利性时，法院必须将权利要求视为一个有序的组合，不能忽略各个步骤的要求。这些规则具体要求保护的特征使得本发明的改进得以实现。

---

[1] TLI Commc'ns, 823 F. 3d at 611；Diehr, 450 U. S. at 189 n. 12, 101 S. Ct. 1048.

正如说明书中所证实的那样，这里声称的改进是使得计算机能够生成以前只能由人类动画师制作的"准确逼真的动画人物唇同步及面部表情"。而正如地方法院正确认识到的那样，这种计算机自动化是通过"使用规则而不是艺术家来设置音素之间的变形权重和过渡以改进现有技术来实现的"。规则是有限定的，因为其将变形权重集定义为音素子序列定时的函数。如果恰当地撰写权利要求，被告并不质疑自动执行人类执行的任务的方法属于可专利的客体；但被告认为本专利权利要求是抽象的，因为其没有要求保护具体的规则。这一论点呼应了地方法院认为权利要求意图不正当地涵盖所有规则的裁定。但是 CAFC 认为，权利要求中要求保护的规则仅限于具有某些共同特征的规则。

针对被告方提出的本案权利要求先占了所有可能基于规则的方法的论点，CAFC 也给予了回应。法院表示，当权利要求不是针对特定的发明，而是不正当地垄断"科学和技术工作的基本工具"时，就会出现过度先占的担忧。① 而抽象概念例外已经被用于防止对那些抽象地涵盖了"并不在于通过何种方法或机器来完成"的结果的权利要求授予专利权。"保护某种效果或某种方法的结果的专利是不好的"，因为这样的专利"将禁止所有其他人以任何方式做出同样的产品"②。专利可以授权给"产生某种结果或效果的手段或方法，而不是产生的结果或效果"③。因此，法院会研究这些专利中的权利要求是否侧重于改进相关技术的具体手段或方法，或者其所针对的结果或效果本身是抽象概念而专利仅引用了通用的过程和机制。

（2）关于权利要求的指向。576 号专利的权利要求 1 侧重于对计算机动画的特定改进，即自动使用某种特定类型的规则。CAFC 不同意被告提出的权利要求只是使用计算机作为自动化传统活动的工具这一论点。虽然规则体现在由通用计算机运行的计算机软件中，但被告没有提供任何证据证明动画师先前使用的方法与权利要求所保护的方法相同。被告使用本专利的背景技术部分作为支持其观点的论据，但是相关信息并未暗示动画师之前采用了权

① Alice, 134 S. Ct. at 2354（引用 Myriad, 133 S. Ct. at 2116）.
② Le Roy v. Tatham, 55 U. S.（14 How.）156, 175, 14 L. Ed. 367（1853）.
③ Diehr, 450 U. S. 175, 182 n. 7, 101 S. Ct. 1048.

利要求 1 所要求的规则类型。被告承认动画师采用的方法是由主观决策而非某种特定的、有限的数学规则驱动。现有技术中动画师决定面部动画在起止时间之间的关键时刻应该是什么样的，然后在那些时刻"画出"相应的面部表情。本专利中计算机用于执行一种特定的方法以自动执行先前由人执行的任务。McRO 表示，动画师会首先在音素被发音的位置设置关键帧，以表示相应的变形目标，作为进一步微调的起点。即使将规则自动化，这一活动也并不在权利要求的范围内，因为其并不评估子序列、生成转换参数或应用转换参数来创建最终的变形权重集。专利是由于引入了所要求保护的规则而非使用了计算机，来通过允许进一步任务的自动化改进了现有技术，其与 Flook 案、Bilski 案和 Alice 案并不相同，上述案件中要求保护的计算机自动化方法与现有技术的方法是以相同的方式进行的。

此外，自动化不仅是"将现有信息组织成新形式"或实施基本经济实践。权利要求的方法使用特定规则的有序组合，这些规则将信息呈现为特定格式，继而将该格式应用于创建所需结果，即一系列同步的动画角色。虽然其结果并不是有形的，但事实上并没有任何人要求方法必须"与某种机器绑定或转换某种物质"才能获得专利①。正如 Mayo 案中所论述的，② 第 101 条的法定例外所关注的基本问题并不是有形性，而是先占性。

权利要求 1 中的限定防止先占用于实现 3D 角色自动唇同步的所有方法。McRO 已经证明，动作捕捉动画提供了另一种自动实现唇同步和面部表情动画的过程。即便如此，法院已经认识到"没有完全先占并不能证明具备专利适格性"③。但这里更为关注的是，所声称的规则类是否先占了所有依赖规则的自动化 3D 动画技术。权利要求 1 要求以特定方式呈现规则：其作为音素子序列、定时以及在特定时刻可视化表达各个音素的权重（由变形权重集表示）三者之间的关系。要求保护的规则的具体架构将阻止宽泛地先占所有基于规则的自动化唇同步方法，除非规则本身的范围足够宽泛以涵盖所有可能的方法。但并没有证据表明任何基于规则的唇同步方法都必须使用具有权利

---

① Bilski, 561 U. S. at 603, 130 S. Ct. 3218.

② Mayo, 132 S. Ct. at 1301.

③ Ariosa Diagnostics, Inc. v. Sequenom, Inc. , 788 F. 3d 1371, 1379 (Fed. Cir. 2015).

要求中特征的特定规则。

被告律师认为任何基于规则的唇同步方法必然使用涉诉专利权利要求中的规则类型，但没有证据支持这一结论。被告仅依赖专利对一类规则的描述作出结论，然而对一组规则的描述并不意味着只存在一组规则，也不意味着不存在具有不同特征的其他可能类型的规则。CAFC 引用的关于言语与面部表情之间关系的唯一信息表明，有许多其他可能的方法可以使用规则自动化唇同步。例如，法庭之友引用了 Kiyoshi Honda 在 *Springer Handbook of Speech Production* 7（2008 年 Jacob Benesty 等编）一书中的"语音处理的生理学方法"（以下简称 Honda），作为对权利要求中的规则反映了自然法则这一主张的论据。然而，Honda 一文中表明，发声和面部表情之间的相互作用非常复杂，在权利要求所要求的规则之外还存在着其他多种关系，如 Honda 第 24 页所述："讲话期间的生理过程本质上是多维的，如本章所述。"这种复杂的相互作用允许开发其他替代性的基于规则的用于三维角色唇同步和面部表情的动画方法，如模拟角色面部表情潜在的肌肉动作等。因此，在这种情况下，我们不必假设未来的替代性发现也被权利要求排除了。

在这里，有限规则的结构反映了一个特定的实现方式，其未被证明是"任何致力于寻求自动化方法的动画师可能会利用的"方法。通过将规则的特定特征引入权利要求的限定，权利要求 1 限于使用特定信息和技术自动化动画角色的特定过程，且并不先占那些使用具有不同结构或不同技术的规则的方法。从整体上看，权利要求 1 针对的是对现有的手动三维动画技术的可专利的技术改进。权利要求在专门设计的方法中使用有限的规则，以在传统工业实践中实现改进的技术结果。因此，576 号专利的权利要求 1 并不指向抽象概念。

由于权利要求 1 并不指向不适格的主题，也就无须进行 Alice 第二步分析。因此，权利要求 1 并不指向抽象概念，其引述的主题是《美国专利法》第 101 条意义上的可专利性方法。因此涉案专利的其他相关权利要求均属于适格客体。地方法院的判决被推翻。

（四）案例小结

本案中，巡回上诉法院在对权利要求进行解释的基础上认定，权利要求引入的特定特征限定了其自动使用某种特定类型的规则，从而实现对计算机动画的特定改进，并且这一特定规则的引入，并不会先占用于实现 3D 角色自动唇同步的所有方法，因此其并不指向抽象概念，即通过了两步法测试的第一步，无须进行第二步分析。CAFC 在本案中再次强调，进行 Alice 两步法分析时，应当从权利要求的整体和权利要求的各个要素两方面来考虑，避免由于一般化权利要求及未考虑权利要求的具体限定而过度简化权利要求的倾向。

五、Thales Visionix Inc. v. U. S. 案①

（一）案件背景与诉讼审理过程

本案背景是，原告 Thales Visionix 公司（以下简称 TVI）是马里兰州的一家为国防和航空航天应用设计和开发头盔式显示器和运动跟踪技术的公司。其持有一项涉及用于跟踪物体相对于移动参考系运动的惯性跟踪系统的美国专利号为 6474159（以下简称 159 号专利）的专利权，TVI 声称其专利技术对于 F－35 联合攻击战斗机（以下简称 F－35）的成功至关重要。2014 年 6 月，TVI 在美国联邦索赔法院（United States Court of Federal Claims）② 针对美国政府提出专利侵权诉讼，认为美国政府项目的承包商在 F－35 上采用的头盔式显示系统（以下简称 HMDS）技术侵犯了 159 号专利的专利权，生产 HMDS 的政府承包商 Elbit Systems of America（以下简称 Elbit）作为第三方被告加入了该案件。2015 年 3 月，美国政府和 Elbit 提出动议，认为 159 号专利的所有权利要求均属于《美国专利法》第 101 条意义下不适格的主题。

索赔法院批准上述动议，认为 159 号专利的权利要求涉及使用自然法则来控制运动以跟踪两个对象的抽象概念，以及除了抽象概念之外未提供任何创造性概念，因此不属于《美国专利法》第 101 条意义下的专利适格主题。

---

① 850 F. 3d 1343（Fed. Cir. 2017）.

② 该法院审理要求美国政府赔偿的案件。

TVI 不服提出上诉，CAFC 反转了索赔法院的结论，认为涉诉专利符合专利适格性要求。

（二）案情事实

159 号专利公开了一种惯性跟踪系统，用于跟踪物体相对于移动参考系的运动。惯性传感器，如加速度计和陀螺仪，测量与传感与相对已知起始位置的位置和方向变化相关的特定力。这类传感器广泛运用在包括飞机导航和虚拟现实仿真在内的各种应用中。当其安装在移动物体上时，惯性传感器可以根据指定的起始点计算物体在三维空间中的位置、方向和速度，而无须任何其他外部信息。由于加速度和角速度测量中的小误差会随着时间转化为位置上的较大误差，惯性系统通常包括至少一种其他类型的传感器，如光学或磁传感器，以随着时间的推移来间歇性地校正这些复合误差。

从 159 号专利公开中可以认识到，用于跟踪物体在移动平台上的惯性运动的常规解决方案是有缺陷的，因为无论是基于物体还是基于移动平台，惯性传感器测量的都是相对于地球的运动，并且被跟踪物体上的误差校正传感器测量的位置是相对于移动平台的。当移动平台加速或转动时，尝试融合这些数据就会产生与实际不符的位置信息。

159 号专利中公开的惯性传感器所使用的并不是传统的相对于地球的惯性变化测量方法。相反，由平台（如车辆）的惯性传感器直接测量平台框架中的重力场，然后，由物体（如头盔）的惯性传感器计算相对于移动平台框架的位置信息。通过改变参照系，可以在没有来自车辆姿态参考系统的输入或计算移动平台本身的方向或位置的情况下，跟踪移动平台内的对象的位置和方向。

与现有技术相比，这一系统具有多个优点。首先，它增加了惯性传感器测量移动框架上的被跟踪对象的精度。当移动平台加速或转动时，平台上的惯性传感器直接测量移动参考系中的重力效应，因此，系统在确定被跟踪对象的位置和方向时所需要的测量输入（和潜在误差点）会更少。其次，所公开的系统可以独立操作，而不需要移动平台上确定移动平台本身方向或位置的其他硬件。最后，因为整个系统安装在移动平台的内部，所以其安装也比以前的惯性系统更简单。

159号专利仅有两项独立权利要求，即权利要求1和22，引述如下。

权利要求1. 一种用于跟踪物体相对于移动参考系的运动的系统，包括：

第一惯性传感器，安装在被跟踪物体上；

第二惯性传感器，安装在移动参考系上；

元件，适于接收来自所述第一和第二惯性传感器的信号，并配置成基于从第一和第二惯性传感器接收的信号确定物体相对于移动参考系的方向。

权利要求22. 一种方法，包括：基于分别安装在物体上和移动参考系上的两个惯性传感器的信号，确定物体相对于移动参考系的方向。

（三）判决要点

CAFC回顾了Alice两步法框架，与Alice测试第一步相关的Enfish等案，以及与数学公式相关的Diehr、Flook等案后，对本案权利要求进行了分析。

CAFC认为，从评估专利适格性的角度看，159号专利权利要求几乎与Diehr案的权利要求没有区别。独立系统权利要求1要求：（1）安装在被跟踪物体上的第一惯性传感器；（2）安装在移动平台上的第二惯性传感器；（3）如说明书中所公开的那样，使用来自两个惯性传感器的数据来计算被跟踪物体相对于移动平台的方向的元件。独立方法权利要求22要求：（1）跟踪物体上的第一惯性传感器；（2）移动平台上的第二惯性传感器；（3）如说明书中所公开的，基于来自两个惯性传感器的信号确定被跟踪物体的方向。159号专利中的导航方程是基于这种特定的传感器安排而得到的。虽然权利要求利用数学方程来确定物体相对于移动参考系的方向，但是由惯性传感器的布置和物理定律的应用决定的方程，仅用于将这一配置下的位置和方向信息制成表格。这种安排类似于Diehr案的权利要求，它要求"在模制过程中在压力机中与模腔紧密相邻的位置进行温度测量"[①]。就像Diehr的

---

① Diehr, 450 U. S. at 179 n. 5.

权利要求减少了橡胶成型过程导致"过度固化"或"欠固化"的可能性一样，本案权利要求中的系统，减少了在移动平台上跟踪物体的惯性系统的误差。

159 号专利权利要求所提供的方法，消除了先前用于确定物体在移动平台上位置和方向的解决方案中固有的众多"并发症"。因为像飞机这样的移动平台的运动"比地球的旋转更具动态性和不可预测性"，传统系统（测量相对于地球的惯性数据）难以准确计算移动平台上物体的惯性数据。虽然159 号专利中惯性传感器的非常规使用对于那些在该领域内的人来说可能看起来有点奇怪，但是，将传感器的设置和基于不同参照系的计算相结合，通过消除相对于地球的惯性计算减小了误差。由此产生的系统适用于任何类型的移动平台，并且比传统系统更易于安装。该系统同时还是利于自给的：其不需要有关平台方向或位置的外部信息。

这些权利要求并非如索赔法院所认定的那样，仅指向使用"数学方程来确定移动物体与移动参考系相对位置"的抽象概念。相反，权利要求涉及以非传统方式使用惯性传感器的系统和方法，以减少测量移动参考系上移动物体的相对位置和方向的误差。在 Alice 测试第一步，"仅识别权利要求潜在地包含有一项专利不适格概念是不够的，我们必须确定权利要求是否指向这个专利不适格概念"[1]。正如自然法则可以用来创造一种改进的实验技术以保存肝细胞[2]一样，物理学的应用也可以创造一种改进的技术来测量移动平台上物体的运动。Enfish 案中，指向用于定义在通用计算机设备上运行的数据库的新的有用技术的权利要求具备专利适格性，[3] 对于使用传感器更有效地跟踪移动平台上物体的、指向新的和有用技术的权利要求，也是一样的。使用一个数学方程来完成所要求保护的方法和系统并不会使权利要求指向抽象的概念。

综上，法院认为，本案涉及的159 号专利权利要求并不指向抽象概念。权利要求书规定了惯性传感器的特定配置和使用来自传感器的原始数据的特

---

① Rapid Litig., 827 F. 3d at 1050.

② Rapid Litig., 827 F. 3d at 1048.

③ Enfish, 822 F. 3d at 1337 – 38.

定方法，以便更准确地计算物体在移动平台上的位置和方向。数学方程式是传感器布置和参照系非常规选择的结果，以便计算位置和方向。这些权利要求并非仅要求保护方程本身，而是试图保护将物理学应用于所公开的传感器的非常规配置。因此，这些权利要求并不指向抽象概念，权利要求通过 Alice 第一步测试，继而也不需要进行第二步测试。该专利符合《美国专利法》第 101 条关于适格主题的要求。

（四）案例小结

本案中，CAFC 经过分析认定，权利要求指向的是以非传统的特定方式使用内部传感器而减少相对位置测量错误的方法和系统，其利用数学方程式是为了完成该特定方法和系统而并非保护数学方程式本身，其试图保护的是将物理学应用于所公开的传感器的非常规配置。因此，权利要求并不指向抽象概念，即通过两步法测试的第一步，其具备《美国专利法》第 101 条意义下的专利适格性。

六、RecogniCorp LLC v. Nintendo Co. 案①

（一）案件背景与诉讼审理过程

本案背景是，美国专利号为 No. 8005303（以下简称 303 号专利）、题为"用于编码/解码图像数据的方法和装置"、涉及一种使用组件构建复合面部图像的方法和设备的专利，于 2011 年 8 月 23 日获得授权，其后被受让给 RecogniCorp 有限责任公司（以下简称 RecogniCorp）。2012 年，RecogniCorp 在美国俄勒冈州地方法院对任天堂株式会社和任天堂美国公司（以下统称任天堂）提起诉讼，认为其侵犯 303 号专利的若干权利要求的专利权。2012 年，该案件被移交至美国华盛顿西区地方法院审理。

2013 年，地方法院因等待该案在美国专利商标局的复审程序而中止审理此案。复审重点是显而易见性，多项权利要求产生了修改，美国专利商标局基于修订后的权利要求书颁发了 303 号专利的复审证书。在 2014 年完成复审

---

① 855 F. 3d 1322（Fed. Cir. 2017）.

后，地方法院解除了中止。

2015 年 3 月，任天堂提出动议，称 303 号专利的权利要求不符合《美国专利法》第 101 条关于专利适格主题的规定。2015 年 12 月，地方法院支持了任天堂的动议，认为权利要求指向"使用数学公式编码和解码复合面部图像的抽象概念"，且未包含创造性概念，因此不具备专利适格性。RecogniCorp 就此向 CAFC 提出上诉，CAFC 最终维持了地方法院的裁决。

（二）案情事实

303 号专利题为"用于编码/解码图像数据的方法和装置"，涉及一种使用组件构建复合面部图像的方法和设备。在 303 号专利之前，复合面部图像通常以诸如位图、gif 或 jpeg 文件格式存储，但是这些文件格式需要大量内存，压缩图像通常会导致图像质量下降，进而这些图像的数字传输可能存在困难。303 号专利试图通过在一端借助多种对内存和带宽消耗较小的图像分类器对图像进行编码，进而在传输的另一端对图像解码来解决该问题。具体来说，专利中所公开的面部图像编解码技术，是通过在一端利用面部"特征元素代码（Code factors）"合成面部图像代码，在另一端利用特征元素代码解码的方式，节约内存和带宽资源（见图 2 − 10、图 2 − 11）。

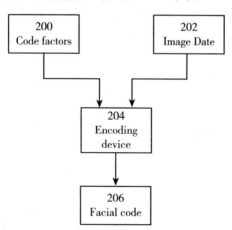

图 2 − 10　RecogniCorp 案专利编码流程

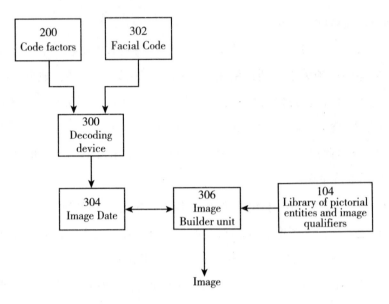

图 2-11　RecogniCorp 案专利解码流程

以复审修改后的权利要求 1 为代表，其包括以下几个方面内容

一种用于创建合成图像的方法，包括：

经由与第一显示器相关联的第一设备在第一显示器的第一区域上显示面部特征图像，其中，面部特征图像与面部特征元素代码相关联；

通过与第一设备相关联的用户界面从第一显示器的第一区域选择面部特征图像，其中第一设备将所选择的面部特征图像合并到第一显示器的第二区域上的合成图像中，其中合成图像与至少具有面部特征元素代码的合成面部图像代码相关联，并且在其中通过使用一个或多个代码因子作为乘法运算的输入参数对面部代码执行至少一个乘法运算来导出合成面部图像代码；

基于合成面部图像代码在第二显示器上再现合成图像。

（三）判决要点

法院基于 Alice 两步法框架，对 303 号专利的权利要求进行了分析。

1. Alice 测试第一步

法院认为，首先，权利要求 1 涉及编码和解码图像数据的抽象概念。其要求保护一种方法，其中用户在第一显示器上显示图像，使用数学公式，通过界面将图像代码分配给图像，然后基于代码再现图像。该方法反映了标准的编码和解码流程，这是一种长期依赖用于信息传输的抽象概念（参见 Intellectual Ventures I LLC v. Capital One Fin. Corp. 案[①]）。法院还例举了几类众所周知的编解码应用，作为在一端编码、另一端解码的例证，如摩尔斯电码，通过编号系统在快餐店点餐，以及保罗·瑞威尔的"one if by land, two if by sea"[②] 信号系统等。303 号专利甚至还描述了"合成面部图像的常用技术还包括，将面部图像水平划分为具有不同特征的带"，以使"包含示例性特征的纸带之后就可以结合形成一张面部的复合画"。

RecogniCorp 援引了 Diehr 案[③]来支持其权利要求使用数学公式并不一定使专利不适格的论点——仅就这一论点而言，RecogniCorp 是正确的。在 Diehr 案中，美国联邦最高法院认为尽管方法权利要求引述了数学公式，"模塑精密合成橡胶产品的物理和化学过程属于第 101 条意义下可能具备可专利性的主题"[④]。在确认可专利性时，美国联邦最高法院并非关注数学公式的存在，而是从整体上关注权利要求的主题。但 Diehr 与本案是有区别的，因为除了数学问题，303 号专利的权利要求 1 并未涉及其他适格的主题。将一个抽象概念（数学）添加到另一个抽象概念（编码和解码）并不会使权利要求成为非抽象概念。

RecogniCorp 还辩称，与 Enfish 案一样，"地方法院不当地使用了过高层次的抽象错误描述了发明，忽略了权利要求所述的特定编码过程"。对此法院回应，在 Enfish 案中法院的确警告过，对权利要求进行如此高度抽象的描述，并且不受权利要求的语言的限制，只会使第 101 条的法定例外吞噬这一条款的法律原则。但是在 303 号专利的判断上，地方法院并不存在错误。303 号专利的权利要求明确指向图像数据的编码和解码。与 Enfish 案不同，权利

---

① 850 F. 3d 1332，1340–41（Fed. Cir. 2017）.
② 美国独立战争时期，著名的爱国者保罗·瑞威尔曾利用信号灯系统实现远程报警功能：英军如果从陆地上进攻而来，则在教堂的钟塔上挂一盏灯；如果从海上进攻而来，则挂两盏。
③ 450 U. S. 175，101 S. Ct. 1048，67 L. Ed. 2d 155（1981）.
④ 450 U. S. 175，101 S. Ct. 1048，67 L. Ed. 2d 155（1981），见184，101 S. Ct. 1048。

要求 1 没有要求保护任何改进计算机功能的软件方法，其保护的是一个计算机仅作为工具被调用的"抽象概念"。法院还将本案与 Digitech Image Technologies，LLC v. Electronics for Imaging，Inc. 一案①进行了类比，该案中争议权利要求仅通过将现有数据组织成一个新的形式而将两个数据集合组合为一个数据集合，而一个以数据开始、添加算法并以新形式的数据结束的方法，指向一个抽象概念。法院认为 303 号专利要求保护的方法中，用户从数据开始，使用"至少一个乘法运算"对该数据进行编码，并以新形式的数据结束，这一分析结果与 Digitech 案的分析并无二致。

2. Alice 测试第二步

RecogniCorp 称，303 号专利的权利要求包含足以使其具备专利适格性的创造性概念。具体而言，权利要求中要素的组合，即专利中使用特定算法的特定编码方法将抽象概念"转换"为了可获得专利的发明。RecogniCorp 还提到了 303 号专利权利要求中公开的"面部特征元素代码"和"图形实体符号"等要素。但是法院认为，权利要求中的这些要素并未将 303 号专利权利要求的性质转变为具备专利适格性的申请。

法院例举了 DDR 案，认为该涉案专利权利要求能够通过 Alice 第二步测试是因为其"所要求保护的解决方案构成了一项解决以互联网为中心的特定问题的创造性概念"②。而 303 号专利的权利要求 1 不包含类似的发明概念，其不包括能够将编码和解码的抽象概念转化为专利适格性主题的内容。数学公式的出现也没有起到上述转化的作用——指向非抽象概念的权利要求不会仅因为它们使用数学公式而呈现为抽象；③ 但反过来也一样：仅通过添加数学公式，并不会使指向抽象概念的权利要求自动转化为适格主题。因此如上所述，权利要求 1 涉及编码和解码的抽象概念。添加一个简单地将数据更改为其他形式数据的数学方程式，并不能拯救这项权利要求。

法院进一步例举了 BASCOM 案④，该案中专利权人称可以在有序的权利

---

① 758 F. 3d 1344（Fed. Cir. 2014）.

② 773 F. 3d 1245，1259（Fed. Cir. 2014）.

③ 参见 Diehr 案，450 U. S. at 187，101 S. Ct. 1048。

④ 827 F. 3d 1341，1352（Fed. Cir. 2016）.

要求要素组合中找到创造性概念，将过滤内容这一抽象概念转变为该抽象概念的特定的实际应用。法院发现该案中所有事实都可以理解为有利于专利权人的解释，因此涉案专利通过了无效动议的考验。而本案中，RecogniCorp 尚未声称对图像数据的编码和解码进行了特殊应用，实际上，权利要求 1 甚至不需要计算机，本发明可以口头实施或用电话实施。独立权利要求 36 要求使用计算机，但其正是法院所警告不要出现的情况，即告诉用户使用某一抽象概念，然后将其应用于计算机。

综上，法院认为 303 号专利权利要求缺乏将所要求保护的主题从抽象概念转变专利适格申请的发明概念，因此维持了地方法院的裁决。

（四）案例小结

在 Alice 测试的第一步，CAFC 认为本案专利仅是利用数学算法来实现图像数据的编码和解码方法，而"在一端图像编码，另一端图像解码"是人类社会已经在信息传输中长期使用的抽象概念，因此其指向抽象概念；测试的第二步，在指向抽象概念的编解码方法中运用数学算法，并不足以将其转化为专利适格的客体。因此，本案无法通过 Alice 测试，不具备专利适格性。CAFC 以往一再警告避免过度抽象化权利要求，并倡导基于说明书内容和权利要求特征整体进行两步法测试的考量，然而本案的判决结果却引起相关方的困惑。如果计算机应用相关发明对现有技术流程有所改进，当其涉及或者利用了抽象概念时，在 Alice 测试的第一步如何判断权利要求是否指向抽象概念？如果由于使用新的数学算法而减少了带宽或者内存的使用从而对现有技术流程有所改进，这样的方案是否能构成 Alice 测试的第二步中的创造性概念？这些问题都需要得到进一步的明确和指引。

七、Two-Way Media, Ltd. v. Comcast Cable Communications, LLC 案[①]

（一）案件背景与诉讼审理过程

本案背景是，专利权人 Two-Way Media Ltd.（以下简称 Two-Way）就其

---

① 874 F. 3d 1329（Fed. Cir. 2017）.

持有的美国专利号为 5778187（以下简称 187 号专利）、5983005（以下简称 005 号专利）、6434622（以下简称 622 号专利）和 7266686（以下简称 686 号专利）的专利权在美国特拉华区地方法院对 Comcast Cable Communications，LLC 等多家公司提起侵权诉讼。侵权诉讼被告向地方法院提出动议，认为涉案专利权利要求不符合《美国专利法》第 101 条关于专利适格主题的规定，地方法院支持了被告的动议请求。Two-Way 就此向 CAFC 提出上诉，CAFC 最终维持了地方法院的裁决。

（二）案情事实

涉诉专利题为"多播方法与装置"，均涉及一种通过互联网等通信系统传输音频/视频数据的方法和设备。根据这些专利的解释，互联网系统通常以点对点或单播方式运行。在单播系统中，消息被转换为一系列寻址分组，这些分组从源节点路由到目的节点。但是这些单播系统缺乏从源节点向网络中的所有其他接收者广播消息的能力，因为这种类型的操作容易使网络过载。

相反，"多播方法与装置"提供了一种将一个信息包传输给多个接收者的方法。在这样的系统中，去往多个接收者的分组被封装在单播分组中，并且从源转发到网络中的点，在该点中分组被复制并转发到所有期望的接收者。组播分组可以从源节点通过多个组播路由器路由到接收组播分组的一个或多个设备。之后，可以将数据包分发给作为多播组成员的所有主机。专利中说明，这项技术以前曾用于向感兴趣的各方提供基于互联网的音频/视频会议服务以及类似无线电的广播。

涉案专利将本发明描述为用于传递实时信息的改进的可扩展架构，嵌入在体系结构中的是一种控制机制，用于管理要接收实时信息的用户。图 2-12 提供了描述系统概述的示意图。

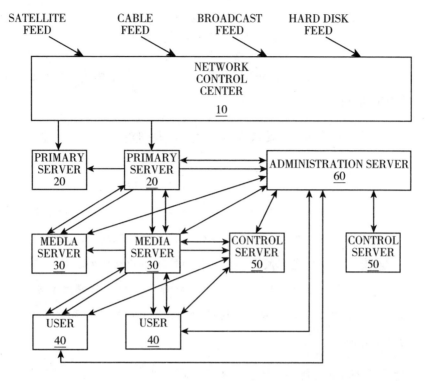

图 2 – 12　Two-Way 案专利系统概述图

在这个系统中，主服务器和媒体服务器通过互联网互连。控制服务器使用一系列消息交换将用户与媒体服务器连接起来。专利中还描述了监控网络状况并生成有关实时流记录的内容。

各方同意 187 号专利的权利要求 1 可以代表 187 号专利和 005 号专利，其具体内容如下。

一种用于通过通信网络发送消息分组的方法，包括以下步骤：

将多个音频和/或视频信息流转换成符合网络通信协议规范的多个寻址数字分组流；

对于每个流，将此流路由到一个或多个用户；

响应于从用户接收的选择信号控制分组流的路由；

监视用户对分组的接收并累积指示哪些用户接收哪些分组流的记录，其中至少一个分组流包括音频和/或视频选项，并且累积的记录指示用户开始接收音频和/或视频选项的时间以及用户停止接收音频和/或视频选项的时间。

Two-Way 声称 622 号专利的权利要求涉及说明书中描述的特征，只是要求保护得更为宽泛。例如，权利要求 29 描述内容如下。

一种用于将实时信息转发给可访问通信网络的一个或多个用户的方法，包括：

将一个或多个音频或视觉信息流处理成一个或多个分组流，以便通过通信网络进行转发，其中至少一个分组流包括音频或视频信息；

响应于从用户接收的信息选择信号将数字分组转发给用户；

在交付实时信息期间验证用户对通信网络的访问的操作状态；

使用以下指示更新数据库：（i）由哪些用户接收哪些数据分组流，（ii）每个流向每个用户开始传送的时间，（iii）每个流向每个用户传送的终止时间。

686 号专利的权利要求 30 包括某些"商业目的"，具体内容如下。

一种用于商业目的的用于计量实时流媒体的方法，所述方法包括：

从多个中间服务器中选择中间服务器；

将所述实时媒体流的至少一个副本从所述中间服务器转发到用户设备；

检测所述转发的终止；

在所述终止之后，确定向所述用户设备转发的所述实时媒体流的范围；

记录表示用于商业目的的程度。

地方法院对 187 号专利和 105 专利的适格性作出评价，认为其指向抽象概念。法院认为这两项专利指向了以下抽象概念：（1）发送信息；（2）导引所发送的信息；（3）检测信息的接收情况；（4）记录这些接收情况。权利要求因此仅指向音视频信息的发送和检测方法。地方法院进一步地认定权利要求未引用创造性概念。尽管 Two-Way 争辩权利要求指向了解决负载、瓶颈及记录不足等问题的计算机架构，地方法院对此并不认同，其认为权利要求引用或参考了可以描述为任何架构的内容。在得出 187 号专利和 105 专利不具备适格性的结论后，地方法院对 622 号专利和 686 号专利作出了评价，认为 622 号专利指向检测向一个或多个用户递送实时信息的抽象概念，686 号专利指向计量为商业目的递送实时信息的抽象概念。尽管上述权利要求引述了一些计算机组件，但由于其仅需要常规的计算机功能，因此均未包含创造性概念。

（三）判决要点

CAFC 基于 Alice 两步法框架，对涉案专利进行了分析。

1. 187 号专利和 105 号专利

（1）Alice 测试第一步分析。地方法院认为作为 187 号专利和 105 号专利的代表性权利要求，187 号专利的权利要求 1 指向了以下抽象概念：（1）发送信息；（2）导引所发送的信息；（3）检测信息的接收情况；（4）记录这些接收情况。Two-Way 辩称，地方法院错误地过度简化了权利要求，并忽略了其在建议的权利要求解释中的具体限定。CAFC 表示不同意 Two-Way 的上述意见。法院认为，权利要求 1 使用了一种基于结果的功能性语言来叙述路由信息的方法。权利要求要求保护"转换""路由""控制""检测"和"累积记录"等功能的结果，但没有充分描述如何以非抽象的方式实现这些结果。权利要求 1 与其他被认为针对抽象概念的权利要求十分相似，如在 Electric Power Group LLC 诉 Alstom S. A. 案[1]中，争议权利要求涉及用于实现电网的实时性能监测的系统和方法，法院认为争议权利要求指向的是"收集和分析指定内容的信息，然后显示结果，而不是用于执行这些功能的任何特定的创造性技术"的抽象概念。同样地，权利要求 1 操纵数据但无法以非抽象的方式执行。

而 Two-Way 所建议的权利要求解释并不能改变上述判断结果。虽然 Two-Way 认为其提出的权利要求解释将权利要求与特定的可扩展网络架构联系起来，但这些结构仅列举了传统的计算机组件。例如，Two-Way 提出了

---

① 830 F. 3d 1350，1351（Fed. Cir. 216）.

"响应于从用户接收的选择信号来控制分组流的路由"的结构，"指示由指定的一个分组流所采用的路由路径的一部分；响应于来自用户选择流的一个或多个信号，向用户提供一组中间计算机"。这种结构未能表明权利要求如何指向可扩展的网络架构，其本身可以改善系统的功能；该结构也没有为据称可以指示信息路由方式的"信号"提供任何参数。充其量，这些建议的权利要求解释仅表示了使用通用计算机组件来执行所述的抽象概念，这是不够的。因此，该权利要求指向抽象概念。

（2）Alice 测试第二步分析。地方法院在 187 号专利的权利要求 1 中没有找到创造性概念。虽然承认 187 号专利的说明书中将系统架构描述为技术创新，但地方法院得出的结论是即使考虑到 Two-Way 提出的权利要求解释，该权利要求仍没有引述上述架构。CAFC 同意地方法院的意见，Two-Way 无法克服的主要问题是权利要求——对应于说明书中声称描述的内容——缺少创造性概念。尽管说明书中可能描述了一种所谓创新的"可扩展架构"，但 187 号专利的权利要求 1 中并没有。

权利要求 1 由于缺少创造性概念而不具备适格性。例如，权利要求涉及"遵循网络通信协议规范"的某些数据，并且响应于来自用户的一个或多个信号的路由数据，但并未指定构成通信协议的规则或为用户信号指定参数。协议和信号的选择均未体现在要求保护的内容中，从而在确定创造性概念时排除了它们的贡献。

Two-Way 坚持声称，其权利要求解决了多种技术问题，包括源服务器上的过载、网络拥塞、到达时间不期望的变化、网络的可扩展性以及缺乏精确的记录保存等。但是，权利要求 1 仅使用通用的功能语言来实现这些声称的解决方案。权利要求或其架构中的任何内容，包括使用"中间计算机"，都不需要除了传统计算机和网络组件之外的任何其他功能。

同样，巡回上诉法院也未在权利要求限定的有序组合中看到创造性概念。该权利要求使用传统的步骤顺序：首先处理数据，然后对其进行路由、控制并监视其接收，即使用传统技术来实现其期望的结果。正如 BASCOM 案中法院所指出的那样，仅引述在一组通用计算机组件上执行的抽象概念，"不包含创造性概念"①。因此，法院认为权利要求 1 未能将抽象概念转化为更多东西。

Two-Way 还辩称，187 和 005 号专利的权利要求也并不属于先占情况，因为许多发送和监控音视频传输的方法仍然是可用的，因此其具备适格性。但是 CAFC 回应，如果专利权利要求在 Alice 案框架下被认为披露了专利不适格的主题，先占性考量并没有实际意义。

Two-Way 还辩称，地方法院错误地排除了其在之前新颖性案件中提供的证据。但 CAFC 认为，地方法院的这个决定没有错误，因为法院正确地断定该材料与新颖性和显而易见性分析相关，而不是针对权利要求是否指向符合适格性条件的主题。适格性与新颖性是互为独立的要求。综上，CAFC 认为地方法院确定专利不符合《美国专利法》第 101 条的结论是正确的。

2. 622 号专利和 686 号专利

（1）Alice 测试第一步分析。地方法院认为，622 号专利指向监控向一个或多个用户递送实时信息的抽象概念，而 686 号专利指向计量为商业目的递送实时信息的抽象概念。Two-Way 辩称，地方法院错误地将权利要求过度简化为其前序内容，而未能认识到其解决了技术问题。CAFC 对此并不认同。

首先，CAFC 认为地方法院在审查权利要求是否指向一个抽象概念时引用前序部分并没有错，参见 BASCOM 案②引用前序部分以提炼抽象概念。地方法院的调查集中在确定权利要求的"重点"，因此符合先例。

其次，这些权利要求与 187 号专利的权利要求 1 同样不具备适格性。Two-Way 承认 622 号专利和 686 号专利的代表性权利要求在各方面都比 187 号专利的权利要求 1 更宽泛。CAFC 同意地方法院的意见，即此处的权利要求旨在监控向用户提供实时信息或为商业目的计量信息交付——与其他被认为是抽象的概念类似，如 BASCOM 案中，过滤内容是一个抽象概念；ELEC. Power Grp. 案③中，收集信息、分析和显示结果是一个抽象的概念，

---

① 引述 CyberSource Corp. v. Retail Decisions, Inc., 654 F. 3d 1366, 1370（Fed. Cir. 2011）.

② 827 F. 3d at 1348.

③ 830 F. 3d at 1351 – 53.

即便其是"实时"进行的；Ultramercial，Inc. 诉 Hulu，LLC 案[①]中，使用广告作为交易物或货币也是一种抽象概念。基于这些原因，CAFC 认定，622 号专利和 686 号专利的代表性权利要求指向抽象概念。

（2）Alice 测试第二步分析。地方法院认定，622 号专利和 686 号专利的权利要求在 Alice 测试第二步中没有包含创造性概念。Two-Way 认为，地方法院错误地未将系统架构作为其发明的核心内容，以及未能考虑其非常规的组件安排。CAFC 对此并不认同。

与 187 号专利的权利要求 1 相同，问题在于权利要求中不具备创造性概念。622 号专利的权利要求 29 要求处理数据流，从"中间计算机"发送它们，然后确认关于发送数据的某些信息；686 号专利的权利要求 30 要求从中间服务器接收和发送实时媒体流，检测流的终止，并记录关于流的某些信息。法院同意地方法院的意见，即这些权利要求中没有任何内容要求除传统计算机和网络组件以外的任何其他功能。

CAFC 也没有在这些步骤的有序组合中看到任何创造性概念。这些步骤以完全传统的方式组织：先是处理、发送数据，并且一旦发送，就记录有关传输的信息。因此，权利要求未能描述足够符合第 101 条适格性要求的"抽象概念具体的、独立的实施方式"。

综上，CAFC 认为涉诉的 187 号专利、105 号专利、622 号专利和 686 号专利均不具备《美国专利法》第 101 条意义下的专利适格性，因此，维持了地方法院的裁决。

（四）案例小结

在 Alice 测试第一步中，法院认为权利要求使用了一种基于结果的功能性语言来叙述其方法，但没有充分描述如何以非抽象的方式实现这些结果，因此，指向抽象概念；在测试第二步中，法院认为权利要求中并不具备除传统计算机和网络组件以外的任何其他功能，因此，未给抽象概念带来任何创造性概念。此外，作为对当事方争辩意见的回应，法院还明确了以下观点：没有先占并不代表权利要求具备专利适格性，对于未通过 Alice 两步法测试

---

① 772 F. 3d 709，715（Fed. Cir. 2014）.

的权利要求，先占性考量是没有意义的；在适格性考量中排除权利要求具备新颖性和创造性的证据并无不妥，因为判断适格性和新颖性的标准是不同的。

八、Berkheimer v. HP, Inc. 案①

（一）案件背景与诉讼审理过程

本案背景是专利权人 Steven E. Berkheimer（以下简称 Berkheimer）就其持有的美国专利号为 7447713（以下简称 713 号专利）的专利权在伊利诺伊北区地方法院对 HP INC. 等两家公司（以下简称 HP）提起侵权诉讼。伊利诺伊北区地方法院对专利进行了解释并作出简易判决，同意被告侵权人提出的动议，裁定 713 号专利的权利要求 1~7、9 不具备《美国专利法》第 101 条意义下的专利适格性。专利权人就此向 CAFC 提出上诉，CAFC 最终部分维持了地方法院的裁决，部分发回重审。

（二）案情事实

713 号专利涉及数字资产管理系统中的数字处理和归档文件。首先，系统将文件解析为多个对象（Object），并对多个对象进行标引，从而在它们之间创建关系；其次，系统将解析后的对象与已存档的对象手动或自动地进行分析对比，以基于预定标准和规则确定是否存在变化；最后，根据对比结果，将相同的文字与图像元素所占用的冗余存储清空，从而提升系统运行效率、降低存储成本。利用对象间的关系标引，用户可以执行面向对象数据的"一对多（one-to-many）"编辑处理，其中对一个对象的改变可转移到包含相同对象的所有存档文档。

713 号专利的部分争议权利要求如下。

> 权利要求 1：一种在计算机处理系统中归档项目的方法，包括：
>
> 将该项目呈现给解析器；
>
> 将该项目解析成多个多部分对象结构，其中这些结构的部分具有与

① 881 F. 3d 1360（Fed. Cir. 2018）.

之相关联的可搜索的信息标签；

根据先前存储在档案中的对象结构评估对象结构；

至少在对象与预定标准和用户定义规则中的至少一个之间存在预定差异的情况下呈现用于手动协调的评估对象结构。

权利要求4：如权利要求1所述的方法，还包括：将一致的对象结构存储在存档中，无须冗余。

权利要求5：如权利要求4所述的方法，还包括：选择性地编辑与其他结构链接的对象结构，从而实现多个存档项目的一对多改变。

CAFC首先就代表性权利要求的问题进行了说明。Berkheimer认为从属权利要求4~7中包含的限定涉及专利适格性，因此不同意以权利要求1为代表性权利要求。例如，权利要求5中的限定是为了实现一对多的改变而增加的创造性概念，减少数据冗余和实现一对多编辑是符合专利适格性的概念，而权利要求1未叙述减少冗余或启用一对多编辑的内容，CAFC将上述论点解释为适用于从属权利要求4~7。地方法院是将权利要求1作为代表性权利要求，因为权利要求1是唯一的独立权利要求，但是CAFC对这一理由未予认可。

具体到权利要求，地方法院将权利要求1中的"解析器"解释为"将源代码分解并转换为目标代码的程序"和使用这样的程序"解析"，将"根据先前存储在档案中的对象结构评估对象结构"解释为"分析通过解析并将其与先前存储在档案中的对象结构进行比较而获得的多个多部分对象结构，以确定是否存在对象与预定标准和用户定义规则中的至少一个之间的差异"。这些解释在上诉中未受到质疑。

（三）判决要点

CAFC首先遵循Alice测试框架对权利要求进行了分析。

1. Alice测试第一步

首先要确定争议权利要求是否指向一个不适格的专利概念。地方法院认为权利要求1指向"使用通用计算机收集、组织、比较和呈现数据以在存档前完成核对"这一抽象概念。Berkheimer认为，地方法院过于宽泛和简单地对发明进行了描述，忽略了权利要求的核心特征。CAFC 认为，权利要求 1 ~ 3 和 9 针对的是解析和比较数据的抽象概念；权利要求 4 涉及解析、比较和存储数据的抽象概念；权利要求 5 ~ 7 涉及解析、比较、存储和编辑数据的抽象概念。

Berkheimer 辩称，上述权利要求并非抽象的概念，因为"解析"这一限定是基于技术的，其将数据结构由源代码转换为了目标代码。然而 CAFC 认为，在 Alice 测试第一步的判断中，将发明限制在技术环境中并不能使抽象概念转变为非抽象的概念。[①] 如果没有证据表明该转换以某种方式改进了计算机的性能，那么仅依靠解析器将数据从源代码转换为目标代码并不会表现出非抽象性。事实上，Berkheimer 也承认解析器在其专利之前已存在多年。因此，由于权利要求涉及抽象概念，需进入 Alice 测试的第二步。

2. Alice 测试第二步

在这一步中，法院将单独考虑每个权利要求的要素，并将"作为有序组合"，以确定附加要素是否"将权利要求的性质转变为符合专利适格性"[②]。当权利要求的限定涉及的不仅是"众所周知的（well-understood）、常规的（routine）、传统的（conventional）"内容时，即满足了 Alice 测试第二步的要求[③]。

对于相关领域的技术人员来说，确定权利要求中要素或要素的组合是否为"众所周知的、常规的、传统的"内容，是一个涉及事实的问题。而任何与专利无效结论相关的事实，如本案中的事实，都必须通过明确和令人信服的证据证明。与权利要求明确性、可实施性或显而易见性类似，权利要求是否引用了专利适格性主题也是一个可能包含潜在事实的法律问题[④]。CAFC 在之前的判决中已经指出，第 101 条的测试可能包含潜在的事实问题。[⑤] 最高法院也曾指出，在作出第 101 条的裁决时，其调查"有时可能会与其他事实

---

① Intellectual Ventures I, 850 F. 3d at 1340.

② *Alice*, 134 S. Ct. at 2355, 引用 *Mayo*, 566 U. S. at 78 – 79, 132 S. Ct. 1289。

③ *Alice*, 134 S. Ct. at 2359.

④ Akzo Nobel Coatings, Inc. v. Dow Chem. Co., 811 F. 3d 1334, 1343（Fed. Cir. 2016）.

⑤ Mortg. Grader, 811 F. 3d at 1325, 引用 *Accenture Global Servs., GmbH v. Guidewire Software, Inc.*, 728 F. 3d 1336, 1341（Fed. Cir. 2013）。

密集型的调查重叠，如第 102 条的新颖性测试"①。

而正如 CAFC 以往的判例所证明的那样，并非每个第 101 条裁决都包含对第 101 条调查的基本事实材料的真正争议。例如，在 Content Extraction 案中，专利所有者承认有争议的发明概念"在提交权利要求时是扫描技术的常规功能"②；在 Intellectual Ventures I LLC 诉 Capital One Bank 案中，专利所有者认为"互动界面"是"抽象概念的具体应用，提供了一种创造性概念"，而并没有争议计算机界面是通用的③。权利要求是否引用专利适格主题是一个法律问题，其可能包含对潜在事实的争议。在许多情况下，专利适格性在驳回诉讼的动议或简易判决中已得到解决。当关于要素或要素组合是否为对相关领域技术人员而言众所周知的、常规的、传统的内容并没有成为存在实质性争议的事实问题时，该问题可以作为法律问题在简易判决中给予裁定。

在本案中，地方法院得出结论认为，权利要求在 Alice 测试第二步中没有包含创造性概念，因为其描述了一些"仅采用了'众所周知的、常规的、传统的'计算机功能"的步骤，并且要求保护了一个较为上位的普遍性概念④。而 Berkheimer 则认为，说明书中有部分内容涉及减少冗余及一对多编辑的概念，其与地方法院的上述认为权利要求仅描述了众所周知的、常规的、传统的内容的观点是矛盾的。因此 Berkheimer 认为，地方法院作出的简易判决并不恰当，因为要求保护的发明是否采用了众所周知的、常规的、传统的内容是一个潜在的事实问题，而对此 HP 没有提供任何证据。

对此，CAFC 认为，虽然专利适格性的判定最终属于法律问题，但地方法院在得出不存在潜在的事实问题这一结论时是存在错误的。某些内容对相关领域技术人员来说是否为众所周知的、常规的、传统的内容涉及对事实的确定，而特定的技术是否为众所周知的、常规的、传统的内容也超出了简单的"在现有技术中已知"这一范畴，例如，某些内容在一件现有技术中公开

---

① Mayo，566 U. S. at 90，132 S. Ct. 1289.

② Content Extraction，776 F. 3d at 1349.

③ Intellectual Ventures I LLC v. Capital One Bank（USA），792 F. 3d 1363，1370（Fed. Cir. 2015）.

④ Berkheimer，224 F. Supp. 3d at 647 – 48，引用 Content Extraction，776 F. 3d at 1348。

这一事实，并不意味着它是众所周知的、常规的、传统的内容。

Berkheimer 辩称，权利要求所要求保护的要素组合通过消除冗余和一对多编辑来改进计算机功能，提供了创造性概念。713 号专利的说明书讨论了专利申请时现有技术的状态及本发明意图提出的改进。当时的传统数字资产管理系统包括"包含多个冗余文档元素实例的大量文档"①。传统系统中的这种冗余导致"效率低下及成本增加"②。说明书中解释了所要求保护的改进提高了现有技术系统的效率和计算功能：

> 通过消除存档 14 中的冗余，将提高系统操作效率，降低存储成本并且可以实现一对多编辑处理，其中可以对多项文档或文件共用的单个链接对象进行编辑，并可通过一次编辑而完成在所有所链接的文档和文件中传播该编辑操作的效果。如本领域技术人员所理解的，一对多编辑能力大大减少了更新一批文件或对文件进行批量处理操作所需的工作量。③

CAFC 认为，说明书中描述了以所谓的非传统方式存储解析数据这一创造性特征，其消除了冗余，提高了系统效率，降低了存储要求，并使对存储对象的单个编辑能够在链接到该对象的所有文档中传播。而说明书中所提出的改进，只要它们在权利要求中被体现，即使得该发明是否描述了众所周知的、常规的、传统的内容产生了事实争议，④ 所以必须分析争议权利要求并确定它们是否能够体现这些改进。⑤

针对双方就权利要求中是否体现了对计算机功能的上述改进所进行的争辩，CAFC 就权利要求 1～3、9 和权利要求 4～7 分别进行了论述：

（1）针对权利要求 1～3、9。就权利要求 1 而言，其没有引述足以将抽象概念转变为符合专利适格性的申请的创造性概念。权利要求 1 所描述的归档方法，包括解析数据、分析数据并将数据与先前存储的数据进行比较，以及在存在差异时呈现用于协调的数据。其并不包括消除存储对象结构的冗余

---

① 参见 713 专利说明书第 1 栏第 24～27 行。
② 参见 713 专利说明书第 2 栏第 22～26 行。
③ 参见 713 专利说明书第 16 栏第 52～60 行。
④ Content Extraction, 776 F. 3d at 1347－48.
⑤ Alice, 134 S. Ct. at 2357.

或涉及存档中链接文档的一对多更改的限定，甚至在手动对账后不需要存储数据。因此，该权利要求没有引述说明书中公开的任何所谓的非传统内容。对于权利要求 2 ~ 3 和 9，Berkheimer 没有提出任何单独论述。但是即使单独考虑这些权利要求，它们也出于同样的原因引述了不具备专利适格性的主题。

Berkheimer 辩称权利要求 1 概述了计算机功能和数字资产管理系统的改进，但其也承认解析器及其执行的功能在其专利之前已存在多年。法院认为，权利要求 1 的这些传统性限定，结合分析和比较数据以及协调数据之间差异的限定，"未能将抽象概念转化为符合专利适格性的发明"①，这些限定仅是利用传统计算机组件来执行数据解析与比较的抽象概念。由于权利要求 2 ~ 3 和 9 同样未能体现所谓的创造性概念，法院认为权利要求 2 ~ 3 和 9 也是不合格的。

（2）针对权利要求 4 ~ 7。权利要求 4 ~ 7 包含了指向说明书中所描述的可能是非传统发明构思的限定。权利要求 4 叙述了"将一致的对象结构存储在存档中，无须冗余"，说明书中指出在存档中无冗余地存储协调一致后的对象结构能够提高系统操作效率并降低存储成本，② 并且已知的数字资产管理系统没有以此种方式存档文件。③ 权利要求 5 引用权利要求 4，并进一步限定了"选择性地编辑与其他结构链接的对象结构，从而实现多个存档项目的一对多改变"，说明书中指出一对多编辑大大减少了更新文件所需的工作量，因为单次编辑即可实现链接到该对象结构的每个文档的更新，④ 这种一对多编辑的功能并不仅是以"直接复制和粘贴方式编辑数据"，正如地方法院在判决中所总结的那样⑤。根据说明书的描述，传统的数字资产管理系统不能执行一对多编辑，因为它们存储的是具有多个冗余元素实例的文档，而不是通过存储链接的对象结构来消除冗余。⑥ 权利要求 6 ~ 7 引用权利要求 5，因此，包含上述相同的限定。这些权利要求引述了一种特定的归档方法，根据

① Alice，134 S. Ct. at 2357.
② 参见 713 号专利说明书第 16 栏第 52 ~ 58 行。
③ 参见 713 号专利说明书第 2 栏第 22 ~ 26 行。
④ 参见 713 号专利说明书第 16 栏第 58 ~ 60 行。
⑤ Berkheimer，224 F. Supp. 3d at 645.
⑥ 参见 713 号专利说明书第 1 栏第 22 ~ 55 行、第 4 栏第 4 ~ 9 行及第 16 栏第 52 ~ 60 行。

说明书，该方法提供了改进计算机功能的益处。

HP 认为，冗余和效率是任何档案系统的考虑因素，包括基于纸质文件的系统，地方法院对这一观点表示认同。[①] 然而 CAFC 认为，关于权利要求 4 ~ 7 是否以创造性的方式存档文件从而对现有的档案系统实现改进这一点，从说明书来看，至少是存在重要的实质性事实问题的。权利要求 4 ~ 7 对于相关领域的熟练技术人员而言是否包含众所周知的、常规的、传统的内容，是一个真正的实质性事实问题，而地方法院针对权利要求 4 ~ 7 作出的裁定是失当的。

综上，CAFC 最终裁定，同意地方法院在简易判决中所认定的 713 号专利权利要求 1 ~ 3、9 不具备第 101 条专利适格性的结论，撤销建议判决中 713 号专利权利要求 4 ~ 7 不具备第 101 条专利适格性的结论并发回重审。

（四）案例小结

针对 Alice 测试第一步，CAFC 首先依靠对说明书内容的整体把握，将争议权利要求按其包含的技术特征进行提炼，并认为经过技术提炼后的各组权项均指向抽象概念，其中，权利要求 1 ~ 3 和 9 指向解析和比较数据的抽象概念，权利要求 4 指向解析、比较和存储数据的抽象概念，权利要求 5 ~ 7 指向解析、比较、存储和编辑数据的抽象概念。

针对 Alice 测试第二步，CAFC 根据权利要求是否包括消除存储对象结构冗余或者涉及对存档中链接文档进行一对多更改的限定，进一步将权利要求归类为两组，进而分析认为：权利要求 1 ~ 3、9 因未引述说明书中公开的非传统的内容，因此不具备创造性概念，不能通过测试，因此维持地方法院的裁定；而权利要求 4 ~ 7 所包括的限定是一种特定的归档方法并使计算机性能得到改进，这些内容对于相关领域的熟练技术人员而言是否属于"众所周知的、常规的、传统的"内容，由于涉及实质性的事实争议，地方法院在认定本案不具有潜在的事实问题的前提下作出简易判决是失当的，因此撤销其裁决结果，发回重审。

CAFC 在本案判决中强调了以下观点：（1）即使专利说明书中公开了涉

---

① Berkheimer, 224 F. Supp. 3d at 647.

及创造性概念的内容，如果权利要求中并未引述，在进行 Alice 测试的考量时应当基于权利要求的限定，排除考虑上述内容；（2）Alice 两步法测试中，要求保护的发明是否采用了"众所周知的、常规的、传统的"内容是一个潜在的事实问题，对这一事实的调查是必要且重要的，这一观点对后续司法判决及审查政策产生了较大的影响。

九、Core Wireless Licensing S. A. R. L. v. LG Electronics, Inc. 案[①]

（一）案件背景与诉讼审理过程

本案专利权人 Core Wireless Licensing S. A. R. L.（以下简称 Core Wireless）是一家以专利许可为主业的非执业实体（None-Practicing Entity，NPE），2016 年，Core Wireless 就其持有的美国专利号为 8713476（以下简称 476 号专利）和美国专利号为 8434020（以下简称 020 号专利）的专利权在美国德克萨斯东区地方法院对 LG Electronics, Inc.（以下简称 LG）提起专利侵权诉讼，针对的是改进显示界面特别是应用于小屏幕电子设备的专利权利要求。LG 向地方法院提出专利权利要求不具备专利适格性的简易判决请求，地方法院认定权利要求未指向抽象概念，驳回了该请求。诉讼阶段，陪审团认定所有争议权利要求的无效请求不成立、侵权成立。LG 向 CAFC 提出上诉，CAFC 最终维持了地方法院关于权利要求具备专利适格性的判决决定。

（二）案情事实

476 号专利和 020 号专利公开了一种改进的显示接口，特别适用于如移动电话等小屏幕的电子装置，改进的接口允许用户更快地访问存储在电子设备中的应用程序及其功能。应用程序摘要窗口显示"常用功能和常用存储数据的有限列表，这些数据本身可以直接从列出部分或全部应用程序的主菜单中访问"[②]。经由该接口，可以通过两个步骤访问应用程序摘要窗口：第一，启动显示各种应用程序的主视图；第二，为感兴趣的应用程序启动相应的摘

---

① 880 F. 3d 1356（Fed. Cir. 2018）.

② 参见 020 号专利第 2 栏第 55~59 行。

要窗口。专利中说明了所述应用程序摘要窗口"比传统导航方法快得多且方便得多",尤其是对于具有小屏幕的设备。[①]

图 2-13 提供了上述功能的简要说明,左图为屏幕上列出的多项应用的菜单,右图为可直接从菜单的"Messages(消息)"这一应用程序到达的应用程序摘要窗口,其中所显示的有限数据列表包括未读消息数量指示、创建新消息、进入聊天室等内容,选择每一项都可以启动相应的程序。

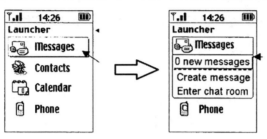

图 2-13　涉案专利功能演示

Core Wireless 起诉 LG 侵权内容是 476 号专利的从属权利要求 8 和 9 以及 020 号专利的从属权利要求 11 和 13。其中,476 号专利的权利要求 8 和 9 引用权利要求 1,引述如下。

一种包括显示屏的计算设备,所述计算设备被配置为在屏幕上显示列出一个或多个应用的菜单,并且另外被配置为在屏幕上显示可以直接从菜单到达的应用程序摘要,其中应用程序摘要显示在一个或多个应用程序内提供的有限数据列表,列表中的每个数据可选择启动相应的应用程序,并使所选数据能够在相应的应用程序中被看到,并且其中应用程序摘要是在一个或多个应用程序处于未启动状态时显示。

020 号专利的权利要求 11 和 13 引用的权利要求 1 内容如下。

一种包括显示屏的计算设备,所述计算设备被配置为在屏幕上显示列出至少第一应用的主菜单,并且另外被配置为在屏幕上显示可以直接从主菜单到达的应用程序摘要窗口,其中应用程序摘要窗口显示在第一

---

① 参见 020 号专利第 2 栏第 64~65 行。

应用程序内提供的至少一个功能的有限列表，列表中的每个功能可选择启动第一应用程序并启动所选功能，并且其中应用程序摘要窗口是在应用程序处于未启动状态时显示。

在地方法院审理阶段，法院否定了 LG 提出的权利要求因不符合《美国专利法》第 101 条而无效的简易判决动议请求。在进行专利适格性评估时，地方法院以 476 专利的权利要求 1 为代表权利要求，认为该权项并不是针对一个抽象概念，原因是即使认可 LG 所提出的权利要求指向"在应用程序处于未启动状态时，显示应用程序摘要窗口"，但是其中所涉及的"应用程序""摘要窗口"和"未启动状态"等概念均特定于计算机和手机等设备。法院认为，"LG 并没有提出应用于这些设备以外的类似技术概念"，并进一步指出，"如果权利要求 1 指向一个抽象概念，那么至少因为它通过了机器或转换测试，而仍然具有专利资格"。

（三）判决要点

CAFC 在判决中首先回顾了针对专利适格性的两步法测试，并强调在测试的第一步，法院必须"以足够的特征来阐明权利要求所指向的内容，以确保第一步测试有意义"①。虽然描绘抽象概念的轮廓存在固有的困难，但必须注意所有发明在某种层面上都体现、使用、反映、依赖或应用着自然法则、自然现象或抽象概念。② 同时，法院还应判断，权利要求所指向的是针对计算设备功能的具体改进，还是一种属于"抽象概念"的方法，在该方法中计算机仅作为工具被调用。③ CAFC 引用了一系列先前的案例，用以说明符合专利适格性要求的各类针对系统功能所进行的改进，如 Enfish 案中为计算机数据库建立自我参照表的权利要求，由于所述自我参照表是专为改进计算机数据存储和检索而设计的一种特定类型的数据结构，④ 因此该案中涉案专利直接通过了 Alice 测试第一步。

本案主张的权利要求针对的是用于计算设备的改进的用户界面，而不是

---

① Thales Visionix Inc. v. United States, 850 F. 3d 1343, 1347 (Fed. Cir. 2017).

② Mayo, 566 U. S. at 71, 132 S. Ct. 1289.

③ Enfish, LLC v. Microsoft Corp., 822 F. 3d 1327, 1336 (Fed. Cir. 2016).

④ Enfish, LLC v. Microsoft Corp., 822 F. 3d 1338 – 39 (Fed. Cir. 2016).

LG 在上诉时提出的索引这一抽象概念。尽管总结信息并在电子设备上呈现这一一般性概念在本发明之前就存在，但本案中权利要求涉及的是一种在电子设备上总结并呈现信息的特定方式。476 号专利权利要求 1 要求：首先，"可以直接从菜单到达的应用程序摘要"，即指定了一种访问摘要窗口必须采用的特定方式；其次，该权利要求还要求应用程序摘要窗口提供一组有限数据列表，"列表中的每个数据都是可选择的，以启动相应的应用程序并使所选择的数据能够在相应的应用程序中被看到"，这一表述限定了可在摘要窗口中显示的数据类型；最后，该权利要求还限定了"在一个或多个应用程序处于未启动状态时显示摘要窗口"，即要求设备的应用程序须处于特定的状态。这些限定公开了一种向用户显示有限信息集的特定方式，而不是使用传统的用户界面方法在计算机上显示通用索引。与 Enfish 等案中要求保护的系统改进一样，本案主张的权利要求对现有的系统进行了具体改进，从而提供了一种改进的电子设备用户界面。

通过本案专利说明书可以确认，本案主张的权利要求公开了上述的改进的电子设备用户界面，尤其是针对具有小屏幕的电子设备。根据说明书的教导，现有技术的接口具有许多与计算机功能执行效率相关的缺陷，需要用户滚动并多次切换视图以找到正确的数据/功能，因为小屏幕往往需要将数据和功能划分为多个层或视图，现有技术的接口要求用户向下延展许多层以获得所需的数据或功能，这个过程非常缓慢、复杂且难以学习，特别是对于新手用户来说。[1]

而所公开的发明通过将常用功能与常用存取数据集合在有限列表中并可通过主菜单直接访问，从而提高电子设备的使用效率。在摘要窗口中显示所选择的感兴趣的数据或功能使用户可以在不实际打开应用程序的情况下查看最相关的数据或功能。由于省去了导航至相应程序、打开程序并在应用程序中导航以获取感兴趣的数据或功能这一系列步骤，用户在多种视图和窗口中浏览的速度得到提升。和通过多个选项屏幕进行分页相比，涉案发明中从启

---

[1]　参见 020 号专利说明书第 1 栏第 29～37、45～49 行。

动到达到所需的数据或功能，可能只需要三个步骤。[①] 上述描述清楚地表明，这些权利要求旨在改进计算机的功能，特别是那些具有小屏幕的计算设备。

综上，CAFC 认为本案中所主张的权利要求并非针对抽象概念，通过了 Alice 测试第一步，因此不必进行 Alice 测试的第二步调查。争议权利要求符合《美国专利法》第 101 条关于专利适格性的规定。

（四）案例小结

关于 Alice 测试第一步，CAFC 认为，本案争议权利要求指向"改进的用户界面"这一非抽象概念，而非"索引"的抽象概念，其指向的是在电子设备中总结和呈现信息的特定方式，更重要的是其提高了用户使用计算机的能力，这也应被认为是对计算机技术的改进。因此，本案权利要求通过 Alice 测试，具备专利适格性。

本案的重要意义还在于，这是 CAFC 首次在判例性判决中肯定了 GUI 相关专利的专利适格性。

---

① 参见 020 号专利说明书第 2 栏第 35～39 行、55～59 行，第 3 栏 2～3 行、53～55 行。

第三章 "后 Alice 时代" 的争议与影响

关于《美国专利法》第 101 条可授权客体的话题，一直是美国国内各界关注的焦点，尤其是在 2014 年 Alice 案判决之后。一方面，联邦法院和美国专利商标局对软件专利的专利适格性审判（审查）标准骤然严苛，对软件专利申请人甚至相关产业带来了巨大的影响；另一方面，由于美国联邦最高法院在 Alice 案中并未对抽象概念的判定标准给予明确指示，地方法院和 CAFC 的大量判决中，不乏对类似主题迥然不同的结论，美国专利商标局的审查结果也出现较大的不确定性，引发不满。2016 年 10 月，美国专利商标局专门开展了关于第 101 条可授权标准的公众意见征集，美国国内包括法律界、学术界、产业界在内的各方从多角度提供了对当前司法标准的意见与未来走向的观点与建议。本章将基于这次意见征集中反映出的各方意见，包括对最高法院判决的支持方、批评方以及来自特定领域的意见，[①] 对"后 Alice 时代"在美国国内引发的争议与影响窥知一二。

第一节 支持方的意见

这一方的意见主要来自公众和学术界，以及对美国国内专利非执业实体（Non-Practice-Entity，NPE）泛滥的现状表示不满的利益相关方。支持的理由主要包括以下几个方面。

（1）相关判决属于普通法系正常的司法程序，美国联邦最高法院有意在其决定中有所保留并尽量不作出过于空洞和宽泛的表述，其适度反映了

---

① 相关内容参考美国专利商标局于 2017 年 7 月发布的报告《关于专利适格主题：公众意见与建议的报告》，网址：https：//www.uspto.gov/sites/default/files/documents/101 – Report_ FINAL. pdf。

立法、司法与行政部门间三权分立的正常运作。而 CAFC 探索将技术改进或技术方案作为专利适格性的关键因素，是其进一步深化发展普通法系的正确尝试。

（2）严格审判标准有利于清除宽泛化的专利。20 世纪 90 年代和 21 世纪早期，由于当时对软件专利审判标准趋于宽松，美国专利商标局授权了一大批使用宽泛的功能术语撰写且范围模糊的低质量专利，这一情况尤以软件和电子商务领域最为突出。相较于其他条款，Alice/Mayo 两步法测试是修正这类专利更有效的手段。

（3）判决不仅影响当下的审判和审查结果，还有利于规范申请，敦促相关领域专利申请人提高说明书披露的程度、完善权利要求撰写的方式，从而提升专利的信息价值。

（4）判决为在诉讼中应对 NPE 提供了有效的工具。美国联邦最高法院提高可专利性标准最大的好处之一就是用于应对诉讼。法院的判例是应对 NPE 滥用专利诉讼的有效工具，例如，在诉讼过程中，在动议中使用专利适格性条款质疑专利权人，有利于被诉侵权方节省诉讼成本。统计数据显示，NPE 所瞄准的对手中，有 82% 是中小型企业，52% 是创业公司。因此，也有观点认为，如果任由宽泛的可专利性标准继续发展，将会扼杀而不是促进创新。

（5）判决某种程度上可以给美国本土企业带来好处。此类观点认为，由于外国实体在美国专利体系中占有越来越大的份额，过于宽泛的可专利性标准将会使更多的外国实体在美国获得更大的利益，这对美国本土的企业和消费者而言并不一定是好事，因此，提高专利授权标准可能反而会使本国实体及消费者受益。

第二节 批评方的意见

这一方的意见主要来自拥护立法原旨的公众和学者以及相关领域的专利申请人，其意见理由主要包括以下几个方面。

（1）判决存在法理缺陷。这一观点对美国联邦最高法院判决的法律基础提出质疑，认为法院未能把握好"发现（discover）"这一术语的法定历史，例如，1836年法案中就曾明确指出"专利制度的目的是揭示自然的奥秘"，《植物专利法案》中也曾允许对"发现（discoveries）"授予专利。而在1790年《美国专利法》中对于"有用的技术"的定义也是非常宽泛地"包含了所有对现实世界和商业有用的"内容。更有甚者，认为Mayo/Alice案判决中缺乏宪法和政策正当性，至少在某些情况下有违宪的嫌疑，因为法院对国会根据宪法赋予的用以促进科学和技术进步的权力施加了不恰当的限制，特别是对于其所设立的可专利性法定例外，有观点认为是法院自行"发明"了可专利性标准。

（2）法定例外过于宽泛。这一批评认为法院将由司法创造的例外情况扩大到了可专利性，以至于使其过于宽泛，其所允许的包括抽象概念、自然法则和自然现象在内的法定例外已经吞噬了可专利性原则。当前，"抽象概念"实际上已经成为"宽泛权利要求"的委婉说法，这对于那些在市场上发现空白并创造出填补空白的产品的人们来说是不公平的。而Alice案判决对商业和金融领域相关发明的影响，也使这一领域的整体专利布局遭到贬值。

（3）两步法测试的标准并不清楚，导致审查结果不可预测。这一观点认为法院未能明确提出客观和可预测的标准，法官、专利审查员或公众难以确定权利要求是否适格。一方面，这一测试是一个负面测试，同时其并未清晰界定关键术语，如"抽象（abstract）"和"明显多于（significant more）"的含义，更遑论依据其来确定发明的专利适格性。这一不可预测性给专利密集型的产业分支、个人发明者及其他创新者带来困惑。另一方面，美国专利商标局审查员在执行专利适格性审查标准时也存在不一致的情况。

（4）将《美国专利法》第101条和其他可专利性条款相混淆。这一观点认为美国联邦最高法院判决将"先占"作为了专利适格性分析的焦点，这与《美国专利法》第102条和第103条即新颖性和非显而易见性法条中所规定的更严格的可专利性要求混为一谈。在专利适格性分析中引入新颖性和非显而易见性的考虑会产生系统性问题，其将使缺乏严格分析的专利适格性判断成为否认专利权的粗暴的手段。而针对过于宽泛的权利要求，《美国专利法》第102、103和112条应该是更合适的工具。

（5）判例扼杀了创新，使企业受损。健康的专利制度对美国的经济增长和发展至关重要。对专利适格性的法定例外过于宽泛的解释可能会对美国的创新产生不利影响，甚至会吞噬专利法本意。有创业公司提出，Alice案判决将使竞争环境更倾向于大型现有实体，限制了对软件有较大依赖性的技术领域的创新者寻求专利保护。曾经广泛的可专利性使美国成为一个技术孵化器，并使其超前于其他发达国家的突破性创新成为可能，而日渐严苛的专利适格性标准正在破坏美国的全球领导地位，特别是在高技术和生物制药行业。此外，一旦创新者开始选择通过商业秘密等手段替代专利寻求保护，将会减少创新成果的披露，损害公众的利益。

（6）美国法与国际惯例的一致性。TRIPs协议第27条规定，专利适用于所有技术领域的任何发明，无论其是产品还是方法，这一要求是相对宽泛的。而相比于欧洲和中国等国外的司法判定标准，美国的可专利性范围要更窄。这样的不一致性可能会使美国在国际经济竞争中处于劣势。

第三节　来自相关领域的意见

美国联邦最高法院判例对于以下两个行业造成最直接的影响：生命科学和计算机相关技术，因为这两个领域的创新往往与法定例外，即抽象概念、自然法则和自然现象密切相关。而与生命科学领域相比，计算机行业的从业者对最近的美国联邦最高法院判例的意见更为突出。其观点也明确分为了支持和批评两派。

支持的一方认为，Alice案判决并没有为软件创新敲响"丧钟"，而是旨在应对过于宽泛的专利引发的滥用专利诉讼的现实问题。其使专利诉讼更高效，并为公司提供了防御虚假诉讼的重要工具。同样，其他人认为Alice案判决在创新者和计算机相关发明的下游用户之间取得了适当的平衡。很多软件行业的代表都赞成让法院有机会继续基于Alice案判例完善法律中的专利适格性标准，例如，CAFC在完善适格与不适格主题之间界限方面所做的努力就值得肯定。而事实上，业界不需要过分强调专利作为创业公司投资的驱动力，目前的趋势表明投资者在作出投资决策时对公司是否拥有专利的重视程度是较低的。

而争议的另一方，部分计算机行业的从业者认为，由于他们的业务高度依赖于软件创新，美国联邦最高法院制定的法律正在对他们产生负面影响。Alice 案判决发布后，改变了诉讼结果和公司的整体战略，进而降低了以往专利布局价值，并影响了许多小企业大量的关键性业务决策。部分专注于技术创新并且从未接到 NPE 诉讼的公司，其融资过程也受到了一定的影响。对于一些大型的软件公司，其每年在研发方面的投入与制药公司不相上下，行业受到冲击后还会不可避免地影响到该领域的就业，从而引发社会问题。

第四节 来自公众的建议

除了征求关于美国联邦最高法院现行判例对专利主题适格性的影响反馈之外，USPTO 还邀请公众就如何采取措施解决法院提高的专利适格性标准提出建议。公众建议的内容涉及司法、立法和行政三个部门，总体来说，包括以下几方面。

（1）允许司法发展继续下去。这一建议允许司法部门继续发展专利适格性的判例法，并指出判例是需要时间来逐渐发展充实的。当处在不确定是否适合通过立法解决问题的阶段时，国会贸然行动会具有破坏性，应允许普通法和行政程序发挥作用。

（2）通过采取一些行政措施来改善美国专利商标局对美国联邦最高法院确立的两步法测试的适用。一方面，应提高审查员处理专利适格性问题的一致性，制定完整而清晰的记录，或者审查员在使用专利适格性否定专利时，应提供与使用现有技术驳回程度相当的相关的详细推理，并对申请人的意见给予充分的回应。另一方面，建议修改涉及第 101 条的审查指南，提供进一步指导和更多的案例，以及明确指出什么样的计算机软件相关权利要求可能符合第 101 条定义的专利适格性。此外，还建议美国专利商标局澄清"解决技术问题的技术方案"等术语的含义。

（3）建议推动立法改革。大多数意见表示，立法机构才是重新调整专利适格性标准的适当机构，公众建议的立法提案包括：要求取消 Mayo/Alice 两步法测试；修订第 101 条，将有用的技术定义为涉及所有技术领域、不受任何限制，或者取消"新（new）"的要求、保持"有用（useful）"的要求，或取决于发明是否具有实际效用或应用来使发明具备专利适格性，等等；或者通过明确阐述适格主题的例外来确定法定主题的范围。

第四章　美国专利商标局的审查政策

美国专利商标局对于第 101 条法定主题的审查政策主要包含在其专利审查操作手册（MPEP）的第 2100 章节，并通过根据最新司法判例实时发布的审查备忘录等文件对审查标准予以补充和说明。作为对司法界和社会各界对于希望专利适格性审查标准进一步明晰化这一呼声的回应，美国专利商标局于 2019 年 1 月 7 日发布了修订版的专利主题适格性指南，① 在 2018 年 1 月发布的最近一版专利审查操作手册（以下简称 2018 版 MPEP）② 的基础上，对专利适格性审查的具体标准作出了调整和细化。本章将对这一最新修订的审查政策进行介绍。

现行指南的总体思路遵循 Alice/Mayo 两步法框架，判断时需要对产品和方法权利要求进行最宽合理解释（以下简称 BRI③），并将权利要求作为整体考虑，具体判断流程参见图 2 - 14。该流程中，步骤 1 涉及权利要求是否属于四种法定类型主题的判断；步骤 2 是美国联邦最高法院确立的 Alice/Mayo 两步法测试，其中步骤 2A 确定权利要求是否指向法定例外，步骤 2B 确定指向法定例外的权利要求是否引述了明显多于法定例外的创造性概念（又称实际应用）。

有以下三条路径通向专利适格主题。

路径 A：权利要求主题整体上属于法定类型（步骤 1 通过），其可能有也可能没有引述法定例外，但是如果其可以自证专利适格性，则通过测试。

---

① 该修订版指南发布在美国联邦公告栏，https：//www. federalregister. gov/documents/2019/01/07/2018-28282/2019-revised-patent-subject-matter-eligibility-guidance。

② MPEP（Rev. 08. 2017，Jan. 2018）.

③ BRI 即 Broadest Reasonable Interpretation，"最宽合理解释"原则就是允许对权利要求中的技术特征尽可能合理地作出宽泛的解释，只要这种解释与说明书的描述一致即可。

路径B：权利要求主题整体上属于法定类型（步骤1通过）且未指向法定例外时（步骤2A通过），其具备专利适格性，无须进入步骤2B。

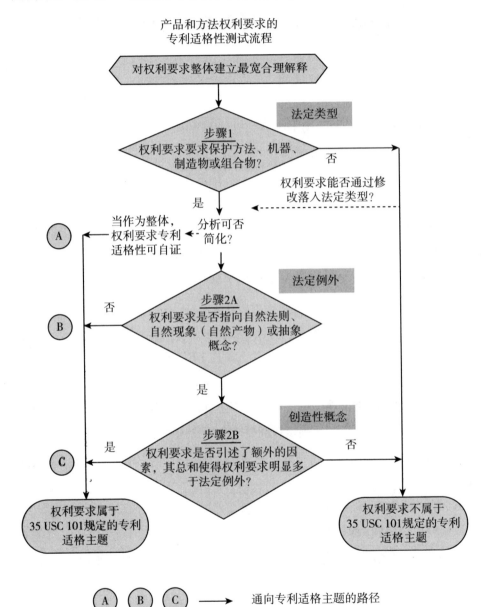

图2-14 美国专利商标局关于专利适格性的判断流程

路径 C：权利要求主题整体上属于法定类型（步骤 1 通过）但指向了法定例外（步骤 2A 未通过），如果其引述的附加元素单独考虑或作为有序组合考虑时，为权利要求带来明显多于法定例外的内容（步骤 2B 通过），则具备专利适格性。

需要注意的是，在审查中，如果不确定采用路径 A 的简化判断是否恰当时，建议继续往下进行完整的测试。当权利要求在任意一条路径上确定不具备专利适格性时，应认为其未通过测试。

第一节　步骤 1：关于判定权利要求是否属于法定类型主题

步骤 1 判断权利要求是否要求保护方法、机器、产品或组合物这几类法定类型的可授权客体。这一步骤在 2019 年修订版指南中相对于 2018 版 MPEP 没有发生变化。该步骤的判断是在基于申请整体公开的内容理解了发明主题以及对权利要求作出最宽合理解释之后进行的。如果权利要求作为整体并未落入方法、机器、产品和组合物的任意一类法定主题中，则其不属于专利适格主题，未通过测试；如果其落入了一类或一类以上的法定主题，则继续判定其是否可以通向路径 A，或进入步骤 2A。

如果一项权利要求的 BRI 同时覆盖了法定类型主题和非法定类型主题的实施例，则认为该权利要求不属于专利适格主题。这种情况下，审查员最好指出 BRI 的范围并建议申请人修改，以期通过限缩权利要求而将非法定主题相关的实施例排除在权利要求范围之外。例如，涉及"机器可读介质"的权利要求，其 BRI 可以包含属于法定类型的随机存储介质，也可以包含其他暂时性的信号传输形式，如传播中的电信号或电磁信号本身，其不属于法定类型，不能通过步骤 1 的测试。但是，当权利要求未通过步骤 1 测试，然而根据申请人公开的内容可以确定其通过修改即可落入法定类型时，应当建议其修改以克服该问题。

第二节　步骤2A：关于判定权利要求是否指向法定例外

步骤2A是判断权利要求是否指向《美国专利法》第101条的几类法定例外情形——自然法则、自然现象（自然产物）或抽象概念。2019年修订版指南主要对该步骤进行了修订，替换2018年版MPEP中的相应内容。主要的修订包括两方面内容：（1）进一步明确了抽象概念的具体分类；（2）指出当"引述"法定例外的权利要求中相应的法定例外是与实际应用相融合时，可认为该权利要求不"指向"法定例外。

美国专利商标局解释了对这一步骤进行修订的背景。美国联邦最高法院长期以来将对原则本身（不具备专利适格性）和将原则纳入实际应用（具备专利适格性）两者是加以区分的。同样，CAFC也在越来越多的判决中对指向法定例外（需要进一步分析以确定其专利适格性）的权利要求和未指向法定例外（因此具备专利适格性）的权利要求进行了区分，例如，对计算机功能或其他技术或技术领域的功能的改进有可能使权利要求通过Alice/Mayo测试第一步（步骤2A），即便它们引述了抽象概念、自然法则或自然现象。因此，修订后的审查流程旨在更准确和一致地识别出引述了法定例外的实际应用的权利要求（即不"指向"法定例外的权利要求），从而提高专利适格性分析的可预测性和一致性，并将这一分析放在步骤2A进行。而基于已有判例事实，Alice/Mayo测试框架的两个步骤是存在一些重合的，因此该步骤同时纳入了法院在应用Alice/Mayo测试框架第一步和第二步时的特定考虑因素。

具体参见图2-15，新的步骤2A被分解为以下两步。

分支1：评估权利要求是否引述了法定例外，如果未引述法定例外，则通过测试通向路径B。

分支2：如果权利要求引述了法定例外，则评估所引述的法定例外是否与实际应用相融合，如果是，则通过测试通向路径B，否则未通过步骤2A测试，需继续进入步骤2B。

一项将法定例外与实际应用相融合的权利要求，其通过对法定例外施加有意义的限定的方式应用、依赖或利用该法定例外，进而可认为该权利要求不属于仅通过撰写工作而垄断法定例外的情况。

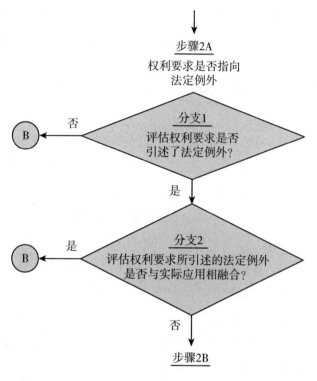

图 2 - 15　步骤 2A 分解

一、对抽象概念的分类

美国联邦最高法院认为，《美国专利法》第 101 条隐含了自然法则、自然现象和抽象概念几类法定例外，并认为它们是科学和技术工作的基本工具，且在某种程度上，所有发明都包含、使用、体现、依赖或应用自然法则、自然现象或抽象概念，同时提醒要谨慎地解释这一排他性的原则，以免专利法的本意被其吞噬。[1] Alice 案之后，法院曾多次采用通过与以往判例中已被认定为指向抽象概念的权利要求进行对比的方式来判定争议权利要求的专利适格性。美国专利商标局也采用了类似的方式，以 CAFC 的判决为依据发布指

---

① Alice Corp. , 573 U. S. at 216；Mayo, 566 U. S. at 71.

南，指导专利适格性主题的判断。上述方式在 Alice 判决刚发布后的一段时间还比较奏效，然而，随着相关判决的数量增长，该方式变得越来越难于掌控，并且类似主题是否被认定为抽象概念，在不同判决中也出现了不同的结论，为审查带来了困难。为了使涉及法定例外的分析能够在符合判例指导的基础上更加清晰、一致和可预测，在 2019 年修订版的专利适格性主题指南中，美国专利商标局摘录并总结了法院对于抽象概念的核心观点，以如下方式将主题进行了分类。

（1）数学概念：数学关系、数学公式或等式、数学计算。

（2）组织人类活动的特定方法：基本经济原则或实践（包括对冲、保险、降低风险）；商业或法律互动（包括合同形式的协议，法律义务，广告、营销或销售活动或行为，商业关系）；管理个人行为或人与人之间的关系或互动（包括社交活动，教学及所遵守的规则或指示）。

（3）思维方法：人的头脑中进行的概念（包括观察，评估，判断，观点）。

不包含在上述列举的抽象概念中的主题的权利要求不应被视为引述了抽象概念。除非在极少数情况下，审查员认为权利要求的限定虽然不在列举的范围之列，但也应被视为引述了抽象概念，这种情况下，应按引述了抽象概念的情况继续后续的判定。

二、分支 1：评估是否引述法定例外

在分支 1 中，审查员需评估权利要求是否引述了抽象概念、自然法则或自然现象这几类法定例外。如果权利要求没有引述法定例外，则认为其未指向法定例外（步骤 2A 选择否），因而具备专利适格性，分析流程结束；而如果权利要求确实引述了法定例外，则需要在步骤 2A 的分支 2 中进行进一步分析，以确定该权利要求是否指向法定例外。

对于法定例外中的"抽象概念"的情况，分支 1 的判断与 2018 版 MPEP 有所不同。分支 1 中，为了确定权利要求是否引述了抽象概念，审查员现在需要进行如下工作。

（1）审查员确定在审权利要求中引述了抽象概念的具体限定（单独或组合）。

（2）确定上述限定是否属于前节所述 2019 年修订版专利适格性主题指南中所列举的抽象概念主题的分类，如果落入前述分类，则应进入分支 2 进一步评估该权利要求是否将抽象概念融合到了实际应用中。

对于"自然法则"和"自然现象"这两类情况的识别，分支 1 相对于 2018 版 MPEP 并未产生变化，因此审查应继续遵循现有指南，以确定权利要求是否列举了这两类法定例外中的一个，如果是，则继续进入分支 2，以评估该权利要求是否将自然法则或自然现象融合到实际应用中。

三、分支 2：评估是否与实际应用相融合

在分支 2 中，审查员需评估权利要求整体上是否将所引述的法定例外融合到了实际应用中。一项将法定例外与实际应用融合的权利要求，通过对法定例外施加有意义的限定的方式应用、依赖或利用该法定例外，以使该权利要求不仅旨在通过撰写工作而垄断法定例外。如果融合了实际应用，则该权利要求不指向法定例外（步骤 2A 选择否），因而具备专利适格性，分析流程结束；如果附加要素没有将法定例外与实际应用融合，则该权利要求指向法定例外（步骤 2A 选择是），需要进入步骤 2B 作进一步分析，在该步骤中，如果附加要素提供了创造性概念，其仍然具备专利适格性。

分支 2 相对于 2018 版 MPEP 也产生了变化。这一分支对于引述了抽象概念、自然法则和自然现象三类法定例外的任一种的情况的分析均是相同的。审查应通过以下方式评估法定例外是否与实际应用相融合。

（1）确定权利要求中在引述法定例外之外，是否还有任何其他的附加要素。

（2）单独或作为组合评估这些附加要素，以确定它们是否将司法例外与实际应用融合。判断中使用美国联邦最高法院和 CAFC 所指出的一个或多个考虑因素，下文会举例列出。在以往的指南中，部分考虑因素是在步骤 2B 中才进行讨论的，但是美国专利商标局认为，将对这些因素的评估放入修订后的步骤 2A 中，可以促进专利适格性问题尽早并有效地解决，提高测试的确定性和可靠性。需要注意的是，修订后的步骤 2A 明确排除了对附加要素是否体现了众所周知的、常规的、传统的活动的分析，这一分析仍然是在步骤2B中完成。因此，在修订后的步骤2A中，应确保在评估时对所有附加要素（无论其是否为众所周知的、常规的要素）给予重视。

以下示例列举了在分支2中需进行考虑的因素，其可以作为附加要素（或其组合）将法定例外与实际应用相融合的指示，以下示例并非穷举。

（1）附加要素反映了计算机功能的改进，或对其他技术或技术领域的改进；

（2）附加要素应用或使用法定例外对针对疾病或健康状况的特定治疗或预防产生影响；

（3）附加要素使用权利要求中不可分割的特定机器或制造物实施法定例外，或与其一同使用法定例外；

（4）附加要素对将一个特定物质转换或变化到一个不同的状态或物质的过程施加影响；

（5）附加要素以其他某种有意义的方式应用或利用法定例外，其不仅是将该法定例外与特定技术环境相联系，从而使权利要求整体上并不是旨在通过撰写工作垄断法定例外。

法院还指示了以下一些法定例外未与实际应用相融合的示例。

（1）附加要素仅是和法定例外一起引述了词语"应用……（apply it）"（或其等效词语），或仅包含了将抽象概念在计算机上实施的指令，或仅是将计算机作为执行抽象概念的工具；

（2）附加要素仅是相对于法定例外增加了解决方案之外的无关紧要的动作；

（3）附加要素仅是在法定例外的使用与某种特定的技术环境或使用领域间建立简单的联系。

在评估法定例外是否借助于有意义的限定而与实际应用相融合时，将权利要求视为一个整体来考虑是至关重要的。某些要素本身可能就足以对法定例外构成有意义的限定，但很多时候是要素的组合使法定例外与实际应用相融合。在评估要素（或其组合）是否将法定例外与实际应用相融合时，应当仔细考虑要素本身及其在权利要求整体之中是如何使用或安排的。需要注意的是，由于修订后的步骤2A并不评估附加要素是否属于众所周知的、常规

的、传统的动作，包含常规动作要素的权利要求仍有可能将法定例外与实际
应用融合，从而使权利要求满足专利适格性的要求。

第三节　步骤2B：关于判定权利要求是否提供了创造性概念

未能将所引述的法定例外与实际应用相融合的权利要求也有可能具备专
利适格性。基于此，CAFC 在 Alice/Mayo 测试的第二步（美国专利商标局测
试中的步骤2B）中会因为权利要求中所引述的附加要素提供了"明显多于"
法定例外的内容（如附加要素的组合构成了非常规性的动作）而判定权利要
求具备专利适格性。因此，当步骤2A 中判定一项权利要求指向法定例外时，
应当在步骤2B 中将附加要素单独和或作为组合进行评估，以确定它们是否
提供了创造性概念（即附加要素是否明显多于法定例外本身）。如果审查员
确定该要素（或要素的组合）明显多于法定例外本身（步骤2B 选择是），则
该权利要求具备专利适格性，结束分析流程；反之，则该权利要求不具备专
利适格性（步骤2B 选择否）。

尽管步骤2A 中的许多考虑因素无须在步骤2B 中重新评估，审查员还应
继续在步骤2B 中考虑附加要素或要素的组合是否符合以下要求。

（1）增加了一个特定的限定或限定的组合，这些限定或限定的组合在本
领域并不是众所周知的、常规的、传统的动作，这表明可能存在创造性概念。

（2）或者简单地将行业内众所周知的、常规的、传统的动作以高度通用
化的方式附加到法定例外之上，这表明可能不存在创造性概念。

出于以上原因，如果审查员之前在步骤2A 中已有分析结论，例如，附
加要素是解决方案之外无关紧要的动作，则需要在步骤2B 中重新评估该结
论。如果重新评估后表明该要素是非常规的，或者相较于本领域中众所周知
的、常规的、传统的动作还提供了更多动作，则该发现可能表明存在创造性
概念，因此该权利要求是具备专利适格性的。举例来说，当评估一个引述了
抽象概念的权利要求时，所述抽象概念如为数学方程式以及一系列为方程式
收集必要的输入的数据收集步骤，审查员可能会在步骤2A 中认为数据收集
步骤是解决方案之外无关紧要的动作，因而认为法定例外没有与实际应用相

融合；但是，当审查员重新在步骤 2B 中考虑该数据收集步骤时，可能会发现步骤的组合是以非常规方式收集数据的，因而包括了"创造性概念"，使权利要求通过步骤 2B 的测试。同样，一项并未将法定例外与实际应用有意义地融合的权利要求在经过步骤 2A 测试之后，可能包括了在步骤 2B 中会认定为非常规从而带来"创造性概念"的附加要素。

此外，法院在 2018 年初发布的 Berkheimer 案①判决中明确表示，判断某一要素对于发明提出时所属领域的熟练技术人员而言是否属于众所周知的、常规的、传统的动作，是一个事实问题。根据 2018 版 MPEP 的规定，只有当认定某要素（或其组合）广为流行或在相关领域中普遍应用时，审查员才能得出其为"众所周知的、常规的、传统的动作"的结论。为了回应法院在 Berkheimer 案判决中的指示，美国专利商标局在 2018 年 4 月发布了针对该案的审查备忘录②，进一步明确了关于"众所周知的、常规的、传统的动作"这一结论的得出必须基于有以下证据支持的确认事实。

（1）说明书中明确的表述或申请人在案件审查过程中的明确陈述，其表明附加要素众所周知的、常规的、传统的性质。

（2）对 MPEP 中提及的一个或多个法院判决的引用，并在引用时指出附加要素（组合）的被众所周知的、常规的、传统的性质。

（3）对出版物的引用，可以包括书籍、期刊文章等。

（4）声明审查员正在就附加要素（组合）的众所周知的、常规的、传统的性质进行行政认定（official notice），这种情况仅在极少数情况下，当审查员基于其知识对附加要素的性质具有非常确定的判断时才可以采用。

此外，当申请人对审查员的相关结论提出质疑时，也应遵循上述要求给予回应。可以看出，美国专利商标局现行的审查标准已大大提高了步骤 2B 事实认定的举证要求。

---

① 881 F. 3d 1360（Fed. Cir. 2018）.

② MEMORANDUM to Patent Examining Corps，"Changes in Examination Procedure Pertaining to Subject Matter Eligibility，Recent Subject Matter Eligibility Decision（Berkheimer v. HP，Inc.）"，USPTO 于 2018 年 4 月 19 日发布。

第五章　对比与总结

本章将对欧洲、日本、韩国及中国关于软件/商业方法专利相关的法律规定和审判规则进行简要的介绍，在横向对比的基础上，结合前四章相关内容，对本篇做一小结。

第一节　TRIPs 协议

TRIPs 协议第 27 条第 1 款规定：除本条第 2 款、第 3 款规定的以外，所有技术领域的发明，不论是产品还是方法，只要具备新颖性、创造性和实用性，都可以获得专利。[①]

这一规定明确了对可专利性"技术领域"的制约，各成员可以将申请主题是否属于技术领域、是否具有技术属性作为授予专利权的条件之一。

第二节　欧洲专利审查标准

欧盟和部分非欧盟欧洲国家的所有成员国都是《欧洲专利公约》（The European Patent Convention，EPC）的缔约方，该公约有效地制定了关于授予专利的泛欧法律。《欧洲专利公约》第 52 条第 2 款、第 3 款明确规定了不能获得专利的主题包括：（1）发现、科学理论与数学方法；（2）美学作品；（3）进行智力活动、做游戏或从事商业活动的方案、规则和方法以及计算机程序；（4）信息的表达。

[①] Subject to the provisions of paragraphs 2 and 3, patents shall be available for any inventions, whether products or processes, in all fields of technology, provided that they are new, involve an inventive step and are capable of industrial application.

与此同时，关于欧洲专利授权的实施细则中规定，专利必须针对技术领域，必须与技术问题有关，并且应该把权利要求限定在发明的技术特征的范围内。欧洲专利局专利审查指南中也进一步指出公约第52条第1款意义上的发明必须具有具体和技术的双重特征。

EPC中明确排除了商业方法和计算机程序的可专利性，使欧洲企业无法在这方面获得对美国的优势。为了维持竞争力，在EPC未被修改的情况下，EPO在这个领域发展了自己的判例法。在欧洲专利局上诉委员会作出的T0931/95判决中指出，当计算机程序具有技术性质时就应被认为是可专利的发明，明确将这一解释扩展到商业方法领域，只要商业方法具有技术性质，就可以获得专利，后续又相继通过T154/04、T641/00等判决明确了非技术特征并不作出技术贡献、在创造性评价中可以忽略，以及如果某一特征对解决技术问题作出了贡献、则认为其具备技术性质的审查原则。

由此可见，欧洲对于软件/商业方法相关专利的审查，整体上是以方案的技术性质为主要考量因素，只要具备技术性质即具有可专利性，并通过新颖性、创造性的考量，重点从技术纬度考察方案相对于现有技术的贡献，可谓是坚守技术性的审查标准。

第三节　日本专利审查标准

《日本专利法》第29条第1款对发明给予的法定定义是"指对利用自然法则的技术思想的高度创造"。日本特许厅将商业方法相关的发明专利申请置于计算机软件相关发明的审查规则之下进行审查。在可授权客体的考量中，认为利用自然规律的技术构思的创造属于法定客体，如果使用了硬件资源则属于可授权客体。在创造性考量中认为要整体考虑，而不适宜将其划分为人为安排等和系统化的方法进行判断，并且具有所属商业领域的普通知识和计算机领域知识的技术人员可以通过公知装置和方法进行组合而得到的发明不具备创造性。

第四节　韩国专利审查标准

《韩国专利法》对发明的定义与日本类似，《韩国专利法》第 2 条第 1 款规定发明是"指对利用自然法则的技术思想的高度创造"。韩国对于涉及电子商务发明的申请有明确的定义，即指与商业活动的方法相关，该商业方法为了能够在计算机上执行是依据计算机技术来实现的，而且在互联网上用于电子商务、金融、经营管理、教育、娱乐等多个领域相关发明的申请；商业方法发明（Business Model Innovation，BMI）是指将商业方法（Business Model，BM）运用于具体的具备工业实用性的技术手段的发明，这里所说的技术手段是指基于电脑技术、通信技术和因特网。其审查标准主要是判定发明是否具有"成立性"，商业方法本身不具有专利性，涉及电子商务发明的申请和商业方法发明具有专利性，而是否授予专利的重点在于新颖性和创造性判断的环节。可以看出，日本与韩国均属于技术性主因的审判标准。

第五节　中国专利审查标准

中国的《专利法》对"发明"一词提供了法定定义。根据中国《专利法》第 2 条规定，发明是指"对产品、方法或其改进提出的新的技术方案"，其具体判断需要考量所要求保护的方案是否采用技术手段解决技术问题以获得符合自然规律的技术效果。在《专利法》第 25 条中，排除了智力活动的规则与方法以及科学发现作为授权主题。在 2018 年最新修订的中国《专利审查指南》中，涉及商业方法的权利要求如果包含技术特征，则符合客体的要求。实践中，软件专利在中国的审查，客体问题并不是焦点，其多数情况下还是在相对于现有技术的新颖性和创造性的维度对方案整体给予评价。中国对于专利客体的审查同样遵循的是技术性导向。

结束语

通过对比可以看出，中国、欧洲、日本、韩国对于软件/商业方法专利的审查中，客体问题均不是突出的焦点，审查的重点还是在技术性的认定，以及在相应的技术领域内相对于现有技术贡献的评判这一维度上。回看美国，其涉及专利适格性的司法审判规则起起落落，既和美国国内的科技发展、市场应用的变化趋势一致，又有与国际普遍的做法逐渐融合的趋势。2019 年，美国国会也开始审议专利适格性立法修订相关的提案。可以确定的是，美国对于软件/商业方法相关专利适格性的判定，将与发明方案本身的技术实质，以及申请文件对技术信息披露的充分性有着越来越密切的联系。

参考文献：

［1］MARTIN J. ADELMAN, RANDALL R. RADER, CORDON P. KLANCNIK. 美国专利法［M］. 郑胜利，刘江彬，译. 北京：知识产权出版社，2011.

［2］孙洁，等. 美国最高法院最新判决：Bilski 案［J］. 学术观察，2011（51）.

［3］毕淑影，等. 美国最高法院对 Alice 案的判决及 USPTO 的响应［J］. 学术观察，2015（106）.

［4］林委之. 从 Enfish 案和 TLI 案简析美国软件专利适格客体的判断标准［J］. 中国知识产权杂志，2016（9）：106.

［5］美国专利商标局. Manual of patent examining procedure（MPEP）：第 9 版［M］. 2018：2100－1—2100－404.

［6］美国专利商标局. Patent elegible subject matter：report on views and recommendations from the public［M］. 2017：1－47.

［7］JASPER L. TRAN. Two years after Alice v. CLS Bank［J］. Journal of the patent and trademark office society，2016：354.

［8］ABRAHAM KASDAN. Can you patent software and business methods in the U. S.？How did we get here and where do we now stand［J］. Federal circuit bar journal，2015：649.

第三篇

SEP 典型案例分析

SEP，即标准必要专利（Standards Essential Patents）。北京高级人民法院发布的《专利侵权判定指南（2017）》对其解释为标准必要专利是指为实施技术标准而必须使用的专利。从技术的角度来看，标准必要专利应当是为技术标准所必需的专利技术。美国司法部的反垄断局曾指出，衡量一项专利是否为标准必要专利的因素之一是该项技术必须和技术标准所指向的产品或方法有必然的直接的联系，而且不能为其他非专利技术所替代。

可以看出，标准必要专利是标准和专利结合的产物。一方面，从标准的角度看，标准起源于市场规模扩大，追求有序化需求，且能提高社会效率；在得到一致的同意后，衡量准则、规则或者特殊要求，而形成共同重复使用的文件，达到最佳有序化程序。一般而言，标准可以按照效力分为推荐性标准、强制性标准等。而在标准中与技术相关的，我们称之为技术标准，即涉及信息技术等高新技术领域，且内容包含有一定量技术解决方案的一类标准。其为具有强制性要求或指导性功能，内容含有细节性技术要求和有关技术方案的文件，并使相关产品或服务达到一定的安全要求或市场进入的要求。另一方面，从专利的角度来看，专利须经过申报，主管机构核准颁发，经许可方能实施，其具有一定的对世的垄断权。由此可以看出，标准具有公有性，而专利具有私有性。

一旦专利被标准采纳而成为标准必要专利，它将随标准的推广得到应用。标准市场化势必会增强专利的覆盖性，因此，标准必要专利通常被称为专利中的"战斗机"。专利的私有特性和标准的公有特性将导致标准与专利结合的产物即 SEP 存在与生俱来的矛盾冲突，而随着科学技术的发展、市场扩大、全球经济的发展，标准全球化的趋势必然将这种矛盾扩大化。此时，多种问题就随之而来，如垄断等。

而在通信领域中，这种问题尤其严重。通信的本质就是"沟通无障碍"，这必然要求有一定的标准存在，标准必要专利垄断的问题也较为突出；随着市场的扩大，标准必要专利权人在已经具有一定的经济技术实力和较大的市场规模的情况下，标准必要专利也会成为威力极强的专利权。近十年来，关于标准必要专利的纷争愈演愈烈，尤其是与第三代伙伴计划（3rd Generation Partnership Project，3GPP）相关的 SEP 引发的争端，越来越多地出现在硝烟弥漫的专利"战场"。因此，通信领域的专利诉讼也非常多。

目前标准化组织数量非常多，从类别来看，分为国际标准、区域标准、行业标准和国家标准等；常见的标准化组织包括 ISO（International Organization for Standardization，国际标准化组织），IEC（International Electrotechnical Commission，国际电工委员会），ANSI（American National Standards Institute，美国国家标准学会），ASME（American Society of Mechanical Engineers，美国机械工程师协会），CAS（China Association for Standardization，中国标准化协会）等。每个组织都有一定的知识产权政策，总结而言，这些政策有以下三个特点：（1）尽量不涉及专利。只有从技术角度上考虑不可避免的情况下，才将专利纳入标准，这样可以防止一些标准必要专利的问题；（2）信息披露政策。对于纳入标准的专利制定了一些披露义务，以便让实施者能够预期其实施的成本；（3）FRAND 承诺：为标准实施者提供保证，也为专利权人提供收入。但是，上述的这些政策一般都不够明晰和严谨，所以也导致了一些问题的发生。

具体分析，我们可以看出，目前通信领域的专利诉讼主要集中在与信息披露和 FRAND 原则有关的方面。首先，随着技术标准化、标准市场化的过程的推进，专利权人拥有更大的主动权，此时，专利权人通常会利用自己手中的权利发起诉讼，控告实施者侵权。其次，在标准制定过程中，成员对技术方案进行提案，并经过讨论决定最终提案，因此，如果这些成员相对于标准实施者具有更多的主动权，在信息获知方面也占有更多的优势，此时就造成了双方信息的不对称；此时，这种信息披露的问题也成了较为突出的问题。最后，专利权人借助标准的力量滥用专利权是在这些问题中最为突出的一类，如在技术标准的制定和实施过程中恶意拒绝许可或索要过高知识产权许可使用费等均是常见的行为，因此，许多诉讼也涉及如何计算合理的许可费的问题。

在这种诉讼频发、通信技术飞速发展的时代，国内创新主体屡屡因 SEP 被诉。因此，对 SEP 相关的诉讼案例进行分析不仅可以为企业应对 SEP 诉讼提供建议，还可以查找 SEP 管理中存在的问题。

第一章 侵 权

专利侵权诉讼是指当专利权人或者利害关系人的专利权被他人侵犯时，在掌握一定证据后向有管辖权的法院提起诉讼，维护自身权益的一种途径。在 SEP 诉讼中，通常专利权人会利用其手握的专利权向实施者发起诉讼，可以请求赔偿以弥补损失。由于 SEP 与一般的专利不同，其与标准建立了一定的关系，因此，在许多有关 SEP 的诉讼中，也利用了标准来对是否侵权进行判断，这类案件具有一定的特点。通过以下三个案例来进行具体分析。

第一节 摩托罗拉诉苹果案

一、背景介绍

该案件发生在苹果与摩托罗拉有限责任公司（Motorola Inc.，以下简称摩托罗拉）之间。摩托罗拉在 21 世纪可以算是通信领域的巨头，其早年就已经参与了 ETSI（European Telecommunication Sdandards Institute，欧洲电信标准协会）标准的制定工作。摩托罗拉也频频在美国发起对其他公司的诉讼。本节所论述的诉讼起源于 2010 年 10 月 29 日，苹果和下一代软件公司在威斯康星西部地区美国地区法院起诉摩托罗拉、摩托罗拉移动公司，称被告侵犯其三项专利。摩托罗拉反诉，声称原告侵犯其六项专利权。之后，苹果修改控诉，认为摩托罗拉侵犯其十二项专利。双方进行了非侵权和无效的程序，之后该案件转交到伊利诺斯北部美国地方法院，由波斯纳法官主审。经过法院的准予简易判决，其后上诉的只有六项专利，分别为苹果专利号为 7479949、6343263、5946647 和摩托罗拉专利号为 6359898、6175559、5319712 共六项专利。摩托罗拉声称，涉案的专利是与 ETSI 之 UMTS（Universal Mobile Telecommunications System，通用移动通信系统）标准对应。

本节所述案件始于摩托罗拉和苹果"大战"，虽然这只是"大战"中的一部分，但是其产生于 SEP 爆发的年代是一场非常有借鉴意义的事件。2012 年，法院对上述案件作出了判决，其中关于摩托罗拉的专利 US6175559 判决的结果为苹果不侵权，该结果引起了社会的广泛热议。

二、涉案专利内容

（一）专利

US6175559B1 专利基本情况包括以下内容。

申请日：1999 年 7 月 7 日

授权日：2001 年 1 月 16 日

申请人：摩托罗拉有限公司

授权的权利要求：

权利要求 5：A method for generating preamble sequences in a CDMA system, the method comprising the steps of:

forming an outer code in a mobile station;

forming an inner code in the mobile station utilizing the following equation:

$$c_i(k) = \sum_{j=0}^{M-1} s_j(k - jp)$$

where s_j, $j = 0, 1, \cdots, M - 1$ are a set of orthogonal codewords of length P, where M and P are positive integers; and

multiplying the outer code by the inner code to generate a preamble sequence.

（二）标准

在本案中，摩托罗拉只声称其专利是与 ETSI 标准之 UMTS 相关，但是并未记载其涉及的具体标准号和版本号。

三、法院判决①

上诉时只有六项专利存在争议：苹果的美国专利号 7479949（以下简称 949 专利）、6343263 和 5946647，和摩托罗拉的美国专利号 6359898（以下简称 898 专利）、6175559 和 5319712。双方对地区法院的权利要求解释、可受理性、损害赔偿和禁令决定提出异议。地方法院在判决中指出：如下所述，我们确认地区法院的权利要求解释决定，但其认可的苹果的 949 专利除外。除了一个小例外，即地方法院决定排除苹果和摩托罗拉提出的损害赔偿证据的决定，在这一点上，地区法院作出了与地方法院相反的决定。伊利诺斯北部美国地方法院还推翻了地区法院对侵犯 Apple 专利无损害赔偿的简易判决："根据我们对地区法院对 949 专利的索赔建议的撤销，我们撤销法院对 Apple 要求禁令的简易判决。法院判决摩托罗拉无权因违反 FRAND 承诺的 898 专利而获得禁令。我们依次解决这些问题以及所有相关问题。"

在本案涉及的专利中，跟本书想要分析的侵权行为相关的主要是 US6175559B1（以下简称 559 专利），所以下文将主要分析判决中与之相关的内容。

关于 559 专利，Altiris, Inc. v. Symantec Corp. 案判决认为：一方面，方法权利要求的步骤不一定按照它们被写入的顺序执行。另一方面，如果语法，逻辑，规范要求顺序执行步骤，则权利要求是被限制了的。②

地区法院正确地注意到，虽然在优选实例中，内部和外部代码是在乘法步骤开始之前形成的，但这仅对权利要求构成限制。地区法院也承认，即使在形成完整的内部和外部代码之前开始乘法步骤，本发明也可能起作用。尽管有上述规定，法院认为这些权利要求对步骤三要求其仅在第一步和第二步完成后才发生。对权利要求语言的更自然的解读支持了地区法院的裁定，即

---

① Apple Inc. and Next Software, Inc. （formerly known as Next Computer, Inc.）, Plaintiffs-Appellants, v. Motorola, Inc. （now known as Motorola Solutions, Inc.）and Motorola Mobility, Inc., Defendants-Cross Appellants. Nos. 2012 – 1548, 2012 – 1549. United States Court of Appeals, Federal Circuit. April 25, 2014.

② 参见 Loral Fairchild Corp. v. Sony Corp., 181 F. 3d 1313, 1322（Fed. Cir. 1999）。"虽然不是每个流程声明仅限于其书面顺序中的步骤，声明的语言，在这种情况下，规范支持限制性结构。"

内部和外部代码必须在它们相乘之前完全形成。该规范支持此解释。在讨论内部和外部代码的乘法时，规范描述了形成内部和外部代码，然后将代码相乘。

因为它受到声明语言和规范的简单含义的支持，我们肯定地区法院对专利权范围的解释。由于这种结构是地区法院批准不侵权简易判决的依据，我们无须达到法院对"一套正交码字"的解释。因此，基于对权利要求步骤的理解我们确认地区法院批准苹果的非简易判决动议。

我们同意地区法院的意见。权利要求叙述了将内部与外部代码相乘以创建前导码"序列"。内部代码和外部代码都是数字序列。将这些代码相乘的简单含义是在形成之后将整个序列相乘。如果权利要求针对的是仅将内部和外部代码的一部分相乘的方法，则不会将"代码"相乘以形成前导序列。在此基础上，法院支持了苹果不侵权的判断。

法院作出判决，判定苹果胜诉，并撤销了摩托罗拉针对559专利的诉讼，摩托罗拉将其视为对3G标准必不可少的技术手段，但是法官认为：摩托罗拉所拥有的标准必要专利仅是自我宣告，而UMTS标准只是标准制定组织ETSI并未实质审查该标准中所涉及专利的一种自我宣告，苹果的智能手机可以实施UMTS的标准，但不是必然侵犯上述专利，法院认定上述专利并不是摩托罗拉所称的UMTS标准必要专利。

四、分析思考

(一) 该涉案专利是否为SEP

根据法院的逻辑可以获知：（1）不是所有声明的SEP就一定是SEP，声明只是一种自我宣告；（2）如何判断是否为SEP？

通过检索发现，该涉案专利与3GPP标准TS25.213最为相关。在确定为TS25.213相关后，在3GPP网站查阅TS25.213，找到与声明日最近的标准版本V10.0.0，具体关于专利与标准的对应关系参见表3-1。

表 3 – 1　559 专利比对情况

权利要求 5	标准 TS25. 213 v 10. 0. 0	对应类型
A method for generating preamble sequences in a CDMA system	生成导频码的方案 generate a preamble sequence	公开——对应
forming an outer code in a mobile station	产生外部码 forming an outer code	公开——对应
forming an inner code in the mobile station utilizing the following equation	产生内部码 forming an inner code	公开——对应
multiplying the outer code by the inner code to generate a preamble sequence	生成导频码 generate a preamble sequence	顺序不一致， 未公开——不对应

通过权利要求比对，得出权利要求与标准不对应的结论，因此，该权利要求不是 SEP。而法院判决中显示苹果未侵犯该专利的专利权，两者的结论一致。因此，可佐证上述对比方法具有一定可行性。

可以看出，专利成为 SEP 的前提是专利的技术方案被写入标准，标准中的相关内容落入专利的保护范围，只有这样，实施标准中的相关内容时才有可能侵犯该专利的专利权。显然，法院在判决侵权时，也进行了上述比对过程。因此，在 SEP 的侵权判定过程中，标准占据了重要的地位，如果所涉的专利与标准不对应，其已经不能以"该手机采用了该标准，因而侵犯涉及的专利的专利权"这样的逻辑来进行陈述。

（二）证明是 SEP 的基础上，是否可以认为其侵权

法院认为苹果的智能手机可以实施 UMTS 的标准，但不是必然侵犯上述专利。可见，虽然在专利与标准之间建立了关系，但是其证据并不充分。标准与手机之间的关系并没有充分证据，手机可实施对应的标准，并不必然导致使用对应的标准必要专利。其中存在两个问题：（1）手机所使用的标准是否与书面规定的标准一致？具体到本案，摩托罗拉并未证明，手机在使用 UMTS 标准的情况下，是否采用了专利所保护的技术方案所对应的标准，其没有其他充分的证据来佐证，导致其证据链缺失。（2）该专利的技术方案是可选的还是备选的？在某些标准中，所涉及的某些技术是可以省略或替换的，因此，在这种情况下，也可能导致手机采用对应的标准而不侵犯专利权的情

况；由此对于包含专利权保护范围内的标准是否必然应用到手机上也没有进行论证。

因此，在进行标准必要专利的侵权判定时，如果要引入标准，需要保证标准与专利、标准与手机之间能够建立充分的关系。

第二节　三星诉苹果侵权案

一、背景介绍

该案件发生在三星与苹果之间。三星和苹果的专利"大战"受到全球的瞩目，两家公司的"专利大战"起于美国，蔓延到日本、欧洲。具体而言，2010 年 10 月，两家公司谈判失败。苹果于 2011 年 4 月在美国起诉三星，称三星侵犯了苹果的专利权。苹果指责三星抄袭了部分 iPad 和 iPad2 的设计，向三星索赔 25 亿美元，并要求停止销售其平板产品，首场官司开始。2011 年 4 月 21 日，三星也凭借其掌握的 3G 技术专利，在德国、日本及韩国市场反诉苹果，称苹果侵犯了三星的专利权。2011 年 9 月 8 日，苹果向日本东京地方法院提交诉讼书，指控三星侵犯了两项与 iPhone 和 iPad 有关的专利权，索赔 1 亿日元，并请求法庭发布禁令，禁止三星在日本销售侵权产品。2011 年 9 月 26 日，苹果在澳大利亚对三星提起多项专利权诉讼。本节讨论的是两家公司在日本的诉讼案件。

二、涉案专利内容

（一）专利

JP4642898B2 专利基本情况包括以下内容。

优先权日：2005 年 5 月 4 日

申请日：2006 年 5 月 4 日

授权日：2008 年 10 月 23 日

申请人：三星电子株式会社

授权的权利要求如下。

权利要求 1 为一种在移动通信系统中传送数据的方法，包括：

从较高层接收服务数据单元（Service Data Unit，SDU），并且确定是否可以将 SDU 包含在一个协议数据单元（Protocol Data Unit，PDU）中；

构建包括头部和数据字段的 PDU，其中如果 SDU 可以包含在一个 PDU 中，则该头部包括序列号 SN 字段和指示 PDU 将 SDU 整个包含在数据字段中，而没有分段、拼接或填充的一比特字段；

如果 SDU 不能被包含在一个 PDU 中，则根据可以传送的 PDU 大小将 SDU 分段为多个片段；

构建多个 PDU，每个 PDU 的数据字段包括该多个片段的一个片段，其中每个 PDU 的头部包括该 SN 字段、指示至少一个长度指示符 LI 字段存在的该一比特字段和该至少一个 LI 字段，其中如果该 PDU 的数据字段包含该 SDU 的中间片段，则该 LI 字段被设置为指示该 PDU 包含该中间片段，但是既不包含该 SDU 的第一片段也不包含最后片段的预定义的值；以及将 PDU 发送到接收器。

该专利权利要求 8 为一种在移动通信系统中传送数据的设备，包括：

传输缓冲器，用于从较高层接收服务数据单元 SDU，确定该 SDU 是否包含在一个协议数据单元 PDU 中，并且根据可传输的 PDU 大小将 SDU 重构为至少一个片段；

头部插入器，用于构建至少一个 PDU，该 PDU 在数据字段中包括至少一个片段并在头部中包括序列号 SN 字段和一比特字段；

一比特字段设置器，用于设置该一比特字段，如果 SDU 可以包含在一个 PDU 中，则该一比特字段指示 PDU 将 SDU 整个包含在数据字段中而没有分段、拼接或填充，以及如果该 PDU 的数据字段包含该 SDU 的中间片段，则该一比特字段指示至少一个长度指示符 LI 字段存在；

LI 插入器，用于如果 SDU 不能包含在一个 PDU 中，则在该至少一个 PDU 的该一比特字段后插入 LI 字段，并且如果该 PDU 的数据字段包含该 SDU 的中间片段，则将该 LI 字段设置为指示该 PDU 包含该中间片

段但是既不包含该 SDU 的第一片段也不包含最后一个片段的预定义的值;

传送器,用于将从 LI 插入器接收到的该至少一个 PDU 发送到接收器。

(二) 标准

该案涉及 3GPP 标准 TS25.322 V6.9.0,具体涉及内容包括以下几个方面。

(a) 4.2.1.2 Unacknowledged mode (UM) RLC entities

Figure 4.3 below shows the model of two unacknowledged mode peer RLC entities when duplicate avoidance and reordering is not configured.

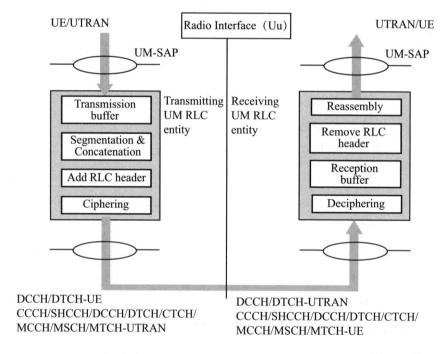

Figure 4.3a: Model of two unacknowledged mode peer entities configured for use with duplicate avoidance and reordering

(b) 4.2.1.2.1 Transmitting UM RLC entity

The transmitting UM-RLC entity receives RLC SDUs from upper layers through the UM-SAP. The transmitting UM RLC entity segments the RLC SDU into UMD PDUs of appropriate size, if the RLC SDU is larger than the length of available space in the UMD PDU.

(c) 9.2.1.3 UMD PDU

The UMD PDU is used to transfer user data when RLC is operating in unacknowledged mode. The length of the data part shall be a multiple of 8 bits. The UMD PDU header consists of the first octet, which contains the "Sequence Number". The RLC header consists of the first octet and all the octets that contain "Length Indicators" (see figure 9.2).

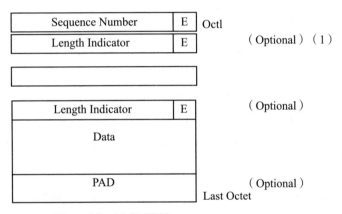

Figure 9.2: UMD PDU

(d) 9.2.2.5 Extension bit (E)

Length: 1bit.

The interpretation of this bit depends on RLC mode and higher layer configuration:

– In the UMD PDU, the "Extension bit" in the first octet has either the normal E-bit interpretation or the alternative E-bit interpretation depending on higher layer configuration. The "Extension bit" in all the other octects always has the normal E-bit interpretation.

– In the AMD PDU, the "Extension bit" always has the normal E-bit interpretation.

Normal E-bit interpretation (图3－1):

Bit	Description
0	The next field is data, piggybacked STATUS PDU or padding
1	The next field is Length Indicator and E-bit

图 3 - 1　正常 E 比特说明

Alternative E-bit interpretation（图 3 - 2）：

Bit	Description
0	The next field is a complete SDU, which is not segmented, concatenated or padded.
1	The next field is Length Indicator and E-bit

图 3 - 2　选择性 E 比特说明

（e）9. 2. 2. 8 Length Indicator（LI）

A. Unless the "Extension bit" indicates that a UMD PDU contains a complete SDU which is not segmented, concatenated or padded, a "Length Indicator" is used to indicate the last octet of each RLC SDU ending within the PDU.

B. In the case where the "alternative E-bit interpretation" is configured for UM RLC and an RLC PDU contains a segment of an SDU but neither the first octet nor the last octet of this SDU：

– if a 7-bit "Length Indicator" is used：

– the "Length Indicator" with value "111 1110" shall be used.

– if a 15-bit "Length Indicator" is used：

– the "Length Indicator" with value "111 1111 1111 1110" shall be used.

三、法院判决[①]

苹果和三星"大战"可以说是近年来引发最多关注的诉讼案件之一，两

---

① 三星苹果诉讼，平成二十五年（ネ）第 10043 号［原审・东京地裁平成 23 年（ワ）第 38969 号事件］。

家公司从 2011 年起，在美国、日本、韩国、欧洲、澳洲等国家和地区展开了双方多起诉讼和反诉。其中，在日本法院由三星提起了涉及专利号为 JP4642898B2 的诉讼。该案一审经法院审理认定：本案涉及的由苹果生产、销售的 iPhone 3G、iPhone 4、iPad Wi-Fi + 3G、iPad 2 Wi-Fi + 3G 四款产品中的 iPhone 4、iPad 2 Wi-Fi + 3G 两款产品使用了涉案的专利技术，该专利属于 UMTS 对应的 SEP。三星一直没有向苹果提供将该专利许可给其他公司的许可费率信息，使苹果无法判断三星许可给苹果的费率是否符合 FRAND 承诺。三星的行为违反日本民法中"诚实守信原则"的规定，其基于专利权的请求损害赔偿行为属于权利滥用。

四、分析思考

三星认为其专利是与 3GPP 相对应的标准必要专利，而且其于 2007 年 8 月 7 日向 ETSI 提出建议，建议内容包括该专利在内的知识产权是与 UMTS 标准相关的强制性知识产权。在案件审判过程中出现了许多争议点，包括：（1）关于产品是否落入发明 1（与该专利权利要求 8 有关的发明）的技术范围的问题；（2）涉及发明 2（与该专利权利要求 1 有关的发明）的专利权的间接侵害问题；（3）根据美国《专利法》第 104（3）（1）条的规定，对与每项发明有关的专利权行使限制的成功或失败；（4）与各产品有关的专利权用尽；（5）根据上诉人的 FRAND 声明，苹果与上诉人专利权之间的许可协议是否成功；（6）上诉人根据该专利权行使请求损害赔偿的权利；（7）损害数量。此处我们重点讨论上述问题的第一点，即产品是否落入发明的技术范围。

在案件中，三星共提及四个产品，分别为：iPhone 3GS（以下简称产品 1）、iPhone 4（以下简称产品 2）、iPad Wi-Fi + 3G 模式（以下简称产品 3）、iPad 2 Wi-Fi + 3G 模式（以下简称产品 4）。

下面将分析上述 4 个产品是否落入发明 1 的保护范围。

法院认为虽然该产品 2 和产品 4 属于发明 1 的技术范围，但法院判定本发明的产品 1 和产品 3 不属于发明 1 的技术范围。原因包括以下几个方面。

三星认为发明 1 体现 3GPP 标准的技术规范 V6.9.0 中描述的"替代 E 位

解释"，并且认为各产品符合技术规范，据此认为其属于本专利的发明1的技术范围。因此，应优先判断这种情况下的每种产品是否可以被认为是符合技术规格 3GPP V 6.9.0 的产品。

（一）产品1和产品3是否落入权利要求保护范围

毫无疑问，产品 1 和产品 3 是符合 UMTS 标准的产品，UMTS 标准是3GPP 制定的通信标准（3GPP 标准）。

在本案中，三星专利权利要求的可替换的 E 比特解释所对应的标准版本"3GPP TS25. 322 V6.4.0"，是在本申请的优先权日之后公开的。而用于执行与安装在本发明产品 1 和产品 3 中的 UMTS 标准处理的基带芯片，它是由芯片型号为"PMB8878"的英特尔公司制造，该基带芯片是符合在本申请的优先权日之前公布的 3GPP 标准"release5"的版本，这表明该芯片不具有根据一个替代 E 比特的技术内容。因此，上诉人声称产品 1 和产品 3 是符合技术规范 V 6.9.0 的产品缺乏相应证据。

（二）产品2和产品4是否落入权利要求保护范围

1. 标准如何解释：可选的 E 位解释

在技术规范 V6.9.0 的第 9.2.2.5 和 9.2.2.8 节中，有以下内容：其一，UMD PDU 用来在 RLC 操作在非确认模式下时传输用户数据，数据部分的长度包括 8 比特；UMD PDU 的头包括第一字节（包括序列号）和长度指示符；其二，扩展比特 E 的长度：1 位。该位的解释取决于 RLC 模式和更高层配置，详见以下论述。

（1）在 UMD PDU 中，根据高层配置，第一个字节中的"扩展位"具有正常的 E 位解释或替代的 E 位解释。所有其他字节中的"扩展位"始终具有正常的 E 位解释。

（2）在 UMD PDU 中，"扩展位"总是具有正常的 E 位解释。

正常的 E 位解释：0，下一个字段是数据，捎带状态 PDU 或填充；1，下一个字段是长度指示符和 E 位。

替代的 E 位解释：0，下一个字段是一个完整的 SDU，它不被分段、连接或填充。1，下一个字段是长度指示符和 E 位。除非指示 UMD PDU 包含未被分段，连接或填充的完整 SDU 的"扩展位"，否则使用"长度指示符"

来指示在 PDU 内结束的每个 RLC SDU 的最后八位。如果为 UM RLC 配置（替代 E 比特解释），并且一个 RLC PDU 包含 SDU 的一段，但不是此 SDU 的第一个字节或最后一个八位字节，详见以下论述。

（1）如果使用 7 位"长度指示器"，应使用值"111 1110"的"长度指示器"。

（2）如果使用 15 位"长度指示符"，应使用值为"111 1111 1111 1110"的"长度指示器"。

2. 判断产品与标准对应

本案中采用了实际机器的测试。

（1）一家加拿大公司 Chipworks Co. 使用 CMW 500 作为本案中产品 2 和产品 4 的"基站仿真器"进行测试。

（2）此实机测试的测试 1 是"PDU 大小：488 比特，SDU 大小：480 比特""PDU 包含完整 SDU 未分割，连接，填充"的测试，测试 2 是将 PDU（例如第二 PDU）作为"PDU 大小：80 比特，SDU 大小：480 比特"设置的第一次和最后一次设置之外的"中间段"进行监测的测试。

（3）实际机器测试的结果如下：①在测试 1 的情况下，序列号（SN）后面的 E 比特为"0"，输出不包含长度指示符的 PDU。②在测试 2 的情况下，序列号（SN）之后的 E 比特是"1"，并且包括作为长度指示符的预定值（1111110）的 PDU 被输出。上述实机测试结果显示的 E 位值和长度指示值与采用替代 E 位解释时的值一致，因此，认为本产品 2 和产品 4 实现了替代的 E 位解释功能。

根据以上描述，认识到产品 2 和产品 4 是符合技术规范 V 6.9.0 的产品并且具有用于基于可选的 E 位解释来实现功能的配置。

3. 判断专利与标准对应

根据前文关于苹果和摩托罗拉案的内容，我们可以进行权利要求的比对（见表 3 - 2）。

表 3 - 2   JP4642898B2 与标准比对

本申请权利要求	3GPP TS25. 322 V6. 4. 0
一种在移动通信系统中传送数据的方法，包括……	公开
从较高层接收服务数据单元 SDU，并且确定是否可以将 SDU 包含在一个协议数据单元 PDU 中；	公开
构建包括头部和数据字段的 PDU，其中如果 SDU 可以包含在一个 PDU 中，则该头部包括序列号 SN 字段和指示 PDU 将 SDU 整个包含在数据字段中而没有分段、拼接或填充的一比特字段；	公开
如果 SDU 不能被包含在一个 PDU 中，则根据可以传送的 PDU 大小将 SDU 分段为多个片段；	公开
构建多个 PDU，每个 PDU 的数据字段包括该多个片段的一个片段，其中每个 PDU 的头部包括该 SN 字段、指示至少一个长度指示符 LI 字段存在的该一比特字段，和该至少一个 LI 字段，其中，如果该 PDU 的数据字段包含该 SDU 的中间片段，则该 LI 字段被设置为指示该 PDU 包含该中间片段但是既不包含该 SDU 的第一片段也不包含最后片段的预定义的值；	公开
将 PDU 发送到接收器。	公开

如上所述，专利与标准一致，在产品 1 和产品 3 与标准不一致，产品 2 和产品 4 与标准一致的情况下，本发明的产品 1 和产品 3 不属于发明 1 的技术范围，但产品 2 和产品 4 属于其技术范围。那么，上诉人对产品 1 和产品 3 的进口、销售等并不构成侵犯专利权的行为。

第三节   西电捷通诉索尼案

一、背景介绍

该案件发生在西安西电捷通无线网络通信股份有限公司（以下简称西电捷通）与索尼移动通信产品（中国）有限公司（以下简称索尼）之间。西电捷通是 WAPI 标准的积极推动者，在 WAPI 领域布局了许多专利，其中包括一件申请号为 CN02139508. X 的专利，该专利由西电捷通于 2002 年申请，并于 2005 年被授予专利权。西电捷通从 2009 年就涉案专利与索尼公司商讨专利许可事宜，但均遭到拒绝。2015 年 7 月，索尼对涉案专利提起无效宣告请求，在 2016 年 3 月，专利复审委作出行政决定，维持专利权有效。2015 年 8 月，西电捷通向北京知识产权法院提起诉讼，诉讼请求：（1）判令被告立即停止使用原告专利方法，立即停止生产、销售使用原告专利权的 L39h（XperiaZ1）等 35 款手机产品；（2）判令被告赔偿原告经济损失、合理支出，合计 3300 万元。

涉案的标准为 2003 年 5 月 12 日国家质量监督检验检疫总局（以下简称国家质检总局）发布的 GB15629.11—2003《信息技术系统间远程通信和信息交换局域网和城域网特定要求第 11 部分：无线局域网媒体访问控制和物理层规范》（以下简称 GB15629.11—2003 标准）。

2017 年 3 月 22 日，西电捷通诉索尼发明专利权侵权案在北京知识产权法院一审宣判。法院判令索尼停止侵害，并向西电捷通赔偿经济损失及维权合理支出共 910.34 万元。

随后，索尼向北京市高级人民法院提起上诉，2018 年 3 月，北京市高级人民法院作出判决：驳回上诉，维持原判。

二、涉案专利内容

（一）专利

申请号：02139508.X

申请日：2002 年 11 月 6 日

授权日：2005 年 3 月 2 日

申请人：西安西电捷通无线网络通信股份有限公司

解决的技术问题：（1）现有接入方式不安全；（2）安全问题阻碍了 WLAN 普及。

授权的权利要求 1 内容如下。

一种无线局域网移动设备安全接入及数据保密通信的方法，其特征在于接入认证过程包括如下步骤：

步骤一：移动终端 MT 将移动终端 MT 的证书发往无线接入点 AP 提出接入认证请求；

步骤二：无线接入点 AP 将移动终端 MT 证书与无线接入点 AP 证书发往认证服务器 AS 提出证书认证请求；

步骤三：认证服务器 AS 对无线接入点 AP 以及移动终端 MT 的证书进行认证；

步骤四：认证服务器 AS 将对无线接入点 AP 的认证结果以及将对移动终端 MT 的认证结果通过证书认证响应发给无线接入点 AP，执行步骤五；若移动终端 MT 认证未通过，无线接入点 AP 拒绝移动终端 MT 接入；

步骤五：无线接入点 AP 将无线接入点 AP 证书认证结果以及移动终端 MT 证书认证结果通过接入认证响应返回给移动终端 MT；

步骤六：移动终端 MT 对接收到的无线接入点 AP 证书认证结果进行判断；若无线接入点 AP 认证通过，执行步骤七；否则，移动终端 MT 拒绝登录至无线接入点 AP；

步骤七：移动终端 MT 与无线接入点 AP 之间的接入认证过程完成，双方开始进行通信。

权利要求 2、5、6 的内容如下：

2. 根据权利要求 1 所述的方法，其特征在于，所述的接入认证请求为移动终端 MT 将移动终端 MT 证书与一串随机数据组成接入认证请求发往无线接入点 AP，以随机数据串为接入认证请求标识。

5. 根据权利要求 1 所述的方法，其特征在于，所述的接入认证响应为无线接入点 AP 对认证服务器 AS 返回的证书认证响应进行签名验证，得到移动终端 MT 证书的认证结果；无线接入点 AP 将移动终端 MT 的认证结果信息、无线接入点 AP 证书认证结果信息及认证服务器 AS 对前两项的签名组成接入认证响应回送至移动终端 MT，移动终端 MT 对无线接入点 AP 返回的接入认证响应进行签名验证，便得到无线接入点 AP 证书的认证结果，移动终端 MT 与无线接入点 AP 之间的证书认证过程完成。

6. 根据权利要求 1 所述的方法，其特征在于，接入认证过程完成，移动终端 MT 与无线接入点 AP 之间进行会话密钥协商，密钥协商成功后，两者之间开始保密通信。

综上，专利的技术方案如图 3 - 3 所示。

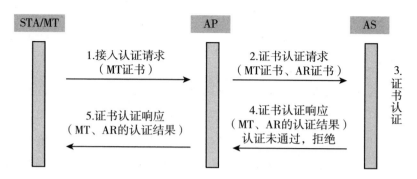

图 3 − 3   CN02139508. X 说明书附图 3

（二）WAPI 标准

在 GB15629. 11—2003 标准的第八部分记载了其 WAPI 鉴别过程。

安全接入：当 STA 关联或重新关联至 AP 时，必须进行相互身份鉴别。若鉴别成功，则 AP 允许 STA 接入，否则解除其关联。整个鉴别过程包括证书鉴别与会话密钥协商，如图 3 − 4 所示。

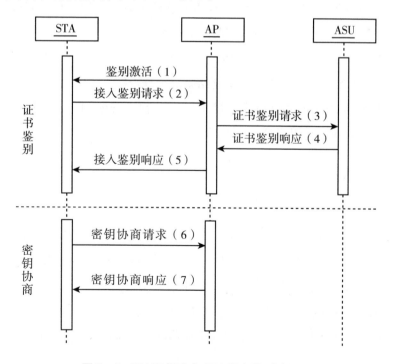

图 3 − 4   WAPI 标准中 STA 接入鉴别流程图

证书鉴别过程具体如下。

（1）鉴别激活。当 STA 关联或重新关联至 AP 时，由 AP 向 STA 发送鉴别激活以启动整个鉴别过程。

（2）接入鉴别请求。STA 向 AP 发出接入鉴别请求，即将 STA 证书与 STA 的当前系统时间发往 AP，其中系统时间称为接入鉴别请求时间。

（3）证书鉴别请求。AP 收到 STA 接入鉴别请求后，先记录鉴别请求时间，之后向 ASU 发出证书鉴别请求，即将 STA 证书、接入鉴别请求时间、AP 证书及 AP 的私钥对它们的签名构成证书鉴别请求，发送给 ASU。

（4）证书鉴别响应。ASU 收到 AP 的证书鉴别请求后，验证 AP 的签名和 AP 证书的有效性，若不正确，则鉴别过程失败，否则进一步验证 STA 证书。验证完毕后，ASU 将 STA 证书鉴别结果信息（包括 STA 证书和鉴别结果）、AP 证书鉴别结果信息（包括 AP 证书、鉴别结果及接入鉴别请求时间）和 ASU 对它们的签名构成证书鉴别响应，发回给 AP。

（5）接入鉴别响应。AP 对 ASU 返回的证书鉴别响应进行签名验证，得到 STA 证书的鉴别结果，根据此结果对 STA 进行接入控制。

（6）将收到的证书鉴别响应回送至 STA。STA 验证 ASU 的签名后，得到 AP 证书的鉴别结果，根据该鉴别结果决定是否接入该 AP。

至此 STA 与 AP 之间完成了证书鉴别过程。若鉴别成功，则 AP 允许 STA 接入，否则解除其关联。

三、法院判决①

（一）过程

关于涉案标准，虽然 2004 年发布了强制实施延后的公告，但是自 2009 年左右开始，智能手机只有通过 WAPI 检测才能获得工信部批准的电信设备型号和入网许可，故涉案标准已经事实上强制实施。

1. 关于被控侵权产品的购买与检测

2015 年 4 月 23 日，原告在"苏宁易购网"公证购买了 13 部索尼品牌的

---

① 西电捷通诉索尼案：一审案号（2015）京知初字第 1194 号，二审案号（2017）京民终 454 号。

手机，并于 2015 年 5 月 7 日将上述公证购买的手机送交国家无线电监测中心检测中心，检验四款手机是否具备 WAPI 功能。国家无线电监测中心检测中心出具了检验报告和原始数据。根据检验报告的记载，对型号为 L50t、XM50t、S55t、L39h 的手机均进行了 WAPI 功能监测，且均具备 WAPI 功能。被告确认其制造、销售的型号为 L39h 等 35 款手机具有 WAPI 功能，且其实现 WAPI 功能的技术就是涉案标准。对于国家无线电监测中心检测中心的检测报告，被告确认通过其 L50t、XM50t、S55t、L39h 型号的手机 WAPI 功能选项接入无线局域网的方法步骤与涉案专利权利要求 1、2、5、6 技术方案相同，但认为检验报告并没有提供实现监测的 AP 和 AS 等关键设备，而这些设备很有可能是原告生产的，故对报告的真实性持有异议。

被告提交了其申请国家无线电监测中心检测中心针对 L50t、XM50t、S55t、L39H 型号的被控侵权手机作出的检验报告，显示上述设备具备 WAPI 功能，其内置的无线网络适配 MAC 芯片由高通公司或者博通公司生产。上述检验报告中记载的 AP、AS 设备由原告生产。

2. 关于被控直接侵权行为

原告向法院提出调查收集证据申请，请求法院向被告调查收集或责令被告提交其在涉案手机的研发、生产制造、测试等过程中，为实现 WAPI 功能所使用的全部技术文档、测试规范、使用的设备、测试数据和测试报告等证据。2016 年 8 月 1 日，法院组织原被告双方到庭接受了询问，并责令被告提交原告申请的上述相关证据材料。被告明确表示，认可其在研发阶段对部分型号的被控侵权产品进行了 WAPI 功能测试，但在生产阶段没有测试过 WAPI，也没有使用过涉案专利。2016 年 8 月 11 日，被告提交了六份证据，其中包括被告在研发阶段对 WAPI 测试的数据集、被告在生产阶段的测试数据等。

（二）判决

1. 关于被控直接侵权行为是否成立

被告辩称，涉案手机无法单独实施涉案专利，涉案手机中实现 WAPI 功能的部件来自芯片供应商，被告无须在生产的任何环节使用涉案专利，被告不构成直接侵权。被告与 AP 或 AS 的提供方没有一丝联络或分工协作，没有共同实施涉案专利，被告向用户提供手机的行为不构成共同侵权。原告的专利权已经绝对用尽。涉案专利已经纳入国家强制标准，原告也进行了专利许可的承诺，故被告的行为不构成侵权。原告主导了强制性标准的制定，并未明确拒绝许可，应当视为同意他人实施该标准中的专利。在经济赔偿足以补偿原告的情况下，停止侵权不符合利益平衡原则。由于被告没有主观过错且涉案专利的市场价值极低，赔偿数额也应低于正常的专利许可费。综上，请求法院判决驳回原告的全部诉讼请求。

被告并未根据法院要求提交其内部使用的测试规范等质量管理规范性文件，故法院合理推定被告在涉案手机的设计研发、测试、出厂检测等过程中遵循了国家质检总局和国家标准委联合发布的《质量管理体系要求》国家标准，即被告在涉案手机的设计研发、测试、出厂检测等过程中进行了 WAPI 功能测试。涉案 L39h 型号等 35 款手机具有 WAPI 功能，且经检测的 L50t、XM50T、S55t、L39h 型号的手机 WAPI 功能选项接入无线局域网的方法步骤与涉案专利权利要求 1、2、5、6 的技术方案相同。在被告未举证证明其余型号的手机 WAPI 功能选项接入无线局域网的方法步骤有何特殊性的情形下，法院合理推定涉案 35 款手机 WAPI 功能选项接入无线局域网的方法步骤与涉案专利权利要求 1、2、5、6 的技术方案相同，即落入涉案专利权利要求 1、2、5、6 的保护范围。据此，被告在涉案手机的设计研发、测试、出厂检测等过程中进行了 WAPI 功能测试，该测试行为实施了原告的涉案专利。

方法专利的权利用尽仅适用于"依照专利方法直接获得的产品"的情形，即"制造方法专利"，单纯的"使用方法专利"不存在权利用尽的问题。因此，被告关于原告销售检测设备的行为导致其权利用尽的抗辩主张不能成立。

综上，被告未经许可在涉案手机的设计研发、测试、出厂检测等过程中进行 WAPI 功能测试实施了涉案专利，侵犯了原告专利权，即原告主张的被控直接侵权行为成立。

2. 关于被告民事责任的承担

（1）关于停止侵害。在涉及标准必要专利的专利侵权案件中，应否判决被告承担停止侵权的民事责任，应当考虑双方在专利许可协商过程中是否存在主观过错。本案中，涉案专利为 WAPI 技术的核心专利，且为国家强制标准的必要专利，原告在与被告进行沟通协商的过程中解释了 WAPI 的相关技术、提供了专利清单和许可合同文本，在此基础上，被告理应能够判断出其涉案手机中运行的 WAPI 功能软件是否落入涉案专利的权利要求保护范围，而并非一定需要借助于原告提供的权利要求对照表。因此，被告要求原告提交对照表并非合理。实务中，权利要求对照表需要对专利权利要求覆盖的技术特征与被控侵权产品的技术特征进行比对，并且可能包含专利权人的相关观点和主张，在此情形下，专利权人要求双方签署保密协议的做法具有合理性。因此，原告在同意提供权利要求对比表的基础上要求签署保密协议是合理的。

综上，法院认为双方当事人迟迟未能进入正式的专利许可谈判程序，过错在专利实施方，即本案被告。在此基础上，原告请求判令被告停止侵害具有事实和法律依据，法院予以支持。

（2）关于赔偿损失。本案中，对于原告的损失或者被告获得的利益，双方当事人均未提交相关证据予以证明，并且原告亦主张以涉案专利许可使用费的 3 倍确定赔偿数额，故法院将考虑涉案专利的类型、侵权行为的性质和情节、专利许可的性质、范围、时间等因素，参照涉案专利许可使用费的倍数合理确定被告侵犯涉案专利权的赔偿数额。

本案中原告提交了四份与案外人签订的专利实施许可合同，合同约定的专利提成费为 1 元/件，对本案具有可参照性，可以作为本案中确定涉案专利许可费的标准。

根据工信部电信设备认证中心出具的材料，被告在 2010 年 1 月 1 日至 2014 年 12 月 31 日期间已获电信设备进网许可证的移动电话机产品的数量为 2876391 件。考虑到涉案专利为无线局域网安全领域的基础发明、获得过相关科技奖项、被纳入国家标准以及被告在双方沟通协商过程中的过错等因素，法院支持原告"以许可费的 3 倍确定赔偿数额"的主张，确定经济损失赔偿数额为 8629173 元。此外，原告因提起本案诉讼而产生的维权合理支出共计 474194 元，法院予以全额支持，以上两项共计 9103367 元。

四、分析思考

在上述判决中，可以看出，在是否侵权方面，原被告双方主要进行了以下争论。

（一）标准许可的不侵权抗辩之争

原告认为：（1）虽为强制性标准，但被延迟强制实施，不属于实施中的强制标准；（2）标准专利声明是向标准化组织提出，目的是确保标准实施不会遭遇专利障碍；声明本身不构成合同要约，因为缺乏具体交易对象和实质性交易条件，最多只是表达会对不特定人许可的表态；（3）被告故意磋商长达7年，耗去专利生命的1/3以上，且以各种借口拖延，最终关上谈判大门，主观拖延态度极为明显，除了追究侵权责任，专利权人没有其他救济措施。

被告认为：（1）原告参与了标准的制定，并在标准制定过程中明确承诺进行FRAND许可，应视为专利权人同意他人在实施标准时实施其专利；（2）他人实施标准的行为不属于《专利法》第11条所规定的侵害专利权的行为。

首先，关于涉案标准是否为强制性国家标准。涉案标准事实上是强制性标准，涉案标准自2009年开始已经在事实上强制实施，使涉案标准于2004年6月1日延期强制实施的事实状态不复存在。因此，涉案标准为强制性国家标准，涉案专利为纳入强制性国家标准的必要专利。

其次，关于涉案专利为标准必要专利对侵权判定的影响。在现行法律框架下，判断专利侵权与否的法律依据为《专利法》第11条的规定，即发明和实用新型专利权被授予之后，除了该法另有规定的以外，任何单位或者个人未经专利权人许可，都不得实施其专利，否则构成侵犯专利权。具体的判断规则为《最高人民法院关于审理专利侵权纠纷案件适用法律若干问题的解释》第7条"全面覆盖原则"。上述相关法律条款和司法解释判断规则中并未区分相关专利是普通专利还是标准必要专利，即专利侵权的构成要件并不会因为涉案专利是否为标准必要专利而改变。

最后，原告作出的FRAND许可声明能否成为被告不侵权抗辩的事由。经查，原告确曾作出过被告所称的FRAND许可声明。但是，FRAND许可声明仅为专利权人作出的承诺，系单方民事法律行为，该承诺不代表其已经作出了许可，即仅基于涉案 FRAND 许可声明不能认定双方已达成了专利许可合同。

综上，涉案专利纳入国家强制标准且原告已作出 FRAND 许可声明不能作为被告不侵权的抗辩事由。

（二）被告在被控侵权产品的设计研发、生产制造、出厂检测等过程中是否使用了涉案专利方法

1. 被告在被控侵权产品的设计研发、生产制造、出厂检测等过程中是否需要测试 WAPI 功能

法院责令被告提交涉案手机的研发、生产制造、测试等过程中为实现 WAPI 功能所使用的全部技术文档、测试规范、使用的设备、测试数据和测试报告等证据。被告向法院提交了研发阶段 WAPI 测试的数据集、产品型号与平台对应说明表、生产阶段的测试数据等六份证据，明确认可其在研发阶段对部分型号的被控侵权产品进行了 WAPI 功能测试，并表示与原告调查收集证据申请相关的证据材料均已提交，无其他证据。

《质量管理体系要求》系由国家质检总局和国家标准委联合发布的国家标准，明确了产品的设计、开发以及交付或者实施之前的验证标准。虽然根据 GB/T19001—2008/ISO9001：2008 的编号可知其为推荐性国家标准，但被告如果主张其未执行该标准，应当根据法院的要求提交其内部使用的测试规范等质量管理规范性文件予以证明。

被告系合法登记的中国企业，法院有理由认为其有明确、严格的质量管理要求，或是其设计、制定了企业内部的质量管理规范，或是其遵循了《质量管理体系要求》标准。

在法院要求被告提交其为实现 WAPI 功能所使用的测试规范，但被告拒不提交的情况下，法院除认定被告自认的在研发阶段对部分型号的被控侵权产品进行了 WAPI 功能测试外，还合理推定被告在涉案手机的生产制造、出厂检测等过程中遵循了《质量管理体系要求》标准，也进行了 WAPI 功能测试。

至于被告提出其仅对部分型号进行测试的主张，法院认为，一方面，被告并未提交其实际执行的测试规范，无法证明其确系仅对部分型号的手机进行测试，故法院合理推定其对全部型号的涉案手机均进行了 WAPI 测试；另

一方面，被告是否仅对部分型号进行 WAPI 功能测试并不影响其对被控侵权产品进行了 WAPI 功能测试的定性。

因此，对于被告的主张法院不予支持。

2. 被告测试 WAPI 的行为是否使用了涉案专利方法

原告依据涉案专利权利要求 1、2、5、6 主张权利，被告确认被控侵权的 L39h 等 35 款手机具有 WAPI 功能，并且认可 L50t、XM50t、S55t、L39h 型号的手机通过 WAPI 功能选项接入无线局域网的方法步骤与涉案专利权利要求 1、2、5、6 的技术方案相同。

在被告未举证证明 L50t、XM50t、S55t、L39h 型号之外的其余型号手机的 WAPI 功能选项接入无线局域网的方法步骤有何特殊性的情形下，法院合理推定涉案被控侵权的 35 款手机 WAPI 功能选项接入无线局域网的方法步骤与涉案专利权利要求 1、2、5、6 的技术方案相同，即落入涉案专利权利要求 1、2、5、6 的保护范围。法院已经认定被告在涉案手机的设计研发、生产制造、出厂检测等过程中进行了 WAPI 功能测试，故其测试行为使用了原告的涉案专利方法。

（二）被控侵权行为是否侵犯原告专利权

原告主张被告使用了原告专利权利要求 1、2、5、6 的技术方案。具体侵权行为包括：（1）单独实施的直接侵权行为，即被告在对手机产品进行设计研发、测试、出厂检测等过程中必然会实施涉案专利技术方案等；（2）实施的共同侵权行为。被告作为 MT 单独一方，未经许可与 AP、AS 共同实施了涉案专利技术方案；被告生产的智能手机作为一种必不可少的工具，为他人实施涉案技术方案提供了帮助。原告认为被告的上诉行为违反《专利法》第 11 条的规定，故请求法院判令被告：（1）立即停止使用原告涉案专利，立即停止生产、销售使用原告涉案专利权的手机产品；（2）赔偿原告经济损失 32 887 179 元，合理支出 474 194 元，合计 33 362 373 元。法院支持原告，认定被告直接侵权。

（三）该案在中国对于标准必要专利的判定有重大的意义

1. 权利要求对照表是否应当由原告提供

在本案中，对于是否需要原告提供权利要求对照表的问题也有了一定说明，法院认为，许可谈判之前，实施方有权获得权利要求对照表。但是，并不是说原告是必需提供的，尤其是在专利实施人基于已有的条件能够作出侵权评估的情形下。涉案专利为 WAPI 技术的核心专利且为标准必要专利，涉案标准于 2009 年就已事实上强制实施，原告在与被告协商的过程中解释了 WAPI 相关技术、提供了专利清单和许可合同文本，在此基础上，被告理应能够判断出其涉案手机中运行的 WAPI 功能软件是否落入涉案专利的权利要求保护范围，而非一定需要借助于原告提供的权利要求对照表。

2. 如何判断标准必要专利是否侵权

在设计方法时，为了确认是否侵权，在验证标准与专利间先建立联系；在比对专利和标准一致情况下，又从多方面来建立标准与终端之间的关系。具体到本案，法院从公证、技术鉴定、技术比对、勘验（实际操作、现场确认）等多方面做了阐述，最终给出了结论。

第四节　小　　结

一、标准必要专利侵权判定的特殊规则

一般来讲，专利权人在主张专利权时，需要举证产品中的实施方案落入了专利权的保护范围。但是在微电子高度发展的今天，很多技术方案是通过集成电路来实现的，几乎没有办法确定其中使用了怎样的技术方案或包括了哪些技术特征，专利权人即使明确了产品与专利技术解决了相同的技术问题并达到相同的技术效果，也难以通过技术比对的方式举证产品侵权，使专利权只是看起来那么的"高大上"，实际上被束之高阁，很难实现。但是 SEP 是标准中采纳的技术，而标准是产品商广为遵从的规范，使 SEP 与标准和产品建立起三角关系，为 SEP 侵权举证提供了便利。产品可以支持何种标准规范通常有官方的认定，例如，手机在入网许可的时候需要得到国家的测试，在许可证书上标示支持哪种标准。这样，SEP 专利权人只需要证明标准中采用的技术方案落入了专利权的保护范围，即可初步举证生产商侵权，因为产品商是遵照该标准制造产品的，自然实施了标准中的技术方案。由于标

准规范中的技术方案是白纸黑字，容易举证，而产品商自认实施事实，使SEP能克服举证难的问题，成为威力极强的专利权，被称为专利中的"战斗机"。

法院采取的验证逻辑是：将标准作为一个中间点。其一，判断涉案专利与标准一致；其二，再判断标准与产品一致，即可认为产品与专利一致，这是标准必要专利的特色。例如，在西电捷通的案件中，在第一步中，原告提供了一份证据（即证据4）国家无线电监测中心检测中心检验报告和原始数据；证明了这个测试时与国家标准 GB 15629.11 – 2003/XG1 – 2006 等一致的；而在第二步中，通过实际的勘验和数据提取，证明了被告产品接入WAPI 网络过程与标准是一致的。

二、如何对标准和专利的一致性进行判断

标准必要专利的"杀伤力"很大的原因之一是其免去了在侵权认定中将专利的保护范围与涉嫌侵权的产品或方法进行对比的过程，取而代之，专利权人只需证明专利是标准必要专利并且涉嫌侵权的产品或方法采用了相关标准，即可初步推定侵权，这使专利权人的举证变得更容易。

认定一件专利是否为标准必要专利需要从对应性分析入手。SEP 认定中的对应性分析简单地说就是判断标准中的相关内容是否落入专利的保护范围。作为一种对比性质的分析，需要优先确定对比分析的双方，即专利的保护范围和标准中的相关内容，然后将二者进行比对进而得出对应性分析结论。

专利成为 SEP 的前提是专利的技术方案被写入标准，标准中的相关内容落入专利的保护范围，只有这样，实施标准中的相关内容时才有可能侵犯该专利的专利权。专利所保护的技术方案通常是由多个技术特征构成的，如果其中某个技术特征没有被标准采纳，实施标准时可以不使用该技术特征，则涉嫌侵权的产品或方法在实现该标准时，有可能并没有使用该技术特征进而没有侵犯该专利的专利权；如果专利中的某个技术特征下位而标准中的相关特征上位，采用了相关标准的产品或方法可能采用了其他技术手段来实现标准中的相关上位特征，则采用了相关标准的产品或方法也可能没有侵犯该专利的专利权。也就是说，如果专利的技术方案与标准的相关内容不对应，那

么采用了相关标准的产品或方法不必然侵犯该专利的专利权，仅凭涉嫌侵权的产品或方法采用了相关标准这一点并不能或并不足以说明其侵犯了该专利的专利权，专利权人仍需进行进一步的举证。

三、如何判断标准与产品、方法是否一致

需要注意的是，即使专利与标准一致也不必然导致侵权，必须证明手机执行了该标准。这里有两个层面的内容：第一层面，虽然有些技术方案在标准中记载了，但是这些内容可能是标准中可选的或者附加的一些技术方案，如果手机没有执行这部分功能的话，也会破坏标准与产品、方法的一致；第二层面，即使标准中的技术方案是必选的，即具有必要性，如果手机没有执行该标准，则也不能简单认定为侵权。

根据上述几个案例的分析可知，为证明产品与标准相关、一般有三种方法：首先手机为了在市场上流通，一般会进行入网测试，通过入网测试会对手机拥有的功能进行一系列的测试，作为国家实验室的证据相对来说是比较客观公正的；其次，会有一些原告提供第三方做的测试报告；最后，法院还会进行一些勘验，通过现场的操作和测试来对手机执行的方法进行确认。其实，并没有固定的方法来验证产品或产品执行的方法与标准一致，只要证据足够充分，能够对权利要求中涉及的内容进行证明即可。

第二章 专利信息披露

从标准化组织来说，需要对专利的必要性进行充分评估，标准化组织需要对可能纳入标准的专利导致的风险进行评估。因此，在讨论阶段，需要对标准所涉及的提案作出充分的了解、合理的判断和选择。这些可能纳入标准的专利信息是需要被披露的；如果不披露，则组织成员以及标准实施者对标准中的技术方案会失去了解，无法判断某个标准提案对应的专利到底有多少，也无法预期实施该标准所产生的专利许可费用是多少。这样会导致标准在制定和推广过程中无法尽早了解标准的实施成本和产生的影响，影响组织成员和标准实施者作出正确的判断。

对实施者来说，一方面，如果能尽早获得标准对应的 SEP，可以预期实施的成本与风险；另一方面，如果不能获得这些信息，实施后才获知所面对的风险，那么就需要一定成本来改变生产，有可能产生的损失是巨大的。而且原有产品可能已经占据一定市场，这种改变一是存在市场丧失的风险，二是新产品与原有设备的兼容存在问题。

对于专利权人来说，其不披露 SEP 的信息，其实是占据了有利地位，使其与实施者的信息不对等。在这种不平衡下，如果不进行制约，专利权人可能会要挟实施者主张高额的许可费，获得超额利润；同时也可能在诉讼中对实施者造成挟持。

可以说，信息披露是 SEP 产生过程中最前端的问题，也是首先需要解决的问题。为了解决信息披露可能产生的问题，各个标准组织也都制定了自己的管理政策，各标准组织主要的信息披露政策分为三大类：强制性披露、鼓励性披露、其他不涉及强制与否的规则。例如，VITA（VMEbus International Trade Association，VMEbus 国际贸易协会）及 IETF（The Internet Engineering

Task Force，国际互联网工程任务组）为强制性；ISO（International Organization for Standardization，国际标准化组织）\ IEC（International Electrotechnical Commission，国际电工委员会）\ ITU（International Telecommunication Union，国际电信联盟），CEN/CENELEC（European Committee for Standardization，欧洲标准化委员会）、ANSI（美国国家标准学会）、ETSI（European Telecommunications Standards Institute，欧洲电信标准协会）为鼓励性；SDRF/SCTE（Software Defined radio Foru/Society of Cable Telecommunications Engineers，软件无线电论坛/电缆电信工程师协会），ARIB（Association of Radio Industries and Businesses，日本无线工业及商贸联合会）为未规定；ID/MPLS（Internet Protocol/multi-protocol label switching Forum，互联网协议/多协议标签交换论）为仅规定披露主题但未规定应否强制披露。目前的信息披露只是标准化制定过程中的一小部分，对 SEP 的管理也包括多个方面，因此，信息披露政策大多比较简洁，也因此为 SEP 的运用管理带来一些问题和思考。本章从美国对于信息披露的相关案例入手，分析美国关于信息披露都是采取什么样的处理方式、怎样的分析方法，其中又有哪些内容值得我们借鉴和思考。

第一节　戴尔案

技术与标准开始结合的早期，没有与专利产生冲突，这是因为：第一，知识产权 20 世纪 80 年代才陆续建立并完善，在 20 世纪 80 年代前并没有专利权这种私权的存在，更不可能产生与标准这种公共产物的冲突；第二，标准化组织完全能够避免使用专利技术，技术的发展当时还不够充分，标准中涉及的专利技术很少，完全可以规避这种风险。随着社会的发展，专利制度不断完善，技术更新日新月异，专利与标准逐渐融合，信息披露的问题才得以被人们关注，戴尔电脑公司（DELL Computer Corporation，Dell）案就是在这种背景下产生的。

一、背景介绍

1991 年，戴尔获得一项关于计算机总线布局技术的专利（该专利最早优先权日为 1989 年，后来于 1991 年被授予专利权，专利号为 US5036481B1）。

1992 年，戴尔加入了视频电子协会（Video Electronics Standard Association，VESA），该协会是一个由计算机生产商组成的标准化组织。戴尔参与了 VESA 关于标准 VL-bus 的制定工作。1992 年 7 月 20 日，戴尔参与投票，VESA 通过 VL-bus 标准。

在最终通过的 VL-bus 标准中有涉及戴尔的一项专利技术。（1）在标准的讨论和制定过程中，戴尔没有就其拥有的对应专利进行披露。（2）该标准化组织在提案阶段，要求参与标准制定的参与者对相关的专利进行信息披露，但是戴尔未提交相关声明，而且戴尔曾两次以书面形式确认该标准没有侵犯其专利权。

在标准发布之后的八个月内，许多生产厂商开始实施该标准，进行产品生产，使用该标准的电脑的销售量达到了 140 万台。在市场不断扩大之际，戴尔开始对这些生产使用该标准产品的公司提出了专利侵权诉讼。

1995 年，这些公司向美国联邦贸易委员会（Federal Trade Commission，FTC）的反垄断仲裁庭提出仲裁请求。FTC 根据《联邦贸易委员会法》第 5 条，起诉戴尔限制了竞争。

二、法院裁判[①]

FTC 认为，戴尔故意不向 VESA 披露其关于技术标准的专利，其行为已构成"不合理"地限制，限制了以下几方面的竞争：（1）采用 VL-bus 标准的行业受阻，因为一些电脑制造商将会延迟使用该技术标准，直至专利问题被澄清；（2）由于担心专利问题，生产商将可能避免采用该技术标准，这样也会影响 VL-bus 标准成为行业标准；（3）VL-bus 标准的不确定性，将提高

---

① Federal Trade Commission Decisions Complaint 121 F. T. C. In the Ma Tier of Dell Computer Corporation consent order, etc. , in regard to alleged violation of sec. 5 of the Federal Trade Commission Act Docket C – 3658. Complaint, May 20, 1996, Decision, May 20, 1996.

采用该技术标准的成本，也增加了研究竞争性技术方案的成本；（4）人们参与行业标准制定的意愿也会降低。戴尔的行为是对公众的伤害，这种行为违反了《联邦贸易委员会法》第 5 条。

戴尔提出以下异议：（1）戴尔并没有取得控制市场的力量；（2）若认为只要公司参与标准化制定就应当披露专利信息，否则认为其存在反垄断风险，这样会抑制大家参与到标准制定中。

但是，FTC 认为戴尔不向 VESA 披露其专利信息，导致该组织采用了与标准相冲突的戴尔专利对应的技术，之后又利用该标准产生的市场力量来对使用者进行起诉，这种行为构成违法。

1996 年 6 月，FTC 认定戴尔的行为构成专利权滥用，并以 4∶1 的裁决结果否决了戴尔收取专利使用费的权利主张。戴尔不得对标准者实施者主张其专利权，并且禁止戴尔在 10 年内主张与 VL-bus 实施对应的专利的专利权。在 FTC 裁定之后，FTC 与戴尔达成一致，戴尔同意无偿向生产商提供专利许可。

三、分析思考

在标准必要专利的纠纷中，专利权人无疑是占有绝对优势的；在这种情况下，如果信息披露做得不好，实施者将面临很大的未知风险；在此情况下，实施者必然寻找其他的途径来进行抗辩。戴尔案不是法院判例，而是 FTC 依照 1995 年颁布的知识产权许可的反垄断指南审议的指示产权许可是否构成垄断的案例。戴尔案发生在 20 世纪 90 年代，各种法律法规不健全，而且关于 SEP 的纠纷也刚出现，因此，实施者无常规路径可寻。

1. 戴尔案中，戴尔违反了《联邦贸易委员会法》，它是什么样的一个法？

本案涉及的是违反《联邦贸易委员会法》第 5 条。具体而言，第 5（a）（1）条规定：商业中或影响商业的不公平的竞争方法是非法的；商业中或影响商业的不公平或欺骗性行为及惯例是非法的。

1914 年《联邦贸易委员会法》授权建立 FTC，它是执行多种反托拉斯和保护消费者法律的联邦机构。它主要用以阻止可能给消费者带来危害的行为。《联邦贸易委员会法》第 5 条规定除了不正当竞争方法外，不正当或欺骗行为也属于违法。

FTC 的目的是确保国家市场行为具有竞争性且繁荣、高效地发展，不受不合理的约束。FTC 也通过消除不合理的和欺骗性的条例或规章来确保和促进市场运营的顺畅。一般而言，FTC 的工作主要是阻止可能给消费者带来危害的行为。当国会、行政机构或其他的独立机构，以及州和地方政府商议政策需要时，FTC 会提供相关资料。FTC 可以通过不同的方式进行调查。来自消费者信件、商人或国会的要求或者是关于消费者和经济问题的文章都可能使 FTC 采取行动。这种调查可以是公开的，也可以是非公开的。

当 FTC 认为某公司有违法行为时，双方先进行协商；如果协商一致，FTC 与该公司签署一份协议书，公司签订此协议书时，无须承认违反了法规，但必须同意停止这种令消费者投诉的有争议的行为。如果双方达不成一致，FTC 就会提出一个管理上的投诉。管理上的投诉一旦被提出，就像在法官面前进行开庭审讯一样，要提交证据、听取证词、询问证人和交叉询问证人。一旦发现有违法行为，就会下达一个禁令或提出其他比较合适的结论。审判的最终结果应该由 FTC 来做出，同时反映出美国地区法院的意愿。如果这个公司曾经违法，FTC 会要求民事赔偿或提出禁令。在一些情况下，FTC 可直接到法院申请禁令、民事赔偿或消费者赔偿。

《联邦贸易委员会法》与《谢尔曼法》虽然同属反垄断范畴，但是又有区别，前者主要属于民法范畴，后者兼有民法和刑法；此外，前者的法律责任也轻一些。《联邦贸易委员会法》第 11 条规定："本法不防止或干涉反托拉斯法及商业管理法的执行，也不修改、改变或废除反托拉斯法或商业管理法。"从上述内容也可以看出，其并不等同于反托拉斯法。而其用词为"不正当竞争"，与垄断是不等同的。简而言之，《联邦贸易委员会法》是为了限制不正当竞争行为，其构成要件要低于垄断行为的标准。

2. 标准制定中，信息不披露责任是不是等于违反反托拉斯法责任？

对于 FTC 所追究的技术标准中专利信息不披露的责任，在 FTC 对于 Dell 案的判决过程并没有给出明确结论。实际上，在戴尔案的裁定过程中，FTC 多个委员也提出了不同观点。反对的观点认为，戴尔并未在相关市场获得市场力量、滥用市场支配地位，不构成垄断。根据最终的判决结果可知，戴尔涉及的是欺骗性行为，与该结论相关的是《联邦贸易委员会法》所涉及的"商业中或影响商业的不公平或欺骗性行为及惯例"；在最终结论中并未涉及垄断的相关内容，自然与反托拉斯法也没有必然联系。

由于戴尔案发生在较早时期，在该案中还有许多内容没有明确，但是已经可以看出美国对于标准对应的专利信息不披露的基本处理方式和处理态度。然而通过 FTC 给出一个裁定也具有进步意义，通过这个裁定对于标准制定者给予了一定约束，使标准必要专利的使用更加规范。

第二节　拉姆伯斯案

拉姆伯斯公司（RAMBUS Incorporated，下称 Rambus）案可以说是在信息披露方面最为著名的案件，也是引起了大家广泛关注和热议的一个案件。一方面是由于其发生在标准必要专利演进过程中的一个节点；另一方面因其本身的判决存在许多争议。该案对信息披露义务进行了详细的讨论，对信息披露中存在模糊性有明确的意见，有助于标准化组织完善其政策制定。

一、背景介绍

Rambus 案称得上是美国关于信息披露最典型的案件，其主要涉及的是 Rambus 这个公司和电子元件工业联合会（Joint Electron Device Engineering Council Solid State Technology Association，JEDEC）这个组织。

JEDEC 是一个以促进电子元器件及其相关产品的发展为目的的标准制定组织。它成立于 1958 年，2000 年后作为产业协会联盟（Electronics Industries Alliance，EIA）的一部分，为新型的半导体产业制定标准。在 20 世纪 90 年代初，JEDEC 开始为电脑存储新一代技术制定标准 SDRAMS（Synchronous Dynamic Random Access Memory，同步动态随机存储器）和 DDR SDRAMS（Double-Data-Rate Synchronous Dynamic Random Access Memory，双倍数数据率同步动态随机存储器）。

Rambus 主要通过专利授权作为基本的商业模式，并不生产存储器产品，是个典型的非执业实体（Non-Practicing Entities，NPE）。

下面来看看 Rambus 和 JEDEC 组织之间的关系。1992 年，Rambus 加入了这个标准化组织，参与了 SDRAM 有关标准的制定，在标准制定过程中，Rambus 积极推荐自己的技术标准，并最终确定为标准。在 1996 年，Rambus 退出了这个组织。之后，JEDEC 组织制定了 DDR SDRAM 标准，当然，该公司没有参与这项标准的讨论和提案。在 2000 年，Rambus 向许多使用这两项标准的厂商提起了侵权诉讼，索要赔偿；其中包括英飞凌 Infineon Technologies，英飞凌提起了反诉，控告 Rambus 在标准制定过程中违反信息披露义务，涉嫌欺诈。

二、诉讼过程

Rambus 案是一个过程非常曲折的案件。这个案子是分别通过法院和 FTC 两种程序来进行的。

（一）在法院方面

2000 年，Rambus 提起诉讼，起诉英飞凌等公司侵犯其专利权，英飞凌随即反诉其涉嫌欺诈。

2001 年，美国弗吉尼亚州法院判决 Rambus 败诉；Rambus 不服，向（美国联邦上诉法院 United States Court of Appeals for the Federal Circuit）CAFC 提起上诉。

2003 年，CAFC 认定 Rambus 欺诈指控不成立。

（二）在 FTC 方面

Rambus 在 FTC 的程序，完全地覆盖了 FTC 整个过程，其过程曲折反复，对标准必要专利的信息披露进行了较为全面的分析。

2002 年 5 月，根据英飞凌对于 Rambus 违反 JEDEC 专利披露规则的指控，FTC 控告 Rambus 涉嫌违反反垄断法，指控 Rambus 采用 "不公平" 的方法，企图垄断内存芯片市场。

2004 年 2 月，FTC 的主要法官斯蒂芬法官撤销了 FTC 对于 Rambus 的反垄断指控。

2006 年 8 月 2 日，FTC 最终裁定认为 Rambus 违反了《谢尔曼法》第 2 条以及《联邦贸易委员会法案》第 5 条；认为 Rambus "通过欺骗的手段误导 DRAM 内存标准，企图通过锁定内存产业，以实现垄断的目的。"FTC 主要指控以下两点：（1）在标准制定过程中，Rambus 有义务披露标准所涉及的专利，但是它没有披露；（2）在标准制定过程中，Rambus 故意修改专利申请，使专利的技术方案覆盖标准中的技术。

之后，FTC 提出了建议，要求 Rambus 只能收取标准 0.25% 的专利授权费作为惩罚措施。Rambus 对 FTC 的裁决不服，向 FTC 申请重新审理后遭到驳回，因而向哥伦比亚特区巡回法院提起上诉。

2008 年 4 月，哥伦比亚特区巡回法院对此案进行审理，最终推翻了 FTC 的判决。

虽然之后 FTC 要求重新审理此案，但是哥伦比亚特区巡回法院表示不同意重新审理。2008 年 11 月 24 日，FTC 将诉讼文件移至美国最高法院；2009 年，最高法院拒绝受理。此案到此算是尘埃落定。

该案件走向曲折复杂，下面选取其中一部分审理过程进行分析。

三、判决分析

由于 Rambus 案审理过程及法庭意见曲折复杂，下面主要分析弗吉尼亚州地区法院一审判决、CAFC 二审判决，以及哥伦比亚特区巡回法院的裁定结果。我们可以寻找一个认为 Rambus 涉嫌反垄断的理由以及认为 Rambus 不涉嫌反垄断的理由。

JEDEC 关于信息披露有以下相关内容："JEDEC 委员会将不考虑需使用专利、被其覆盖的技术或程序的标准，除非专利或申请中的专利覆盖的所有相关技术信息为委员会、分委员会或工作组知悉。"上述内容为英飞凌提供的证据中的附件 E。

（一）弗吉尼亚州地区法院一审判决

弗吉尼亚联邦法官在听取英飞凌的陈述以及调查后，判决 Rambus 败诉，并撤销其中 3 项指控。该法院的裁决认为，JEDEC 专利政策含有要求成员披露其专利信息的内容（即附件 E），该政策本身构成披露义务；然而 Rambus 并未执行该义务，存在欺诈行为，诉讼案的判决如下：（1）Rambus 在美国范围内停止对英飞凌侵犯其有关 SDRAM 和 DDR SDRAM 标准相关的专利权的指控；（2）Rambus 在 SDRAM 标准制定过程中并未进行信息披露，其对专利使用不合法；（3）Rambus 应当对其给英飞凌造成的损失进行补偿。

（二）CAFC 二审判决①

1. 判决结果

Rambus 在败诉之后继续上诉至 CAFC。2003 年 1 月，CAFC 推翻了弗吉尼亚州地区关于 Rambus 欺诈的裁决，裁定 Rambus 没有欺诈行为。上诉法院认为的理由包括以下几点。

（1）JEDEC 仅鼓励成员披露专利而不是强制成员披露专利。

（2）JEDEC 专利政策仅要求公司披露已经获得的专利，而没有要求披露正在申请的、尚未获得的专利。

（3）Rambus 没有违反 JEDEC 专利政策，因为该政策仅鼓励公司自愿披露标准中必要专利。

（4）即使政策是强制性的，JEDEC 也没有说明未披露专利的处罚措施。

2. 判决过程分析

CAFC 做了非常详尽的调查说明，对于披露的义务和内容等，进行了大篇幅的说明，也为该类案件的判决提供了参考。其主要从披露义务、披露时间、披露范围进行分析；并提出了"合理可能必要"的概念；下面我们对这些内容进行分析。

（1）是否构成欺诈，优先要看是否存在披露义务。CAFC 认为，JEDEC 专利政策是否构成披露义务，取决于两方面：第一，JEDEC 专利政策本身的相关文字规定；第二，JEDEC 成员对于这一规定的理解。该判断方法也成为比较经典的分析步骤。

①在 JEDEC 专利政策方面主要有两方面的记载。

一是附件 E，即英飞凌提供的内容，其为标准化组织在讨论标准相关方案的会议开始时使用，以便标准制定者明了该要求。

二是 JEP 21－I 记载："如需要使用为专利覆盖的技术，则应格外注意""委员会应保证，除非该专利所有相关技术信息已被知悉，标准化项目中任

---

① Rambus Inc. v. Infineon Technologies AG. Cite as 318 F. 3d（Fed. Cir. 2003）.

何标准不得涉及已知的专利覆盖的产品"；JEP21 - I 还记载了："主席必须提请所有的参加者注意，告知标准制定会议他们可能知道的、关于可能涉及他们正在开展的工作的所有专利和申请中的专利的信息这一义务。"

针对上述两部分内容，法院认为：A. 附件 E 本身不构成披露义务。理由如下：第一，附件 E 只是要求标准起草委员会或工作组"避免"专利；第二，"除非专利覆盖的所有技术信息为起草委员会或工作组知悉"这一文字表述本身并不能构成成员的专利信息披露义务。"知悉"一词只是提出了标准化工作对于专利信息的一般性要求，并不意味着对成员施加了强制性的披露义务。B. 在 JEP21 - I 中也并没有记载有关披露义务的内容，其只是提醒制定者和主席需要注意的内容。

此外，CAFC 的普罗斯特法官认为，JEDEC 的披露义务是在 JEDEC 手册 9.3.1 部分，然而 CAFC 认为该段文字本身也不构成披露义务。

②JEDEC 成员对于相关规则的理解。法院询问了多名标准化组织成员关于 JEDEC 组织有关披露政策的理解，最终，CAFC 认为，JEDEC 多位成员关于 JEDEC 专利政策的理解较为一致；他们均认为 JEDEC 的专利政策要求标准化成员承担一定的专利信息披露义务。

值得注意的是，虽然同意 JEDEC 的规定具有这种披露义务，CAFC 也指出，JEDEC 组织内的许多公司披露的专利数量并不多。所以，如果成员将披露普遍理解为一种义务，那么成员应该将信息披露作为一项工作来进行，但实际上却不是。因此，在信息披露方面，标准化组织运行过程中存在一定的问题。

（2）CAFC 对信息披露的范围进行了分析。在确定了披露义务之后，需要确定这个范围有多大，这其实是一个比较棘手的问题。

在本案中，法官对多名证人以及当事人进行询问，对披露义务的范围进行分析。法官试图弄明白，披露的内容：①应当是专利的权利要求还是说明书或是全部申请？②是所有的同族申请还是单件申请？③是所有的有关标准的申请还是标准必要专利？④是申请还是授权专利？以及其他一些问题。对于上述问题，不同的人给出了不同的回答。这个问题之所以没有一致的答案就在于成员对于披露义务的范围和程度十分敏感。一方面，如果要求披露范围过宽，就会加重标准化组织成员的义务和责任，打击他们参加标准化组织的积极性；另一方面，如果要求披露的范围过窄，就会出现信息披露不足，导致实施受阻等。

因此，在调查询问无果之后，Rambus 案中法官提出了一个标准：具有成为必要专利的合理可能性（Reasonably Might be Necessary），即合理可能必要原则，其内容为对于某个专利，当一个实施者可以预见到，若不获得这个专利的许可自己就无法实施该标准，那么这个专利就落入"合理可能必要"的范围之内。根据 Rambus 案的这个解释，CAFC 认为需要披露的是那些可能产生独占，不许可将不能实施的专利。这个概念类似于标准必要专利，从这个角度出发，标准必要专利才是披露的对象。而在 Rambus 的涉案专利技术并非唯一实现标准的技术，在存在替代方式的情况下，CAFC 认为该专利的披露没有落入披露范围。然而根据实际情况，我们知道，标准和专利均是动态的过程，所以标准制定的过程并不能确定一件专利是否是真正的 SEP，这样理解的披露范围过于狭窄且不确定，导致了对披露范围的理解可能存在问题。

（3）CAFC 对于披露时间也做了一些考察和分析。关于披露的时间，英飞凌认为"正式考虑标准之前的讨论触发披露义务"。其他标准化组织的成员的证词包括以下观点：有的认为披露义务发生于就拟议的标准进行正式投票；有的认为仅当相关材料被作为正式的拟议标准进行讨论时才发生披露义务。CAFC 最后认为"陪审团合理的判断至多应认为，就标准建议开展正式工作时触发披露义务"。

（三）FTC 程序[①]

在 FTC 程序中的历次判决中，哥伦比亚特区巡回法院的判决是最有研究价值的，查看哥伦比亚特区巡回法院关于此案的判决，不难发现其中包括许多可关注和探讨的内容，对这些内容进行整理后，可以从以下几个方面来对此案进行分析。

---

① Rambus Incorporated, Petitionerv. Federal Trade Commission, Respondent. Nos. 07 - 1086, 07 - 1124. United States Court of Appeals, District of Columbia Circuit.

1. 判决结果

2008 年 4 月，哥伦比亚特区巡回法院推翻了 FTC 的判决，原因在于：其一，JEDEC 标准组织的知识产权政策并不是很明晰。虽然 FTC 认为从 JEDEC 标准组织的政策和成员的行为来看，可以认为 Rambus 有义务披露；但是，哥伦比亚特区巡回法院认为，因为这个规则并没有明确的披露义务，所以 Rambus 没有违反这个义务。其二，FTC 的因果关系证明得并不充分。FTC 仅认证了 Rambus 没有披露这个行为是导致这个标准化组织采用这一标准的一个重要原因。但是其没有论证，如果 Rambus 当时披露了标准涉及的专利，标准组织是否会采用另外的不属于专利的其他替代技术。

2. 判决分析

（1）关于是否构成垄断行为。在哥伦比亚特区巡回法院判决中对于 Rambus 的行为是否构成垄断进行了分析。法院援引相关判例认为，独占的存在本身并不违反《谢尔曼法》（即反托拉斯法）。构成违法独占的情形，除了在相关市场取得独占外，必须在除了因优良产品、优异的商业手法或是历史因素所造成的成长或发展外，有蓄意取得或维持市场力量的行为。在相关技术市场拥有独占力量这一问题上，Rambus 是认可的；因此，法院对于"Rambus 是否从事排除行为（exclusionary conduct），导致其在相关市场中非法取得独占地位"这一问题进行了分析。

法院认为 FTC 没有证明 Rambus 非法独占，即 Rambus 不披露的行为导致了两个后果：一是排除掉可能的替代技术，Rambus 的技术仍然进入标准方案，从而取得独占的地位；二是 Rambus 仍然进入技术标准，JEDEC 对 Rambus 获得许可费用进行限制。然而，关于上述第一点，哥伦比亚区巡回法院认为，FTC 没有办法进行这种因果关系的论证。关于上述第二点，这种关于许可费用的问题并未违反反托拉斯法。基于上述理由，法院判定 FTC 没有证明 Rambus 具有排除行为，因此无法维持其对 Rambus 在相关市场非法独占的指控。

（2）关于披露信息义务。法院认为：①JEDEC 标准组织的知识产权政策并不是很明晰。因为这个规则并没有明确的披露义务，所以 Rambus 没有违反这个义务。②FTC 仅证明了 Rambus 没有披露这个行为，是导致这个标准化组织采用这一标准的一个重要原因。但是，这种因果关系证明是不够充分的，即如果 Rambus 当时披露了标准中可能涉及的专利，标准组织是否会采用另外的不属于专利的其他替代技术。

四、分析思考

1. 在二审的判决中，CAFC 裁决中对 JEDEC 专利政策进行了拓展分析，其中指出了目前披露政策的缺陷，同时也有许多可借鉴的地方

就披露范围而言，CAFC 分多个维度进行了分析，不仅分析了"是否应该披露"，还分析了"应该披露什么"，对于两者之间的关联也进行了分析。

首先，关于"是否应该披露"，CAFC 指出，"在判定 Rambus 是否在存在披露义务的情况下隐匿关于专利或专利申请的信息时，首先需要考察 Rambus 对 JEDEC 存在什么义务"。其次在披露范围上，JEDEC 专利政策本身虽然并不明确，"JEDEC 政策没有使用'有关'这个词；但是成员一致同意 JEDEC 政策语言要求披露与委员会标准化工作'相关'（related to）的专利"，CAFC 认为"JEDEC 政策以发明权利要求的范围为基础界定披露义务"，但是，对于披露范围认定的"基于合理判断可能为实施标准所必需的专利或申请中的专利的权利要求"本身的描述其实不明确。再次，关于披露时间，JEDEC 相关的专利政策并未记载，也没有较为一致的认同；但是 CAFC 认为披露时间与法律充分性（legal sufficiency）相关并进行了分析。此外，关于 Rambus 在标准制定后还通过修改专利来使得专利覆盖标准这一行为，由于 JEDEC 披露义务和成员的证词也都认为披露义务不包括未来计划。为此，CAFC 认为，成员"申请专利或修改专利申请的意图"未落入披露义务范围。最后，CAFC 认为，在对信息披露进行分析的时候，会涉及披露什么（what）、何时（when）披露、如何（how）披露、向谁（to whom）披露等，标准化组织应当在这些方面作出清晰的规定。

2. 关于哥伦比亚特区巡回法院判决的思考

在标准必要专利的实施过程中，专利权人占有绝对优势。法院已经认定 Rambus 违反了 JEDEC 的规定，且故意隐藏了该专利来获得利益；在这种情

况下，法院仍然撤销了 FTC 的判决；我认为，这样助长了在标准制定中的故意隐瞒的行为，对实施者造成伤害，也对市场秩序造成一定的影响。

在标准制定过程中，各种技术都在进行着竞争，以求能够被纳入标准，而一个被纳入标准会直接地将其他技术排除。而且在目前快速发展的时代，相容性和互通性是这个时代的标识，技术标准的重要性不言而喻。而且标准化组织相关的披露政策也是为了防止 SEP 的杀伤力过大。而在本案中，Rambus 显然是蓄意回避披露政策，从而取得独占的力量。而这种行为不只是 Frand 授权条件的影响，同样已经造成了"排除"的动机和结果。

Rambus 案留出许多思考的空间，还有很多问题可以扩展思考。

第三节　高通诉博通案

Rambus 案经过曲折的过程，其结果也引起了强大的社会反响；在 2005 年的高通诉博通案中，信息披露的问题又被大家再次关注。该案与 Rambus 案既有相同之处，也存在不同之处，本书主要从对比的角度来简单分析这个案件，这个案件主要涉及的两家公司是高通有限公司（Qualcomm Incorporated）、博通公司（Broadcom Corporation）。

一、背景介绍

该案件主要涉及高通在 JVT（Joint Video Team）标准化组织中的信息披露问题。

JVT 标准化组织成立于 2001 年年底，由两个标准化组织（Standard Setting Organization，SSO）联合项目组建；其负责开发光盘压缩技术标准，旨在进行"技术上对齐，完全可互操作"的视频压缩技术，并于 2003 年 5 月发布了 H.264 标准。JVT 要求参与标准制定的成员遵循 ITU-T 和 ISO/IEC 的知识产权政策，在相关的知识产权政策中规定了标准涉及专利时的相关披露和许可义务，并且 JVT 强调其成员须"尽最大努力和诚实信用原则"履行该义务。

高通是美国国家标准协会的会员，该机构是 ISO/IEC 中的美国代表成员机构。在 2001 年之前，高通是 ITU-T 的成员和 JVT 的参与者，其参与了 H. 264 标准的制定，高通也明悉该组织对于成员的知识产权政策。2003 年 5 月发布 H. 264 标准之前，高通并未声明过与该标准对应的专利。

高通于 2005 年 10 月起诉博通，声称博通产品符合 H. 264 标准，其侵犯了专利号为 US5452104（申请日为 1993 年 8 月 4 日，授权日为 1995 年 9 月 19 日）和 US5576767（申请日为 1993 年 2 月 3 日，授权日为 1996 年 11 月 19 日）的两项专利。

2007 年，一审判决高通违反信息披露义务，博通不侵权。

随后高通不服，上诉至 CAFC；2008 年，CAFC 作出二审判决。

二、法院判决①

（一）判决结果

在一审过程中，加利福尼亚南部地区法院认定：（1）由于高通否认其参与标准制定的事实，法院认定高通在诉讼中存在故意隐瞒证据的行为，这种行为构成非常严重的违法情节。（2）在 H. 264 标准发布之前，高通一直没有向 JVT 披露自己拥有的 US5452104 和 US5576767 这两项专利。

一审判决：（1）博通不侵犯上述两项专利的专利权；（2）高通未披露 US5452104 和 US5576767 两项专利，违反了披露义务；作为补救措施，地方法院认定高通构成了权利放弃，判决高通的这两项专利对世不可实施。

之后，高通不服一审判决结果，将案件上诉到 CAFC。

虽然 CAFC 对两项专利对世不可实施的一审判决进行了改判，但是仍然认为高通违反其披露义务。

（二）判决分析

地区法院考虑高通是否有义务在 H. 264 标准发布之前向 JVT 披露上述两项专利。法院首先分析了书面 JVT 知识产权政策，并得出结论"除了成员提

---

① QUALCOMM INCORPORATED, Plaintiff-Appellant, v. BROADCOM CORPORATION, Defendant-Appellee. Nos. 2007 – 1545, 2008 – 1162. United States Court of Appeals, Federal Circuit.

交技术建议书之外，与 Rambus 案类似，JVT 知识产权政策和准则并没有明确要求披露义务"。并且，在考察标准组织成员对披露义务的理解时，地区法院认为，与 Rambus 案类似，尽管知识产权政策的语言仅鼓励参与者向 JVT 公开专利，但是成员之间默认存在这种披露义务；因此，JVT 组织具有信息披露义务。

二审过程其实采用了跟 RAMBUS 案大致相同的方法，二审要解决的有四个问题：第一，是否存在披露义务；第二，若存在披露义务，其范围是什么；第三，是否存在违规问题，即高通是否违反了披露义务，未披露上述两项专利；第四，补救措施。接下来对这四个问题分别作出介绍和讨论。

1. 是否存在披露义务

CAFC 的法官对于 JVT 的书面政策作出了重新解释。法院认定 JVT 书面政策语句："鼓励成员/专家尽早披露（他们自己或者他人的）与（他们自己或者他人提出的）技术提案有关的知识产权信息。对此种信息应当尽最大努力提交。"这个"鼓励"指向的并非是"披露"，而是"尽早"。因此，在书面政策中已经记载了这种披露义务。对于有关 JVT 参与者对 JVT 知识产权政策的理解问题，CAFC 与地区法院保持一致，认为证词为调查结果提供了充分的证据支持。

2. 披露义务的范围

高通案的二审法官采用 Rambus 案提出的一个标准，即具有成为必要专利的合理可能性。这是一个客观的标准，适用于合理的竞争对手根据未披露的声明不期望在没有许可的情况下实践 H.264 标准的情况。但是二审法官也认为"合理可能必要"不要求专利最终必须"事实上是必需的"。

3. 是否违反了披露义务

在 H.264 标准发布之前，高通并未向 JVT 披露涉案的这两项专利。如果要判断高通是否违反了披露义务，需要判断这两项专利是否落入"合理可能必要"原则的范围。二审法院通过以下内容说明所生成的专利符合"合理可能必要"范围：（1）通过专家证词和高通内部员工的电子邮件证明，高通认为其专利为"H.264 相关的核心专利"；（2）高通因为博通实施了 H.264 标准而指责博通侵犯其专利权，因此，证明了高通认为这两项专利具有成为必要专利的合理可能性；（3）高通在侵权主张中认为此两项专利是必要专利，却在违反披露义务的抗辩中声称此两项专利不符合"合理可能必要"的标准，这种自相矛盾的论述不应得到支持。综上所述，高通的行为违反了披露义务。

4. 公平的补救方法

补救方法包括以下两种：（1）放弃。CAFC 认为高通的行为构成了权利的"默示放弃"。（2）不可实施。一审法院基于权利放弃这一衡平法上的救济形式，判决高通的两项专利对世不可实施。这一点被 CAFC 改判。CAFC 认为高通的不当行为仅限于 H.264 标准制定过程之中，因此其权利放弃后果也应当仅限于所有实施 H.264 标准的产品。

三、分析思考

高通案在审判过程中引用了 Rambus 案的许多处理方式，看起来两者的处理方法是类似的，但是在结论上两者却截然不同，尤其是在对披露义务的范围和违反披露义务的认定上，同样的规则得出不同的结论。

（1）Rambus 判决提出了一个"合理可能必要"原则。①Rambus 案对下述问题进行了解释，即对于某个专利，当一个实施者可以预见到，不获得这个专利的许可，自己就无法实施该标准，那么这个专利就落入"合理可能必要"的范围之内。根据 Rambus 案的这个解释，CAFC 认为需要披露的是那些可能产生独占、不许可将不能实施的专利。Rambus 案的法官认为，即使在标准制定过程中，Rambus 公司认为它的专利将成为实施标准的必要专利；但是只要客观上，该专利不是标准必要专利，则该专利不落入"合理可能必要"的范围。②高通案虽然也用了"合理可能必要"的概念，但是其认为不要求专利最终必须"事实上是必需的"。而且高通案的法官最后认定其专利属于"合理可能必要"时，还利用了高通主观上对其专利是否是标准必要专利的认定。高通案中的 Prost 法官认为在 Rambus 判决中认定的披露范围太窄了，因为对权利要求的专业分析很难，在标准化制定的过程中几乎不可能实现；而且标准化是个动态的过程，不可能在标准制定完成之前预测标准必要专利。在标准制定过程中需要披露的专利范围，应当远远大于最终标准方案的实际必要专利的范围。

（2）综合 CAFC 的 Rambus 案判决和高通案判决来观察，我们可以发现，这些案件要解决的问题是相同的，就是对于标准化组织成员的未披露行为作出法律上的评价，但是它们分别采用了不同的法律机制。

Rambus 案中哥伦比亚特区巡回法院的判决涉及是否构成垄断，CAFC 对 Rambus 案判决涉及的是欺诈行为，而高通判决涉及的是权利放弃的问题。由于立法宗旨和目的的不同，反垄断法规定的前提和欺诈、权利放弃等制度有很大的不同。但是具体到内容，其核心都在于对披露义务范围的认定。

两个案件涉及的判决或裁决中，我们可以从不同的判决结果解读出法官或行政执法者的不同倾向。从 Rambus 和高通的行为来看，它们都参与了标准制定过程，而且都能够证明它们故意不披露信息的行为，从标准化的推进和市场发展来说，这种行为无疑是具有一定副作用的。而在 Rambus 案和高通案的法院判决中，都体现了法院对于这一副作用的认可。

第四节　小　　结

一、标准化组织披露政策

分析上述三个案例可以知道，三个案例涉及的标准化组织的书面知识产权政策都有一定的缺陷；而且法官也指出：在对信息披露进行分析的时候，会涉及披露什么（what）、何时（when）披露、如何（how）披露、向谁（to whom）披露等，标准化组织应当在这些方面作出清晰规定的政策。

我们可以观察一下目前主要的标准化组织的相关知识产权政策（见表 3－3）。

表3-3　部分国际标准组织的披露规定

国际标准组织	披露义务/性质	披露时间	披露内容
ISO/IEC/ITO	有/鼓励性	一开始	尽力披露专利信息，但不要求进行专利检索。大部分组织均要求披露与制定中的标准相关的专利的详细信息，要求披露的专利既包括已知专利，又包括专利申请；标准化组织成员既能披露自己的专利，也可以告知组织其知晓的第三方持有的对标准必要的专利
IEEE	有/鼓励性	标准批准前	
ETSI	有/强制性	及时	
CEN/CENLEC	有/强制性	一开始	
ANSI	有/鼓励性	及时	
BSI	有/鼓励性	及时	

虽然大部分相关组织已经规定了披露义务，但是并非均为强制性的；而且关于披露时间也没有明确的规定；在违反披露义务的处罚方面更是没有任何规定。

二、中国有关信息披露的政策

总结上面三个案子可以看出，美国在关于信息披露方面主要是通过法院和FTC来进行主张，但是并未有专门针对信息披露的法律法规。我们聚焦中国，可以获知在通信领域还未出现有关信息披露的案件；但是在其他领域已经有类似的问题，并且在不断地解决问题过程中，我国法院已经作出了一些解释；同时，我国在立法方面走在了前面，对于标准必要专利的信息披露问题有一些相关的法律法规已有所涉及。

（一）法律法规

1.《专利法》第四次修订草案（2015年送审稿）

第八十五条（新增）　参与国家标准制定的专利权人在标准制定过程中不披露其拥有的标准必要专利的，视为其许可该标准的实施者使用其专利技术。许可使用费由双方协商；双方不能达成协议的，可以请求国务院专利行政部门裁决。当事人对裁决不服的，可以自收到通知之日起十五日内向人民法院起诉。

我国《专利法》在信息披露的立法方面已经走在了前列，在最新的《专利法》修订草案中已经出现了相关内容，还需要在进一步的实践过程中进行完善。

尽管《专利法》修订没有再推进这一修改，但是从送审稿的内容来看，我国已经意识到标准必要专利披露问题有待进一步规范，并且正在努力改进。

2. 管理方面相关规定

国家标准化管理委员会、国家知识产权局于 2013 年 12 月 19 日颁布《国家标准涉及专利的管理规定（暂行)》，于 2014 年 1 月 1 日起施行，目录如下。

第一章　总则

第二章　专利信息的披露

第三章　专利实施许可

第四章　强制性国家标准设计专利的特殊规定

第五章　附则

其中第二章"专利信息的披露"有如下规定。

第五条　在国家标准制修订的任何阶段，参与标准制修订的组织或者个人应当尽早向相关全国专业标准化技术委员会或者归口单位披露其拥有和知悉的必要专利，同时提供有关专利信息及相应证明材料，并对所提供证明材料的真实性负责。参与标准制定的组织或者个人未按要求披露其拥有的专利，违反诚实信用原则的，应当承担相应的法律责任。

第六条　鼓励没有参与国家标准制修订的组织或者个人在标准制修订的任何阶段披露其拥有和知悉的必要专利，同时将有关专利信息及相应证明材料提交给相关全国专业标准化技术委员会或者归口单位，并对所提供证明材料的真实性负责。

第七条　全国专业标准化技术委员会或者归口单位应当将其获得的专利信息尽早报送国家标准化管理委员会。

第八条　国家标准化管理委员会应当在涉及专利或者可能涉及专利的国家标准批准发布前，对标准草案全文和已知的专利信息进行公示，公示期为 30 天。任何组织或者个人可以将其知悉的其他专利信息书面通知国家标准化管理委员会。

（二）司法解释及其他

（1）《最高人民法院关于审理专利侵权纠纷案件若干问题的规定》（会议讨论稿 2003 年 10 月 27～29 日）。

第 36 条【技术标准与专利许可】

专利权人参与了有关标准的制定，但在标准发布前未申明其中的有关内容落入其有效专利权的保护范围的，视为已经获得专利权人的免费实施的默认许可，标准管理组织、标准制定者和标准采用人的有关行为，不视为专利侵权。

上述内容将未声明的专利看作默示许可，这样意味着不视其为专利侵权，也意味着不能申请禁令，不能要求标准实施者停止使用专利技术；而且规定了免费实施，这样使专利权失去了价值。这种要求过于苛刻，将标准实施者置于一个明显有利的位置，这引发了 SEP 持有人的强烈反对。

（2）最高人民法院《关于朝阳兴诺公司按照建设部颁发的行业标准〈复合载体夯扩桩设计规程〉设计、施工而实施标准中专利的行为是否构成侵犯专利权问题的函》（〔2008〕民三他字第 4 号）。

鉴于目前我国标准制定机关尚未建立有关标准中专利信息的公开披露及使用制度的实际情况，专利权人参与了标准的制定或者经其同意，将专利纳入国家、行业或者地方标准的，视为专利权人许可他人在实施标准的同时实施该专利，他人的有关实施行为不属于专利法第 11 条规定的侵害专利权的行为。专利权人可以要求实施人支付一定的使用费，但支付的数额应明显低于正常的许可使用费；专利权人承诺放弃专利使用费的，依其承诺处理。

上述内容给出了"默示许可"的规定，并按当时的现实情况作为前提，较之前的规定合理一些，主要针对标准涉及在专利的相关制度尚未建立的情况下酌情裁定。虽然对比会议讨论稿的"免费实施"，"明显低于正常许可使用费"对专利权人有补偿，现实中这可能造成对标准实施者的纵容：如果专利权人没有发现，则使用人纯获利益；如果专利权人发现了，使用人并不需要承担侵权责任，仅需要承担比普通许可费低得多的使用对价即可。

（3）《最高人民法院关于审理侵犯专利权纠纷案件应用法律若干问题的解释》（征求意见稿）2009 年 6 月。

> 第二十条　经专利权人同意，专利被纳入国家、行业或者地方标准制定组织公布的标准中，且标准未披露该专利的，人民法院可以认定专利权人许可他人在实施该标准的同时实施其专利，但专利依法必须以标准的形式才能实施的除外。专利权人要求标准实施人支付使用费的，人民法院应当综合考虑专利的创新程度及其在标准中的作用、标准所属的技术领域、标准的性质、标准实施的范围等因素合理确定使用费的数额，但专利权人承诺放弃使用费的除外。

这一解释同样涉及了默示许可的概念，同时指出"合理使用费"，并未对费用做过多限定，给双方留出了较大空间。

（4）《最高人民法院关于审理侵犯专利权纠纷案件应用法律若干问题的解释（二）》（2016 年 4 月 1 日起施行）。

> 第二十四条　推荐性国家、行业或者地方标准明示所涉必要专利的信息，被诉侵权人以实施该标准无需专利权人许可为由抗辩不侵犯该专利权的，人民法院一般不予支持。
>
> 推荐性国家、行业或者地方标准明示所涉必要专利的信息，专利权人、被诉侵权人协商该专利的实施许可条件时，专利权人故意违反其在标准制定中承诺的公平、合理、无歧视的许可义务，导致无法达成专利实施许可合同，且被诉侵权人在协商中无明显过错的，对于权利人请求停止标准实施行为的主张，人民法院一般不予支持。

上述第一部分内容说明明示不构成默示许可；第二部分内容约束了专利权人的义务。整体上略显粗放，体现为以下两个方面：①出于谨慎考虑，仅规定了推荐性标准，未涉及强制性标准和国际标准；②"明示"的具体含义尚未明确，披露到何种程度？是否对披露时间有要求？这些并未给出答案。

三、问题的提出及改进

综上所述，可以看出我国对于信息披露的规定已经经过了一个从无规定到严格规定，再到合理规定的过程；这也是一个逐渐从倾向于专利权人到倾向于实施者，再到逐渐平衡两者的过程。

具体而言，美国在判断专利权人是否违反标准组织的专利信息披露义务时：（1）考察标准组织的明文规定；（2）没有书面规定或规定含有争议时，以标准组织的大多数成员的意见作为参考。参与标准制定故意不披露或者懈怠披露，有可能构成垄断行为或专利权滥用，实施者可通过默示放弃或默示许可来争辩。而中国采取"信息披露＋默示许可"的方式，即披露不构成默示许可，但是不披露则构成默示许可。

但是，目前的规定还存在一定缺陷：（1）未区分标准实施者的主观情况和行为方式。只要标准必要专利权人未作披露，就视为许可，不可进行侵权抗辩。尽管标准必要专利权人仍有权要求标准实施者支付合理的使用费，但这样对于标准必要专利权人具有一定束缚。（2）标准必要专利权人的专利信息披露的内涵和边界通常并不清晰。在标准制定过程中一般也只要求专利权人"尽合理的努力"披露，一律视为许可的做法可能存在争议。

为此，我们还需要完善标准化组织的知识产权政策，以及调整反垄断法等相关规则，以减少信息披露问题对标准化过程以及市场发展的影响，可以通过以下三种方式来改善目前的信息披露的问题。

（1）完善标准化组织的知识产权政策。标准组织进行规范的书面政策可以从源头上直接避免专利权人故意隐瞒相关专利信息的问题，也为法院省去了进行解释披露义务、披露范围、违反补救措施等的工作。如果标准化组织能解决"what，when，how，to whom"四个问题，对于 SEP 在日后的运行是非常有保障的。

（2）司法实践中应当更注重细节。由于目前专利法处于修改阶段，还有一些细节没有规定，在实践过程还需要不断地平衡好双方的责任和义务。

（3）灵活适用多种法律机制。除了专利法外，我们还可以从涉标管理规定等角度出发，通过合同法来对专利权人的缔约过失、违约责任、侵权责任等方面进行分析。

第三章　FRAND 原则

FRAND 原则（fair，reasonable，and non-discriminatory terms）即公平、合理和无歧视原则。为了保证实施者的利益，参与标准制定者在将专利纳入标准时，一般被要求进行 FRAND 声明，被要求遵循上述原则，对相关标准实施者一视同仁。在实际存在标准化组织中，大多数都要求 SEP 专利权人进行 FRAND 声明，有数据显示 68% 的 SEP 都是遵循 FRAND 原则的。因此，无论是参与标准制定的专利权人，还是实施标准的企业或个人，都要按照一个公平、合理、无歧视的原则进行许可。

其实在早期的标准化组织管理过程中并没有明确其许可原则，但是在专利许可的事实过程中会存在各种问题，例如，不同实施者之间给出的许可费率是不一样的，或者 SEP 拥有者不对实施者进行许可；这对一个标准的实施和市场的发展是非常不利的。因此，各标准化组织逐渐地商讨出 FRAND 原则。但是，何为"公平、合理、无歧视"却至今都没有达成一致。其实 FRAND 最核心的表现就是 SEP 的许可定价。专利权人必然是价格越高越好，而实施者当然是越低越好；什么样算是一个平衡的费率，各方均有不同的解读。这也导致了在各个阶段都有关于费率的诉讼案件发生，不同国家也都在司法中不断地探索"公平、合理、无歧视"的标准。本章主要从费率、禁令多角度出发，来看看全球主要国家是如何看待 FRAND 原则的。

第一节　许可费的问题

一、微软与摩托罗拉案

2015 年，微软和摩托罗拉就标准必要专利的费率问题在美国发生了一起诉讼，该案件影响也较大，其中对如何评估标准必要专利有一些探讨，判决书也受到了业界许多人士的讨论。该案件采用了综合因素分析法，在缺乏相关有力证据的情况下，法院综合考虑了许多辅助性因素。

（一）背景介绍

该案件发生在微软和摩托罗拉之间，两家公司涉及了两个标准相对应的 SEP，分别是 H. 264 视频编码的 ITU 标准和 802. 11 无线区域网的 IEEE 标准；这两个标准化组织为了降低 SEP 专利权人滥用市场支配地位的可能性，采用了与 SEP 的信息披露政策和许可相关的规定。这些政策鼓励标准制定者确定对提案标准来说必要的专利，并同意在 FRAND 条款下向任何申请许可的人许可这些 SEP。

而且，摩托罗拉也向 IEEE 提供相关的保证书，并向 ITU 作出了声明。作为 IEEE 和 ITU 的成员以及 H. 264 标准和 802. 11 标准的预期使用者，微软被认为是上述标准许可实施者。

2010 年 10 月，微软公司请求 ITC 启动 337 调查，指控摩托罗拉手机侵犯微软专利权。

2010 年 10 月 21 日和 29 日，摩托罗拉给微软发函，提出向后者收取许可费，具体地，每一 802. 11 和 H. 264 合规产品收取 2. 25% 的费率。

2010 年 11 月，微软在华盛顿州西区联邦地区法院起诉摩托罗拉，声称上述两个函件寻求不合理的许可费率，违反了摩托罗拉对 IEEE 和 ITU 作出的 FRAND 条款下授权许可的义务，即违反合同义务。微软认为摩托罗拉与标准制定组织签订有 RAND 承诺，承诺将按照 RAND 原则进行许可，然而其在给微软的函中索要一个很高的费率。

作为回应，摩托罗拉作出积极抗辩和反诉，要求法院禁止微软使用摩托罗拉的与 H. 264 和 802. 11 标准有关的专利。

2011 年 7 月，通用仪器公司（General Instrument Corporation）（即摩托罗拉子公司）在德国提起单独的诉讼，称微软侵犯摩托罗拉拥有的两项欧洲专利，并且还寻求禁令救济，要求禁止微软在德国销售侵犯两项欧洲专利的解码器装置和计算机软件。

2012 年 3 月，微软向美国地区法院提交法庭动议，请求临时限制令和临时禁令，要求限制和禁止摩托罗拉执行其在德国诉讼中可能取得的任何禁令救济。

2012 年 4 月，美国地区法院批准了微软的法庭动议，禁止摩托罗拉在德国执行任何禁令。摩托罗拉不服而上诉，第九巡回法院维持地区法院的判决。

因此，微软修改了诉状，指控摩托罗拉申请禁令的诉讼违反了 FRAND 条款造成合同违约。地区法院暂停了所有的专利侵权的审理，先裁决摩托罗拉是否合同违约。

在经过庭审后，2013 年 4 月法官判决①：（1）摩托罗拉的 H. 264 专利组合的 FRAND 许可费率是 0. 555 美分，合理的 FRAND 范围所对应的许可费率是 0. 555 ~ 16. 339 美分；（2）摩托罗拉的 802. 11 专利组合的 FRAND 许可费率是 3. 471 美分，合理的 FRAND 范围是 0. 8 ~ 19. 5 美分。

2013 年 9 月，陪审团裁定摩托罗拉赔微软 1452 万美元。摩托罗拉不服判决，上诉到 CAFC。CAFC 把本次上诉案转到了第九巡回法院。

2015 年 7 月，CAFC 维持地区法院的裁决②。

（二）费率计算

在这个案件过程中，有许多值得探讨的点，如禁令的适用等。此处我们只讨论费率的计算问题。在费率计算时，尤其关注以下几点问题。

1. 地区法院裁定时的主要依据

地区法院认为：在评估赔偿之前，优先需要评估 FRAND 条款的经济指标。因此，地区法院主要基于以下内容考虑。

（1）基本原则。在关于特定特许权使用费是否为 FRAND 费率存在争议情况下，用于确定 RAND（Reasonable and Non-discriminatory terms）许可费的适当方法应认识到并寻求减轻 RAND 承诺意图避免的专利挟持风险。

同样，确定 RAND 特许权使用费的适当方法应考虑到其他 SEP 持有人对

---

① 2013 WL 2111217. Only the Westlaw citation is currently available. United States District Court, W. D. Washington, at Seattle. Microsoft Corporation, Plaintiff, v. Motorola, Inc., et al., Defendants. Motorola Mobility, Inc., et al., Plaintiffs, v. Microsoft Corporation, Defendant. No. C10 – 1823JLR. April 25, 2013.

② Microsoft Corporation, a Washington corporation, Plaintiff-Appellee, v. Motorola, Inc.；Motorola Mobility, Inc.；General Instrument Corporation, Defendants-Appellants. No. 14 – 35393.

实施者提出特许权使用费要求时应用的总特许权使用费，从而解决特许权使用费堆叠的风险。

与此同时，RAND 特许权使用费的设定应理解为 SSO 包括旨在创造有价值标准的技术。为了促进创造有价值的标准，RAND 承诺必须保证有价值的知识产权持有人将获得该产权的合理使用费。

从经济角度来看，除了将专利技术纳入标准所带来的价值之外，RAND 承诺应解释为将专利持有人限制在其专利技术本身的经济价值上。

（2）微软提出的方法。微软认为，专利技术的经济价值与纳入标准的价值相分离，除去被纳入标准所带来的经济价值，将与其他能被纳入标准的替代方案进行比较再获得一个增量价值。重点是标准通过和实施之前的时期（即事前）。

微软方法的一个缺陷是缺乏现实世界的适用性。IEEE 和 ITU 都没有规定必须使用增量值方法确定 RAND 费率。此外，IEEE 和 ITU 都不要求在标准制定过程中事先公开 RAND 条款。事实上，明确的多边事前谈判不能在包括 IEEE 在内的许多 SSO 的主持下进行。

微软方法的另一个缺陷是它在法院实施方面不切实际。在实践中，将专利价值与其对标准的增量贡献联系起来的方法难以实施。

尽管如此，承诺履行 RAND 义务的 SEP 的合理使用费率必须重视专利技术本身，这必然要求考虑专利对标准的重要性和贡献。因此，将专利技术与 SSO 写入标准的替代方案进行比较是确定 RAND 费率的一个考虑因素。

（3）摩托罗拉提出的方法。摩托罗拉建议，RAND 的条款和条件可以通过模拟 RAND 义务下的假设双边谈判来确定。法院总体上同意摩托罗拉的做法。

在现实世界的谈判中可以找到对假设的双边谈判方法的支持。实际上，根据法院提供的证据，RAND 许可协议通常通过 SEP 所有者和实施者之间的双边谈判完善。由于双边谈判在实践中经常发生，有证据证明这种现实世界的谈判结果可用于模拟假设的谈判。

通常，SEP 所有者和潜在的被许可人通过善意的双边谈判确定 RAND 条款，这些谈判独立于 ITU 和 IEEE 的活动。微软的专家同意，在 SSO 采用标准后，可以通过私人双边谈判确定各方之间的 RAND 许可事宜。

法院的判决也体现了对假设的双边谈判方式的支持。法院在进行假设性双边谈判方面具有长期经验，用以构建 Georgia-Pacific 框架下专利侵权案件的合理使用费。

（4）假设性谈判。在 Georgia-Pacific 案中，法院列出了 SEP 所有者和标准实施者在假设的谈判中将考虑的因素，即为承担 RAND 承诺的专利支付的合理许可。具体地提出了在专利侵权诉讼的损害赔偿范围内考虑与合理的许可费计算相关的 15 个因素。

因素一是专利权人将系争专利曾收取过的实际许可费数额，作为既成的许可费。由于既成许可费只是 Georgia-Pacific 因素之一，所以对于既成许可费的使用并不局限于前面所说的 5 个因素，Georgia-Pacific 因素会对既成许可费进行评价和调整，对于既成许可费选取的范围可以尽可能地扩大。如在 Minks v. Polaris Industries, Inc 案中，此案的上诉巡回法院发回了地方法院作出的专利侵权赔偿数额，批评地方法院以专利权人现有许可为标准的做法过于狭隘，地方法院只是选择了距发生时间最近的一份许可合同，其中的许可费定在 4%，而上诉巡回法院还注意到存在其他许可，其中有些许可费定在 10%，上诉巡回法院认为地方法院没有充分考虑原告提供的证据。但另外需要指出的是，在某些情况下，在诉讼中形成的专利许可费通常不能作为考虑因素，因为被许可人在诉讼中可能考虑到要承担高昂的诉讼费和律师费的成本的因素，这种情况下形成的许可费不符合假想谈判中所要求的自愿的情况下形成的合理许可费。

因素二是被许可人为使用与所争专利具有可比较性（comparable）的其他专利所支付的许可费率。主要从侵权人方面和整个技术行业中存在的可比较性的许可合同来考虑合理许可费，但对于"可比较性"的适用往往是美国法院所面临的难题。如在 UtahMedical Products v. Graphic Controls 案中，被告认为同技术行业中的其他 17 份许可合同具有可比较性（这些合同的许可费都偏低），而原告却认为其专利产品具有独特的性质，其他合同中的技术不符合因素二的要求，不能作为证据，法院最后支持了原告的观点，认定这些许可合同不具有可比较性。在著名的 Lucent Technologies，Inc. v. Gateway，Inc. 案中，CAFC 的法官就表达了对"可比较性"的担忧，陪审团采纳了包含类似技术的许可合同具有可比较性可作为判断合理许可费的证据，而法官却认为这种做法是肤浅的和应受到质疑的。

因素三是专利许可的性质和范围。受到限制相对较少的许可中的合理许可费比受到限制相对较多的合理许可费高，独占许可中的合理许可费通常应比非独占许可的合理许可费高。

因素四是专利权人通过不许可他人使用专利的既定政策和营销安排来维持专利垄断，或者为许可设置特殊的条件来保护这种垄断。如果专利权人采取了因素四中的政策，对于合理许可费的认定数额就应较高。如 Panduit Corp. v. Stahlin Bros. Fibre Works，Inc. 案和 Rite-Hite Corp. v. Kelley Co.，Inc. 案中，专利权人因使用了此类的政策而获得了较高的合理许可费。

因素五是专利权人与侵权人的商业关系，如他们是在同一地区或行业的竞争者，或他们是技术的开发者与推广者。专利权人和侵权人之间存在商业上的竞争关系会导致合理许可费的提高；竞争关系越直接，合理许可费的数额就越高。

因素六为销售专利技术对被许可人的其他产品的促销效果，该发明对许可人在销售其他未受专利保护产品时的帮助效果，其销售对象还包括专利产品的衍生性（derivative）和辅助性（convoyed）产品。由于专利技术产品的使用有时会结合一些其他相关产品（包括衍生性和辅助性产品）的使用，侵权人在销售专利产品的同时也会同时销售这些没有专利的相关产品，其同样会通过这些相关产品的销售而获取利益。因此，如果专利产品的销售会带动相关产品的销售，则该专利的合理许可费则应提高。如 Micro Chemical，Inc. v. Lextron，Inc. 案和 Trans-World Mfg. Corp. v. Al Nyman& Sons，Inc. 案中，法院都使用了 Georgia-Pacific 的因素六。而关于对相关产品的界定，Rite-Hite Corp. v. Kelley Co.，Inc. 案的法官指出，专利产品和相关产品一起销售是具有使用的必要性或至少是为了便利，如果仅为了促销而将两个不相关的产品放在一起销售，不存在产品一起被消费者使用的价值，这种情况下是不能考虑因素六的。

因素七是该专利的有效期和许可期限。通常来说，因为专利有效期时间越长，专利权人就可以在专利到期前获得更多的市场优势，专利价值越高其合理许可费越高，反之则越低。但这个因素的影响效果甚微，在 Georgia-Pacific 案中涉及一个有效期只剩下 4 年的专利，侵权人因这个理由而要求较低的合理许可费，但法院并未考虑该因素，理由是该专利产品在侵权之前是非常成功的，被告在专利到期前 4 年使用该专利获取了市场优势，有效期很短的不利因素足以被抵消。

因素八是生产该专利产品的现行获利能力、其商业上的成功，以及其现行的普遍程度。

因素九是该专利技术对原有产品（指那些可以产生相近结果的产品）产生增进的功效或优势。这个因素主要用于判断专利产品在市场上是否存在非侵权替代品，如果侵权人不使用专利产品而使用非侵权替代品也能达到接近专利产品的效果，则专利权人就不能主张较高的合理许可费。

因素十是该专利技术的性质。

因素十一是有关侵权人使用该专利技术的程度以及可证实的使用价值的证据。

因素十二是为使用该专利技术或相类似技术在特定行业或类似行业中惯用的产品售价或利润上占有的比重。

因素十三是该专利技术所产生的能实现的利润部分。这部分利润与非专利因素、生产过程、经营风险或是侵权人所增加的重要特征或改良等无关。

因素十四是具有资质的专家证言。这个因素主要从证据的角度考虑，资质越高的专家对其证据的可信度也越高。

因素十五是（在侵权开始时）许可人（如专利权人）及被许可人（如侵权人）若合理、自愿地协商所可能同意的数额。这个因素主要是以假想谈判法的思想对合理许可费的判断的兜底性因素。

2. 地区法院如何裁定具体的许可费

（1）摩托罗拉的观点。摩托罗拉认为其有权获得微软的 windows 和 Xbox 产品的净销售价格的 2.25% 作为专利许可费率，以换取其 H. 264 和 802.11 标准必要专利组合的许可。主要支撑该数字的协议包括：①MMI 和 VTech Telecommunications 之间签订的 2011 年许可协议；②摩托罗拉和

Researh In Motion Limited 之间签订的 2010 年交叉许可协议；③在被摩托罗拉收购之前，Symbol 签订的三项协议。

（2）微软的观点。微软支持通过参考比较来获得费率，其用以比较的案子大多基于两个专利池——一个 H. 264SEP 专利池和一个 802. 11SEP 专利池。

（3）地区法院的观点。本案中，法官修正了 Georgia-Pacific 案中的因素，通过 15 项因素来模拟假设性双边谈判来决定合理的许可费用。在计算过程中使用了逻辑和计算方法。James Robart 法官认为对于需要遵守 RAND 的 SEP 来说，Georgia-Pacific 案的因素需要进行修正，原因是：第一，SEP 的所有权人必须以 RAND 条件来进行专利许可，而其他专利的所有权人没有类似的义务；第二，标准的执行者能够认知到，他们需要从很多不同的 SEP 的所有权人处取得许可。

①关于 H. 264 标准的许可费。首先，法院先认定了一个情境，即摩托罗拉收到的许可费等于在其和其他所有 H. 264 标准必要专利持有人均按照现行专利池许可费率结构而加入专利池的情况下，其将收到的许可费。其次，除摩托罗拉拥有 63 项全球范围 H. 264 专利之外，还考虑了增加 89 项其他具体的 H. 264SEP 的堆叠效果，在现行的 MPEG LA 许可费率结构下提交了协议书但不加入 MPEG LA 专利池的公司披露了这些专利。因此，得出微软向摩托罗拉需支付每单元 0. 185 美分的许可费。最后，在 RAND 许可费区间，摩托罗拉 H. 264 标准 SEP 组合的许可费为摩托罗拉在上述情境下收取的许可费加上上述许可费的两倍，即 0. 555 美分/单元。

②关于 802. 11 标准的许可费。其一，基于 RAND 原则修正了 Georgia-Pacific 分析的要素 12，微软和摩托罗拉应该考虑 Via Licensing 802. 11 专利池、Marvell WIFI 芯片和 InteCap 评估作为摩托罗拉 802. 11SEP 组合的 RAND 许可费率的指导。其二，上述三个指导参考对 RAND 许可费率的估算产生了以下方法：A. Via Licensing 802. 11 专利池说明许可费率为每单元 6. 114 美分；B. Marvell WIFI 芯片为 ARM 支付的许可费率为每单元 3 ~ 4 美分；C. InteCap 评估推理出的许可费率为每单元 0. 8 ~ 1. 6 美分。其三，法院最终决定采用以上三种指导参考取平均值。其中 Marvell WIFI 芯片为 ARM 支付的许可费率为每单元 3. 5 美分，InteCap 评估推理出的许可费率为每单元 0. 8 美分；因此，平均值

为 3.471 美分。

同时，法院还裁定了上述许可费的上限和下限数值，此处不再赘述。

3. 巡回法院裁决

摩托罗拉指出地区法院对 FRAND 许可费率的裁决违反了 CAFC 规定的框架［具体请参考 Georgia-Pacific Corp. v. U. S. Plywood Corp., 318 F. Supp. 1116（S. D. N. Y. 1970)］。第九巡回法院指出本案实质上不是专利案件，而是合同违约案件，所以地区法院不需要严格参照 Georgia-Pacific 案的15 个因素，而可以做适度调整。因此，维持地区法院的判决。

（三）分析思考

1. 计算费率时考虑的因素

在费率计算过程中，不可能存在严格统一的标准，巡回法院也指出，FRAND 许可费率受合同法的约束，所以地方法院可以适度地调整参考的因素。因此，本案中地区法院灵活地使用了费率制定方法，在费率计算时主要采用的是在专利侵权赔偿中"假设性谈判"的方法进行修正，对 Georgia-Pacific 案的 15 个因素进行了修正，对其中 3 个因素直接使用，10 个进行修正，2 个放弃使用。

类似的方法还存在于 2013 年美国 Ericsson v. D-Link 案中，但是这一案件对 Georgia-Pacific 案的 15 个因素还做了进一步修正，该案也非常具有典型性，本案对专利许可费的计算体现了更严谨的计算方式。

2. 关于合同违约问题

巡回法院认定该案件属于合同违约诉讼；标准制定组织的 FRAND 专利政策只是专利权人和标准制定组织双方同意的合约，在此情况下，利用合同违约诉讼可以说非常巧妙。这为标准实施者提供了新的法律途径，可以通过违反 FRAND 条款提出合同违约诉讼，甚至可以索赔律师费。对 SEP 拥有者来说无疑是一种阻力。这样的结果可能导致 SEP 的拥有者对于参与标准制定的热情减退，继而退出标准化组织，这样可以避免 FRAND 条款的约束。

3. 申请禁令与是否违反 FRAND 条款之间的关系

在本案中，微软提出申请禁令的行为违反了 FRAND 原则；但是第九巡回法院并没有说提出请求禁令的诉讼就直接违反了 FRAND 条款，而是看个案的具体情况，例如，要约是否有诚意，要约的费用是否合理，等等。

而且，由于337调查的法律救济也是禁令，因此，如果SEP专利权人向ITC提出337调查，有可能也会构成违反FRAND条款。其实对于ITC是否可以受理SEP这一问题，一直以来就有较大争议，因为ITC没有法律权利要求当事人进行赔偿，只能发出禁令，这与SEP首要是协商许可的初衷是不一致的。

4. FRAND许可费率判定

本案用法律经济学原理来计算FRAND许可费率。许多人提出，如果标准制定组织制定专利政策时就规划好FRAND许可费率，那么当事人和法庭就不需要浪费资源计算费率了。但是事实上，标准化组织一般不是政府组织，其大多数情况下是市场行为，如果过多地对参与者进行约束，可能不能达到有效吸引专利权人参与标准制定的目的。

James Robart法官对于费率的这个计算方法引发了对SEP应有价值的大范围讨论，许多人认为这种算法低估了专利的价值。可以看出，围绕SEP和RAND原则的司法判决和法律讨论一直是知识产权领域的热点。

二、爱立信诉友讯案

类似的方法还存在于2013年美国爱立信诉友讯案中，该案对Georgia-Pacific案的15个因素还做了进一步修正，该案也是非常具有典型性，对专利许可费的计算体现了更严谨的计算方式。

（一）背景介绍

2010年9月14日，爱立信公司（Ericsson Inc.）和爱立信电话公司（Telefonaktiebolaget LM Ericsson）（以下将两家公司统称为爱立信）于美国德克萨斯东区联邦地区法院提起侵权诉讼，被告为友讯系统公司（D-Link Systems, Inc.）等，爱立信认为友讯侵犯了其与IEEE Wi-Fi标准对应的5项专利。爱立信在加入IEEE时，作出了RAND承诺。

2013 年 8 月 6 日，美国德克萨斯东区联邦地区法院作出判决，[①] 判定友讯侵犯了爱立信的 3 项专利权，并且裁定了每单元 0.5 美元的费率。

随后，被告对裁决不服，向 CAFC 提起上诉。

2014 年 12 月 4 日，CAFC 作出判决，[②] 维持了部分专利的侵权裁决，驳回了部分专利的侵权裁决，并且撤销了陪审团的损害赔偿判定和继续许可费判定。

（二）费率计算

1. 地区法院支持了爱立信使用终端产品的机制确定许可费的计算方法

为了确定合理的许可费，专利权人通常会考虑假设性谈判，其中主张的专利权利要求被假定为有效、可执行的，且被侵权的，并试图确定如果双方当事人在侵权开始之前成功谈判协议时将同意的许可费。计算合理许可费需要确定两个单独且不同的金额：一是许可费技术或侵权涉及的收入池；二是许可费率或上述收入池的"足以补偿"原告的侵害损失的百分比。

在判决中，爱立信认为应当根据可比许可协议实际表示的许可费来确定这组标准必要专利的许可费。由于爱立信仅主张了这 5 项专利的专利权，而非所有 WI-FI 的标准必要专利，因此，爱立信分摊了可比许可协议中的许可费来确定爱立信的许可费。该案的费率计算中，有两个特点：其一，以爱立信的 802.11 组合许可收入作为许可费计算的基础；其二，分摊了 802.11 许可收入，以剔除归因于非涉案专利的价值。得出了 0.5 美元/单元的计算方式。

最终陪审团裁定被告侵权 3 件美国专利，并判决每件侵权设备的费率为 0.15 美元。

---

① 2013 WL 4046225. Only the Westlaw citation is currently available. United States District Court, E. D. Texas, Tyler DivisionEricsson Inc. , et al. , Plaintiffs, v. D-Link Systems, Inc. , et al. , Defendants. CASE NO. 6：10 – CV – 473August 6, 2013.

② Ericsson, Inc. , TelefonaktiebolagetLM Ericsson, and Wi-Fi One, LLC, Plaintiffs-Appellees, v. D-Link Systems, Inc. , Netgear, Inc. , Acer, Inc. , Acer America Corporation, and Gateway, Inc. , Defendants-Appellants, andDell, Inc. , Defendant-Appellant, andToshiba America Information Systems, Inc. and Toshiba Corporation, Defendants-Appellants, AndIntel Corporation, Intervenor-Appellant, andBelkin International, Inc. , Defendant. Nos. 2013 – 1625, 2013 – 1631, 2013 – 1632, 2013 – 1633. United States Court of Appeals, Federal Circuit. Dec. 4, 2014.

2. CAFC 关于费率计算的问题

被告对裁决提出了上诉，CAFC 驳回了被告关于爱立信使用可比许可协议的指控，但是其指出了地区法院的几个问题：（1）没有就爱立信的 RAND 承诺作出说明；（2）没有说明专利技术的认可许可费都必须从整个标准的价值中分摊；（3）没有说明 RAND 许可费的费率必须基于专利的价值。

（三）分析思考

1. 整体市场价值规则和分摊

爱立信的专家 Bone 从终端的价值得出 0.5 美金/单元；其以 Wi-Fi 芯片为最小可销售单元；但是友讯认为，爱立信没有证据表明芯片驱动了终端产品的需求，同时认为其违反了整体市场价值规则。

但是陪审团认为，实际上 Bone 已经从两个层面来分析了分摊，第一个层面将收入池降低到爱立信的 802.11 标准贡献的价值。虽然每个许可只覆盖 802.11 标准的某些部分，即第三方被许可人认为被爱立信组合覆盖的 802.11 标准的部分，但是它们真实地反映了爱立信 802.11 专利在市场上的价值；而且已存在的许可费通常被认为是专利的合理许可费的最佳衡量标准。第二个层面的分摊考虑到原告主张的只有 5 项专利权而非 802.11 专利组合的全部，因此其没有违反整体市场价值原则。

而关于被告辩称的，有关 Bone 的分析是由于使用终端产品的价值且没有证明专利特征是被控产品的客户需求，也基于同样的理由而被驳回；因为 Bone 的分析中收入基础不是终端产品的市场价值，而是涉案专利对终端产品的贡献的市场价值。爱立信关于 SEP 的收入是其为终端产品增加的价值，而不是归因于整个终端产品。而且 Bone 的分析针对所有销售的被控产品要求基于每单元的许可费，其不会随终端产品的价格波动。上述论证进一步证明，其分析过程没有将价值归因于整个终端产品。

而 CAFC 认为，许可协议可以帮助陪审团判断许可费是否合适，法院可以采纳这些许可协议，但是同时要考虑其中的不同因素。

2. RAND 义务

（1）在被告就爱立信的损害赔偿重新提出的作为法律问题的判决的动议或作为替代方案对于撤销、见面损害赔偿或新的损害赔偿审判的动议（诉讼记录第 529 号）中，被告认为他们有权获得相关法律问题的判决，因为陪审团的损害赔偿金与爱立信的 RAND 义务不一致。被告辩称，爱立信承担了向"无限制"数量的被许可人提供许可的 RAND 义务，但爱立信拒绝向英特尔提供许可。根据爱立信的要求，判决中没有包含对于英特尔损害赔偿的空间。被告认为这相当于拒绝向英特尔提供许可，这违反了爱立信的 RAND 义务。

爱立信认为被告放弃了这一论点，因为被告从来没有以没有评估对 Intel 的损害赔偿的空间为由而反对判决书。此外，爱立信认为这个问题没有实际意义，因为其现在已经向英特尔提供了许可。

被告基本上认为爱立信违反其 RAND 义务，因为其不起诉英特尔，然后在介入此案后也未向英特尔寻求赔偿。这个论点没有得到支持有两个原因：其一，爱立信是原告。作为原告，它是自己案件的主人，被告没有证据说明原告必须在案件中向所有被告寻求赔偿。其二，这个问题没有实际意义，因为爱立信在使用前向英特尔提供了许可，因此，爱立信没有违反 RAND 义务。

（2）在被告关于对审判后事实认定和法律结论的判决的动议（诉讼记录第 588 号）中，也论述了爱立信许可英特尔的 RAND 义务。

爱立信没有拒绝许可给英特尔，它于 2013 年 3 月向英特尔提供了许可，因此没有违反其 RAND 义务。爱立信以等同于其与被告的费率和条款向英特尔提供许可。英特尔虽然声称爱立信的报价是不实际的，但是其并没有证据。审判后，爱立信修改了对英特尔的许可，以反映陪审团的判决，这两项报价都是英特尔从未违反过的合法 RAND 报告。因此，爱立信满足任何 RAND 向英特尔提供许可的义务。

3. 对 Georgia-Pacific 要素的使用

使用 15 个 Georgia-Pacific 要素时不能照搬，如果选择使用这些要素，需要阐述各个要素对损害赔偿计算的影响，作出结论性评述。在本案中，地区法院不顾反对将所有 15 个 Georgia-Pacific 要素纳入损害赔偿中，是不合适的。

在与 RAND 相关的案件中，许多 Georgia-Pacific 要素根本无关，甚至与 RAND 原则相悖。例如，要素四"专利权人通过不许可他人使用专利的既定政策和营销安排来维持专利垄断，或者为许可设置特殊的条件来保护这种垄断"，但 RAND 承诺，不允许存在这种维持专利垄断的策略。同样的，要素五"专利权人与侵权人的商业关系，比如他们是在同一地区或行业的竞争者，或他们是技术的开发者与推广者"也是无关的，因为爱立信必须以 RAND 费率提供许可。

实际上对于标准必要专利，至少需要对其他几个 Georgia-Pacific 要素进行调整，例如，要素八考虑了发明的"普遍程度"，由于标准必要专利的推广性可能会被过度放大；而要素九对于标准必要专利来说也是不公平的，因为技术被使用是标准必要专利的必然性，而不一定是因为它对现有技术的改进；要素十考虑了许可人的商业实施方案不相关的问题。

三、再创新知识产权公司案

在计算 SEP 费率时有许多方式，在此不得不提的是近年来美国的再创新知识产权公司（Innovatio IP Ventures，LLC）案件，其利用了专利价值评估法，即认为 SEP 专利权人仅能就自己专利技术创造的价值获得收益。因此，该方法要求判断专利技术的价值时将权利要求覆盖的价值从产品整体价值中分离，这也是美国专利法中发展出的"技术分摊法"。其对应的 SEP 费率计算方法以技术分摊法为基础，采用自上而下（Top-Down）的方式计算。

（一）背景介绍

本案原告为 Innovatio 公司，被告为思科系统有限公司（Cisco System Inc.）、摩托罗拉等公司。Innovatio 参与 IEEE 的 802.11 无线标准标准制定，并拥有与其对应的 SEP，其也对 IEEE 作出过 FRAND 许可承诺。

2011 年，Innovatio 于美国伊利诺伊北区联邦地区法院提起诉讼，指控思科等无线网络设备制造商侵犯其 23 项专利。思科等公司随即提起了反诉。

法院于 2013 年 9 月发出备忘录意见书[①]。

（二）费率计算

由于该案涉及的标准必要专利权人已经就相关标准必要专利作出过

---

① 2013 WL 5593609 Only the Westlaw citation is currently available. United States District Court, N. D. Illinois, Eastern Division. In re Innovatio IP Ventures, LLC Patent Litigation This Order Applies to all CasesMDL Docket No. 2303 Case No. 11 C 9308Filed：October 3, 2013.

FRAND 许可声明，因此该案的争议焦点主要为 FRAND 许可中合理许可费的确定问题。

法院发出的备忘录意见书沿用了微软和摩托罗拉案中假设性双边谈判的方式，确定了涉案专利的 FRAND 费率。

1. 确定 RAND 许可费的方法

（1）分析了罗伯特法官在微软与摩托罗拉案中适用的方法。罗伯特法官解释说："如果没有清楚地了解 RAND 的含义，那么很难或不可能弄清楚摩托罗拉是否违反了以 RAND 条款许可其专利的义务。"此外，事实调查员需要将摩托罗拉的报价与 RAND 费率进行比较，以及"一个合理的 RAND 费率范围，因为不止一个汇率可能是 RAND。"因此，罗伯特法官首先进行了一项替补审判，以确定摩托罗拉的标准必要专利组合的 RAND 费率和范围，这些专利可以作为其审议微软违反合同索赔的一部分提供给陪审团。

罗伯特法官认为，执行 RAND 估值的最佳方式是模拟摩托罗拉与微软之间在摩托罗拉 RAND 义务背景下的假设性双边谈判。为此，罗伯特法官调整了法院考虑的 15 个传统的 Georgia-Pacific 因素，以确定假设谈判的结果。

进行这种假设性谈判的目的是"确定当事人在侵权开始之前成功谈判协议时双方当事人会同意的特许权使用费"。因此，法院必须"尽可能地尝试重新创建事前许可协商方案并描述由此产生的协议"。为了进行假设性谈判，法院认为所声称的专利权利要求是有效的并且其受到了侵犯。

然而，由于 RAND 义务的独特情况，罗伯特法官通过消除其中三个因素，并通过修改或组合其他因素来调整评估假设性谈判的 15 个因素。

罗伯特法官在整个分析过程中依赖于这些因素。然而作为一个实际问题，罗伯特法官的分析分三步进行，这为任何法院试图确定某一特定专利组合的 RAND 许可率提供了框架。

首先，法院应考虑专利组合对标准的重要性，同时考虑许可组合中对标准至关重要的所有专利的比例，以及专利组合作为整体对标准的技术贡献。（"因此，一项非常重要且对标准至关重要的专利可以合理地获得比不太重要的专利更高的专利费率。"）其次，法院应该考虑整个专利组合对涉嫌侵权人被控产品的重要性。["特定的（标准必要专利）可能对给定标准的可选部分有很大贡献，但如果实施者不使用该部分，则特定的（标准必要专利）对实施者可能没什么价值。"] 最后，法院应审查可比专利的其他许可，以确定授权专利组合的 RAND 费率，使用其关于许可组合对标准的重要性的结论，以及涉嫌侵权人的产品，以确定是否给定许可或一组许可是可比的。

（2）对罗伯特法官的方法的修改。该法院会采用类似的程序重建关于 RAND 费率的假设性谈判，以授权 Innovatio 的 802.11 标准必要专利。然而，法院指出，该专利侵权案件的某些特殊情况需要对罗伯特法官的做法进行一些修改。首先，微软 RAND 评估的目的是确定 RAND 费率，以便陪审团可以确定摩托罗拉向微软提供的许可是否符合其 RAND 义务。因为根据 RAND 义务，"初始报价不必是 RAND 条款，只要 RAND 最终签订" 和 "因为不止一个比率可以被认为 RAND"，法院确定合理的 RAND 范围并给予陪审团，以使其进行比较。相比之下，RAND 确定的目的是为侵犯标准必要专利设置损害赔偿金。因此，法院必须为计算损害赔偿金而不是范围以确定单一的 RAND 费率。

其次，微软的各方并没有关注所谓的标准必要专利是否对标准至关重要的问题。相反，只要专利的必要性令人怀疑，法院就会得出结论："假设谈判中的实施者会怀疑地看待（所谓的标准必要）专利"。法院随后认为："假设谈判的当事人将坐在谈判桌旁，审查（标准必要）专利对其标准的重要性，并得出结论：'由于缺乏更好的证据，他们的价值将会减少他们真正的相关性'。"相比之下，该法院已经单独进行了一项程序，以确定 Innovatio 专利的必要性，并确定它们都是标准必需品。由此产生的问题是，在法院裁决之前，法院是否应调整其必要性是可疑的专利许可率。

进行这样的调整似乎是合理的，因为 "假设的谈判尽可能地重新尝试复制谈判方案，并描述由此产生的协议"。在侵权之前，当事人不知道法院是否会将某项专利确定为标准必要专利，因此，有人可能认为许可协商应该解释这种不确定性。

该论点的问题在于假设的谈判是反事实的，法院通常只有在确定责任后才依赖。在假设性谈判时，当事人实际上不知道某项专利是否有效或被侵权，并且被控侵权人可以选择在法庭上对这些问题提出异议。尽管如此，当侵权诉讼的损害赔偿阶段到来时，法院已经确定了侵权和有效性，从而阻止了假设的谈判者从未来的法院裁决中获得任何不确定性。"在考虑 15 个 Georgia-Pacific 因素时，假设各方完全了解事实和当时侵权的情况。"①。换句话说，假设的谈判代表不能再离开谈判桌，在法庭上对赔偿责任提出异议，并且不再需要法院判决的不确定性。因此，"假设的谈判也假设所声称的专利权利要求是有效的并且被侵权"，因为如果不是这样，就不会发生假设的谈判。专利侵权人对其许可费没有折扣，因为其责任的不确定性已经被诉讼清理。

类似地，根据关于给定专利的必要性的诉前不确定性来调整 RAND 率是不合适的。既然法院已经裁定了必要性，专利所有人就不能离开假设的谈判，理由是法庭上会质疑其必要性。RAND 义务要求它授予许可。因此，与法官罗伯特不同，法院不会根据关于特定专利的必要性的诉前不确定性来调整 RAND 费率。

最后，法院指出，鉴于其之前的结论，适当的特许权使用费基础是 Wi-Fi 芯片，这是为电子设备提供 Wi-Fi 功能的小型模块。此外，法官罗伯特的方法的第一步和第二步可以有效地合并。因为根据定义，Wi-Fi 芯片的目的是提供 802.11 功能，因此确定 Innovatio 专利对 802.11 标准的重要性也决定了这些专利对 Wi-Fi 芯片的重要性。因此，法院的分析并未包括评估 Innovatio 专利对被控产品重要性的单独部分，而是将该分析合并到有关 Innovatio 专利对 802.11 标准重要性的调查中。

（3）假设谈判的日期。CAFC 表示"在每种情况下，应该只有一个假设的谈判日期，而不是单独的侵权行为的单独日期。"在这里，双方同意适当的日期如下：假设谈判是 1997 年，大约是最初采用 802.11 标准的时间，因此，大约是制造商开始销售涉嫌侵犯专利的 802.11 兼容产品的时间。双方同意谈判各方涵盖所有后来获得的 802.11 标准必要专利的单个授权进行协商，

---

① 参见 LaserDynamics, Inc. 诉 Quanta Computer, Inc. 案，694 F. 3d 51, 76 (Fed. Cir. 2012)。

因此，使用 1997 年作为包括那天之后申请和发布的专利的谈判日期是合适的。

（4）与 RAND 认定相关的概念。法院还对避免专利挟持、许可费堆叠、激励发明参与标准制定等多方面进行论述，以便作出合理的裁定。

2. 认定适当的许可费基础

双方在其各自适当的专利许可费的立场，代表了两种根本相反的方法。因此，法院必须先确定适当的许可费基础，再进行 RAND 分析的其余部分。

Innovatio 认为，法院应将许可费计算为具有无线功能的终端产品销售价格的百分比，包括笔记本电脑、平板电脑、打印机、接入点等。根据 Innovatio 提出的方法，法院应该通过所谓的"Wi-Fi 特征因子"来计算最终产品的最终销售价格，这将考虑可归因于 802.11 功能的最终产品的价值（如接入点或终端设备）。例如，Innovatio 提出具有无线功能的笔记本电脑具有 10% 的特征因子，这反映了它的许多因素。只有 10% 的笔记本电脑的价值是由于 Wi-Fi，相比之下，接入点的特征因子为 95%，反映出接入点的几乎所有值都是由它提供的 Wi-Fi 功能引起的。在将特征因子乘以制造商对最终产品收取的价格之后，Innovatio 建议法院乘以 6% 的基准许可费率，该比率来自于 Innoatio 认为作为其他 802.11 标准必要专利组合的可比许可协议的比较。例如，Innovatio 提出的方法为平均每个接入点的费用约 3.39 美元，每台笔记本电脑 4.72 美元，每台平板电脑最高 16.17 美元，每个库存跟踪设备（如条形码扫描仪）最高达 36.90 美元。

相比之下，制造商认为，法院应将许可费计算为制造商为每个 Wi-Fi 芯片支付的价格的百分比。Wi-Fi 芯片是指一种小型硅器件，是在制造过程中插入电子设备如便携式计算机或无线接入点的一角钱大小的器件，其为设备提供 802.11 无线功能。在这种情况下，每个被控终端产品包括至少一个 Wi-Fi 芯片。根据制造商的说法，法院首先应确定 Wi-Fi 芯片的加权平均销售价格；法院然后应确定该价格占芯片制造商平均营业利润的百分比，制造商认为这是知识产权使用费的最大可用金额；法院最后必须将代表所有 802.11 标准必要专利的最高许可费的金额分摊到此案例中的专利。制造商方法计算的结果是每个芯片的许可费为 0.72～3.09 美分，远低于 Innovatio 提出的许可费。

专利损害赔偿的总体目标是："授予索赔人足以赔偿侵权的损害赔偿金，但在任何情况下都不得低于侵权人对发明使用的合理使用费。" CAFC 解释说："多组分产品的小元素被指控侵权，计算整个产品的特许权使用费带来相当大的风险，即专利权人将被非正当地补偿非侵权组成部分。"因此，法院必须计算许可费，不是基于整个产品，而是基于"最小可销售专利实施单元"。

在这种情况下，双方提出了广泛的证词和争论，争论最小的是可销售专利实施单元。Innovatio 争辩说，其许多专利权利要求都涉及 Wi-Fi 芯片以外设备的系统和方法，包括天线、接入点、处理器和无线电。而制造商认为最小可销售专利实施单元就是 Wi-Fi 芯片。

双方关于将"最小的可销售专利实践单位"测试应用于 Innovatio 声称的索赔的争议，超出法庭争议的解决方案之外，Innovatio 对其方法的应用并没有可靠地将终端产品的价值分配给专利特征。鉴于证据失败，法院根据记录无法作出选择，只能根据 Wi-Fi 芯片计算许可费。

3. 专利对 802.11 标准的重要性

法院首先论述了 802.11 标准的基本技术背景，然后对其是否为可替代的技术进行论述。

修改后的 Georgia-Pacific 要素 9 要求法院考虑专利技术的效用和优势，该效用和优势是指相对于在标准通过之前本可以写入标准专利技术的替代品。假设谈判与可能替代方案的相关性是显而易见的，因为可以在标准中采用的专利技术的同等有效替代方案将降低专利持有人可合理要求的特许权使用费。原因在于如果专利持有人要求过高的许可费，标准制定机构将以较低的价格采用另一种替代方案。因此，法院将在评估 Innovatio 专利对 802.11 标准的贡献时考虑是否存在可以采用的标准的替代方案。然而，双方就法院应如何评估潜在的替代方案提出了两个重要争议。

（1）各方对法院应如何处理因获得专利而不会成为免费的替代方案具有不同看法。

制造商认为，专利技术可以被视为一种替代方案，并且它可以像降低公共领域的技术一样有效地降低价格。其还认为，即使是获得专利的替代方案也可以在事前假设的谈判中有效降低价格。

相比之下，Innovatio 认为，没有专利持有人会接受实际上为零的特许权使用费，因为创新者必须为其工作获得补偿，否则他们将不参与该标准。

因此，法院将考虑获得专利的替代方案，但会认识到他们不会像公共领域的技术那样压低假设谈判中的特许权使用费。换句话说，专利替代方案的存在并没有像在公共领域存在替代方案那样提供降低 Innovatio 专利价值的理由。

（2）双方争议还在于标准采用时公开知道的提议替代方案（如通过其在行业期刊上发布）是否足以为 IEEE 提供替代"可用"。

制造商的立场是任何公开可用的替代方案都可以被纳入标准。相比之下，Innovatio 认为只有在有证据表明 IEEE 将其作为其关于制定标准的审议的一部分时，才能提供替代方案。

法院认为，证词表示 1997 年标准制定组织被锁定使用信道共享和休眠专利族专利。因此，就这些专利族的分析，法院评估了 1997 年可用的替代方案。而对于多收发器专利族可追溯到 1999 年采纳的 802.11 标准版本，因此，将对 1999 年该专利族的替代方案进行评估。

（3）Innovatio 的专利。为了进行 RAND 审判，各方将 Innovatio 的专利分为四个专利族，每个专利族都反映了与 802.11 操作的一个领域相关的一系列功能。通过审判，双方达成协议，制造商的被控产品都没有实施 Innovatio 的 Mesh 专利族所对应的 802.11 标准。因此，双方同意法院在确定 RAND 费率时，不需要考虑 Innovatio 的 Mesh 专利族。因此，法院在这种情况下确定的 RAND 费率并不反映 Innovatio 的 Mesh 专利族的价值。法院评估了每个专利族对整体 802.11 标准的重要性。

（4）可比协议。分析的下一阶段要求法院评估各方提出的许可协议，作为适用于确定修正后的 Georgia-Pacific 因素 1 和因素 2 下确定 RAND 费率是合适的。

关于 Innovatio 对 Broadcom 的许可协议，法院认为 Innovatio 的购买涉案专利的价格在本案的认定中不起作用。

Innovatio 提出的可比协议及与本案对比如下。①Motorola Mobility，Inc. /
VTech 许可协议：不适用于本案；②Symbol 与 Proxim 和 Terabeam 许可协议：
不适用于本案；③Symbol/LXE 许可协议：不适用于本案；④Qualcomm/
Netgear 许可：不适用于本案。

制造商提出的可比协议及与本案对比如下。①Via Licensing 专利池：不
适用于本案；②非 RAND 的可比协议，不适用于本案。

4. 法院考虑的其他计算 RAND 费率的方法。

（1）"自下而上"方法。制造商的专家莱纳德博士 Leonard 提出了一种
"自下而上"的方法来计算 RAND 许可费。从本质上讲，自下而上的方法建
议，确定实施可能已被采纳到标准中的 Innovatio 专利的合理替代方案的成
本，并将该成本除以侵权单位的总数，以确定 Innovatio 专利的每单位使用费
的最大值。自下而上的方法基于这样的理论：1997 年谈判中假设被许可人不
会为 Innovatio 的专利支付比替代方案更多费用。

然而，Innovatio 专利没有替代方案可以提供 Innovatio 专利的所有 802.11
标准功能。此外，罗伯特法官拒绝采用这种"增量价值"方法，理由是准确
的分析过于复杂，法院无法履行；而且作为自下而上方法的最后一个问题，
莱纳德博士没有说明 Innovatio 专利的替代方案可能会收取的许可费。由于上
述原因，法院驳回莱纳德博士的自下而上方法作为计算本案中 RAND 许可费
的适当方法。

（2）"自上而下"方法。莱纳德博士还介绍了一种计算 RAND 费率的方
法，他称之为"自上而下"方法。尽管"自上而下"方法并不完美，但根据
计算合理使用费的固有不确定性，没有计算 RAND 费率的完美方法。然而，
在考虑了所有这些因素之后，出于下述原因，法院确定自上而下的方法最好地
接近于 1997 年在 Innovatio 的专利被采用进入标准之前，假设的谈判各方最有
可能达成协议的 RAND 率。因此，法院将使用自上而下方法进行适当修改，以
计算 RAND 费率。

总而言之，自上而下方法始于 Wi-Fi 芯片的平均价格。根据该平均价格，
莱纳德博士计算了芯片制造商在每个芯片销售中获得的平均利润。接下来，
莱纳德博士将芯片上的可用利润乘以 Innovatio 的 802.11 标准必要专利数量，

除以 802.11 标准必要专利总数，计算得出了分数。莱纳德博士还通过改变分数的分母为这一步骤提供了几种替代计算，以解释有关 Innovatio 专利对 802.11 标准的价值的不同结论。

5. RAND 计算

其主要意见为：（1）由于该案中多部件产品中的仅一小部分被控侵权，因此，应基于事实专利的最小可销售专利事实单元来计算许可费；（2）确定费率时，应考虑专利对于标准的重要性；（3）基于本案当事人双方所提供的证据，在可比协议、自下而上、自上而下等方法中选用了自上而下的方法来计算费率。该方法可以有效地避免许可费堆叠，不依靠其他协议就能实现专利价值分摊，能够实现定量分析，且并非简单基于数量比例来实现价值分摊。

在案件审理中，法官首先认定由 Innovatio 提出的五种许可合同及制造商所主张的两种许可合同均不能作为该案的可对比许可协议。在没有其他可比较许可协议为参考的情况下，法庭接受 Leonard 博士的"自上而下分析法"（Top-down approach）。具体包括以下几个方面。

（1）Wi-Fi 芯片的价格。根据业内认可的市场研究公司 ABI Research 的 2010 年报告，得到计算或预测的从 2000～2015 年每年 Wi-Fi 芯片的平均销售价格、每年销售的数量。将 2000～2013 年的所有芯片的加权平均数，由此得出芯片的价格为 3.99 美元。但是考虑到后来几年芯片的产量大幅提升而价格大幅滑落，这是技术标准带来的效应，不应将其纳入 FRAND 问题考虑中，因此，法院在权衡之后，将芯片平均价格认定为 14.85 美元。

（2）芯片制造商在 Wi-Fi 芯片上的利润率。法院审查了 Broadcom 2000～2012 年销售的 Wi-Fi 芯片的营业利润，为 12.1%。同时也评估了 Broadcom 和另一家芯片制造商的证据，由此得出，Wi-Fi 芯片的利润率在 9.4%～14.4% 之间，最终，法院采用了 12.1% 作为 Wi-Fi 芯片的利润率。

（3）802.11 标准 SEP 的总数。法院主要依赖一个具有技术部门的管理咨询公司 PA Consulting Group 于 2013 年 7 月作出的报告，得出 802.11 标准 SEP 数量为 3106。另外，经过分析可能存在的潜在的 SEP 数量为 3266。因此，两者的数量较为一致，最终法院采用了 3000 这个数字。

（4）计算。虽然按照传统的自上而下的方法，Innovation 专利贡献的价值应该是其 SEP 数量占所有 802.11 标准 SEP 数量的比例；但是，法院根据以下内容调整了 Innovation 专利贡献的价值：所有电子领域前 10% 的专利占所有电子领域专利的价值的 84%。

而法院认为 Innovatio 专利对于标准具有中等到中高等重要性，这意味着它们对标准带来了重大价值。由此法院认为，Innovation 的专利均为带来重大价值的 802.11 标准 SEP 的前 10%。因此，法院计算出 FRAND 许可费为：14.85 美元（芯片的平均价格）× 12.1%（制造商的利润率）× 19（InnovationSEP 数量）/（3000 × 10%）× 84%，结果约为 9.65 美分。

（三）分析思考

1. 按重要性进行区分专利

在本案中，法官采用自上而下的方法，分析 Innovatio 公司的 SEP 数量以及 802.11 标准的所有 SEP 数量；但是其并非机械地进行简单的占比运算，其利用了不同专利对专利价值的贡献不同的方式，参考有关第三方数据，对全部专利组合的价值贡献率进行了区分计算。

2. 最小可销售专利实施单元

Innovatio 公司认为应以终端产品的价格作为 FRAND 许可费的计算基础；而法官采用了以芯片作为计算的基础，因为 802.11 标准只是关于芯片的标准，以终端产品为计算基础会包括许多额外其他的技术，所以芯片才是与其受专利保护的发明最相近的最小可销售单元（the smallest salable infringing unit with close relation to the claimed invention）。其实在 2009 年的康奈尔大学诉惠普公司案中已经对最小可销售单元的概念进行了定义，但是 Innovatio 案是第一个在审判中使用这个概念的案件。虽然对于这个概念的使用还有一定的分歧，但是无疑这一案件中的这种突破的举动是值得赞扬的。最小可销售专利实施单元可以促使权利人说明其专利技术对产品价值的具体贡献，在具体应用中应当根据实际情况分析涉案专利的技术贡献范围。

四、小结

对于 FRAND 原则的性质及如何看待 FRAND 原则中作出的承诺，总结业界的观点，可以从以下几个方面来看待。

（1）专利权人与标准化组织合同的一部分；（2）专利权人对标准实施者的要约邀请；（3）专利权人对标准实施者的要约；（4）专利权人应负的强制缔约义务；（5）专利权的弃权声明，放弃了拒绝许可权、自由定价权等。

不可否认，在全球的司法判例中，各国都在努力地寻找更准确的费率制定标准，虽然对此问题仍处于探索和摸索阶段，但是各国在司法中勇于实践和突破，目前已经有许多进行费率的计算方法如可比许可费率、自上而下法，等等。

（一）费率计算与标准必要专利数量

从近期判决的案件如华为三星案，以及美国的 TCL v. 爱立信案、英国的无线星球与华为案可以看出，在计算费率时，对所拥有的标准必要专利的数量计算是非常重要的一个环节，然而关于是否是标准必要专利，以及标准必要专利的数量是多少，这两个问题却没有科学的论断。目前，案件中采取的方法都是靠其他证据推断，那么我们认为，对于标准必要专利的认定工作就需要有一定合适的机构来完成。这是目前发展的需要，也是今后我们市场的需求。

（二）SEP 许可费计算规则中的"调整"

在目前的许可费判决中其实已经有了一些经典案例，其分析过程非常值得称赞，也可以作为今后司法实践的借鉴。我们可以在今后的案件中采用上述案件的判定方法，并且根据实际情况作出"调整"，这样可以更加方便而且更容易让人信服。

（三）许可费的判定趋向全球化

从上述案件的判例以及其他经典案件的判决结果可以看出，目前关于许可费的判定越来越全球化，某个国家的判决结果通常是全球许可费率。由于判决结果的全球化影响在加大，我国在司法建设方面也在不断地加强和提升，以助力于我国参与全球市场化的竞争。

第二节 禁令的问题

在知识产权相关诉讼案件中，经常会涉及禁令，一般是指执法当局责令被申请人停止或不得为一定行为的命令；其实质上是一种临时救济途径，是为了弥补金钱赔偿对损害救济的滞后性而产生的，是为了防止未来可能产生的损失的继续和扩大的手段。各国通过制定相关法律政策，为知识产权经营者提供事前保护和事后救济。

禁令一般包括永久禁令和临时禁令。临时禁令属于诉前阶段民事保全制度的程序法救济措施；永久禁令则是法庭经过实质审理认定侵权，判令侵权人在专利剩余保护期内停止侵权的一种实体救济措施。

近年来，对标准必要专利案件禁令的认识也在不断加深。标准必要专利随着标准的推广更容易垄断市场，所以对禁令的需求较大；但是其具有公共属性，对禁令的合理性就减弱。下面我们通过案例来对禁令进行分析。

一、微软诉摩托罗拉案

（一）背景介绍

在上文中对该案件的背景已经有了介绍，其主要通过费率的角度来分析（参见本节第一个案例），本节我们主要通过另一角度——禁令的角度来分析。

此处不得不提的就是在德国的诉讼，2011 年 7 月 6 日，在微软向美国华盛顿西区联邦地区法院起诉后 6 个月，被告通用仪器公司（General Instrument Corporation）即（摩托罗拉的子公司）在德国提起了诉讼，称侵犯其两项专利权，并且通用仪器公司还在德国的诉讼中发起了禁令救济请求，要求禁止微软在德国销售侵犯其专利权的产品。这两项专利与 H.264 标准相对应。

2012 年 4 月 17 日，德国曼海姆法院对上述禁令救济请求作出判决。

2012 年 3 月 28 日，微软公司向美国华盛顿西区联邦地区法院请求禁诉令，要求限制摩托罗拉在德国诉讼中可能获得的禁令。

2012 年 5 月 14 日，美国华盛顿西区联邦地区法院批准了微软临时限制令的动议。

2012 年 5 月 16 日，摩托罗拉就临时禁诉令向联邦第九巡回上诉法院提交了上诉通知书。

2012 年 11 月 29 日，地区法院批准微软关于驳回摩托罗拉请求禁令救济的动议。

（二）禁令问题

总体而言，该案涉及两方面的禁令问题：一是法院能否禁止 SEP 权利人在外国执行禁令的问题（反诉禁令的适用问题）；二是 SEP 权利人能否在本国获得禁令救济的问题。下面我们将分析各级法院在此过程中对这两个问题的判断。

1. 地区法院

2012 年 5 月 14 日，华盛顿西区联邦法院令中指出，初步禁令禁止摩托罗拉"执行其在德国诉讼中就其所涉及的欧洲专利获得的任何禁令救济"，并且"在地区法院能够确定禁令救济是否为适用于摩托罗拉寻求微软涉嫌侵犯摩托罗拉标准必要专利的补救措施"。

地区法院对以下方面进行了讨论。

（1）法律标准。一个组织想要获得初步的禁令救济，一般需要证明：①它很可能在案件中获胜；②如果没有初步禁令救济，可能遭受不容忽视的损害；③公平的平衡倾向于它这一方；④禁令救济在公共利益允许范围内。[1]第九巡回上诉法院基于下述测试得出结论：如果"案件存在重大的疑问"，以及公平的平衡明显地倾向于申请人，那么初步禁令是合适的，只要申请人同时证明，正如 Winter 案中所要求，禁令符合公共利益，且无法挽回的损害可能发生。

当禁令被要求的地方可能阻止相关组织在外国法院提出类似的诉讼，标准将会不同。为了获得一个反诉禁令，申请人不需要证明诉讼成功的可能性。相反，它只需要证明反诉禁令的特定因素可能对其有利。[2] 这些因素是：①案件双方和争论点是否相同，第一个诉讼是否对正请求禁令的诉讼是决定性的；②外国禁令是否会让法院发布禁令的政策受挫；③对礼让的影响是否

---

① 参见 Winterv. Natural Res. Defense Council, Inc. 555 U. S. 7, 20（2008）。
② 参见 E. & J. Gallo Winery v. Andina Licores S. A. , 446 F. 3d 984, 991（9th Cir. 2006）。

可容忍。①

为了对微软提出的禁令申请作出正确的处理，法院开始先对反诉禁令的三个因素进行分析，再对禁令的三个因素进行分析。

（2）反诉禁令因素。

①美国诉讼对德国诉讼的影响。案件双方和争论点是否相同，第一个诉讼是否对正在请求禁令的诉讼是决定性的；在反诉禁令分析中，这是一个门槛问题。

A. 美国诉讼与德国诉讼的双方是否相同？反诉禁令并不严格地要求当事人双方完全相同。相反，只要双方存在一定的利益关联就足够了。本案中，双方都承认，就反诉禁令中，当事人双方是相同的。事实上，本案中，微软是原告，摩托罗拉、通用仪器公司是被告；而在德国的诉讼中，通用仪器公司（其为摩托罗拉的子公司）为原告，微软及其欧洲的两个子公司为被告。因此，法院认定本案和德国法院的当事人双方是相同的。

B. 美国诉讼与德国诉讼中的争论点是否相同？只有在国内诉讼可以解决外国诉讼中的所有问题时，反诉禁令才是合适的。就像这个案件一样，当两个诉讼中的双方一样时，两个问题"争论点是否相同"和"国内案件是否对国外案件起决定性作用"归为一个问题。争论点不需要精确相同，但是国内案件是否对国外案件起决定性作用的结论是具有决定性的。

地区法院之前已经裁定摩托罗拉对 ITU 的声明形成了一个强制性的合同，要求摩托罗拉基于 RAND 条款来许可其 H. 264 标准必要专利，微软是该合同的第三方受益人。

作出上述裁定后，法院现在可以裁定：其一，通过提交这个诉讼，微软是否否认了它得到摩托罗拉 H. 264 标准必要专利 RAND 许可的权利；其二，如果微软没有否认它获得许可的权利，那么摩托罗拉 10 月 29 日的信函是否对于摩托罗拉 H. 264 标准必要专利声称了一个不合理的高许可费率，因此，违反了摩托罗拉在 RAND 条款下的义务。就上述问题，双方提出了建议判决

---

① 参见 Applied Med. DistributionCorp. v. Surgical Co. BV, 587 F. 3d 909, 913（9th Cir. 2009）（citing Gallo, 446 F. 3dat 991, 994）。

的交叉动议，在 2012 年 5 月 7 日，法院就这两项动议听取了双方的口头陈述。

因此，在得出结论时，法院将裁定：第一，微软是否有权获得摩托罗拉全球范围内标准必要专利的 RAND 许可，包括欧洲专利；第二，微软是否否认了它这种许可的权利；第三，摩托罗拉是否可以就微软的标准必要专利寻求禁令救济；第四，当微软有权获得这样的许可，如何按照 RAND 条款规定获得这样的许可。

法院认为，本案对于欧洲法院针对欧洲专利的侵权是否可以向微软发布一个禁令是决定性的。关于欧洲专利发布一个禁令救济是法院要面对的问题。在这里，法院强调一点，即 2012 年 4 月 11 日的临时限制令仅限于禁止摩托罗拉推进它可能从德国法庭获得的关于欧洲专利的禁令的行为。重要的是，这个禁令绝对不是禁止摩托罗拉在德国法院进行的诉讼和获得金钱损害的行为，更不是禁止其在德国进行进一步的诉讼。因此，本庭的禁令仅限于是否准许禁令救济。

②阻碍签发禁令的管辖法院的政策。"要确定禁诉令是否适当，第二步是确定如果继续进行国外诉讼是否会挫败颁发禁令的法院的政策"①。许多法院已经发现，法院的政策反对以下问题：避免不一致的判决、选择行诉、重复诉讼和滥诉，据此来充分满足这一步的要求。

法院发现这一因素有利于给予禁诉令。第一，在禁令救济问题上，法院和德国法庭均需面对，法院担心不一致的裁定。但是，法院可能发现摩托罗拉不得就标准必要专利，包括欧洲专利，针对微软寻求禁令救济。而相反的是德国法院可能会批准摩托罗拉就相同的欧洲专利寻求禁令救济。第二，法院发现，提起德国诉讼的时间可能产生择地行诉、重复诉讼和滥诉的担心。在这个行动中，微软在 2010 年 11 月提交了最开始的诉讼，确定了该法院的管辖权，确定其标准必要专利包括两项欧洲专利——全球的权利和义务。直到 2011 年 6 月，在首次诉讼后超过 6 个月，摩托罗拉发动了德国诉讼来寻求禁令救济。基于下列行为，法院对于择地行诉、重复诉讼和滥诉的担忧更重：

---

① 参见 Applied Med. Distribution，587 F. 3d at 918。

摩托罗拉向 ITU 声明了超过 100 项专利，但是摩托罗拉在德国法院的诉讼仅涉及两项专利，且其在德国寻求禁令救济。

总之，摩托罗拉的行为对法院作出合适的判决进行了阻碍。如果没有反诉禁令，将使本案裁定的完整性减少。

（3）对于司法礼让的影响是否可以容忍。"要确定反诉禁令是否适当，第三步是确定对司法礼让的影响是否可以容忍"①。意识到反诉禁令可能涉及司法礼让，因此，第九巡回法庭已经督促谨慎颁发。

而本案中不会对司法礼让产生不可忍受的影响。重要的是，法院对于司法礼让的担忧减轻了，因为在本案之后摩托罗拉已经要求外国法院进行判决。如之前所述，微软在 2010 年 11 月提起诉讼，直指问题，即它是否有权获得摩托罗拉的标准必要专利许可，包括欧洲专利。然后，六个月以后，摩托罗拉就同样的问题针对欧洲专利在德国法院提起诉讼，该行为否认了本案的法院在先作出判决的机会。

上述行动进一步减轻了法院对司法礼让的担心，因为反诉禁令限于禁止摩托罗拉执行德国法院就欧洲专利颁发的禁令。因此，反诉禁令对司法礼让的影响仅限于进行重复裁决争议之禁令救济适当性范围内。此外，在重复的问题裁决后，法院将停止反诉禁令，当事人将遵循法院关于摩托罗拉与 ITU 关于标准必要专利的权利和义务的判决。

最终，法院指出其具有足够的理由对其作出裁决，其完全能够作出判决。相反，本案没有国际性问题和外国政府的参与，认为"如果没有产生国际问题，不涉及外国政府，并且诉讼仅涉及私人合同纠纷，反诉禁令不会产生对司法礼让不可容忍的影响；相反，在这种情况下允许国外诉讼继续会产生严重的国际司法礼让"②。

因此，基于前述，法院发现三个因素均有利于批准反诉禁令。下面讨论禁令因素。

---

① 参见 Applied Med. Distribution，587 F. 3d at 919。

② 参见 Applied Med. Distribution，587 F. 3d at 921。

2. 临时禁令因素

为获得临时禁令救济，通常必须证明：（1）它很可能在案件上获胜；（2）在没有临时救济的情况下，很有可能遭受无法弥补的伤害；（3）公平的平衡倾向于它；（4）禁令符合公共利益。上述第一因素被反诉禁令因素替代，因此，下面将着重分析其他三个因素。

（1）无法弥补的伤害。在德国诉讼中，摩托罗拉寻求禁令救济来排除微软生产使用 H. 264 标准的产品。根据之前的证据，法院认定，微软已经证明了德国的禁令禁止出售微软软件和微软 Xbox 将导致不可挽回的伤害。微软将因此失去市场份额，使其重新夺回市场份额很困难，并对其业务信誉造成了损失，微软针对上述这一点提供了令人信服的证据。因此，这个因素上看倾向于批准临时禁令，进而支持反诉禁令。

（2）公平的平衡。法院发现，公平的平衡倾向于颁发禁令，如果微软在德国禁止销售包括 H. 264 技术的产品，微软将有两种选择。第一种，它可以停止在德国销售 Xbox 和软件产品，此时会产生上述的伤害；或者，第二种，它可以尝试协商获得摩托罗拉 H. 264 标准必要专利许可，但同时伴随在谈判桌上受到禁令的威胁。以下观点似乎很清楚，即谈判一方（微软）必须达成协议或者停止在德国销售，这使其处于劣势；而且，这从根本上使微软处于劣势。因此，法院认为在任何一种选择下，如果没有办法反诉禁令，微软将面临重大损失。

相反，反诉禁令对摩托罗拉而言，其面临很少的损害。因此，法院认定平衡倾向于微软，倾向于批准反诉禁令。

（3）公共利益。法院发现，其可以通过颁发反诉禁令、允许微软不中断地继续操作它的业务，直到法院有机会就禁令问题作出裁决不会损害公共利益。理由包括以下几方面：①使美国法院优先于外国法院作出合理判决；②确保所有人均可以在 RAND 条约下使用标准必要专利；③允许微软的客户，即这些依赖于微软信息技术服务的用户，可以不中断开展业务。因此，法院认定公共利益倾向于颁发反诉禁令。

3. 美国联邦第九巡回上诉法院的裁决

美国联邦第九巡回上诉法院于 2012 年 9 月 28 日维持了地区法院关于禁

诉令的裁定，并于 2015 年 7 月 30 日作出二审判决，维持了地区法院的判决。

"案件具有管辖权的联邦法院有权力要求他们停止在外国法院的行动，但是这个权力要慎重使用"①。

在 Gallo 案中，法院澄清了评估外国反诉禁令的框架，并且在 Applied Medical 案中进行了详细阐述。这些案例共同确立了评估禁令适当性的三步法：第一，在本国和外国诉讼中双方当事人是否相同，以及第一个裁决对于将要禁止的行为是否是决定性的；第二，是否有至少一个所谓的"Unterweser 因素"适用；第三，对司法的礼让的影响是否是可容忍的。Unterweser 因素清单包括：其一，阻碍颁发禁令的法院的政策；其二，滥诉或者被压迫；其三，威胁颁发禁令的法院的物权或准物权管辖权；其四，诉讼程序有损害其他公平衡量因素。

（1）本国诉讼和外国诉讼中的当事人和争议焦点相同。本案中，对于当事人双方相同这一点没有争议。

我们问"问题是否相同"，不是从技术或形式意义，而是从"国外诉讼中的所有问题……都可以在国内诉讼中得到解决"来考虑这个问题。对于这个问题，摩托罗拉宣称，美国的诉讼不能解决德国诉讼的问题，因为专利法具有地域性，以及专利没有域外效力。

法院得出结论认为，可以发布反诉禁令对抗外国专利的强制性，这一争议并非专利权本身，而是"各方之间"对于不行使专利权的"合同"时，法院可以针对行使国外专利权的行为来颁发反诉禁令。

换句话说，一方不要求基于美国法院对专利有效性或被侵犯的裁定来禁止另一方向外国法院起诉，而是基于美国法院关于合同的解释。

通常而言根本无须评估这类案件的胜诉可能性，当禁令同时也是一个外国反诉禁令时，传统的临时禁令测试的胜诉可能性被取代为 Gallo 测试（当传统的临时禁令测试适当时，我们只需要证明禁令寻求者是否证明了其明显成功的可能性。本案中，待证事实是是否由禁令寻求者证明反诉禁令中的特定因素是否倾向于颁发反诉禁令）。

---

① E. & J. Gallo Winery v. AndinaLicores S. A. , 446 F. 3d 984, 989 (9th Cir. 2006)。

在本案中，摩托罗拉没有争议的事实是 RAND 承诺创造了一种合同，即微软可以成为第三方受益人，即使摩托罗拉不同意微软对合同条款的解释。

巡回法院强调，其没有决定地区法院的部分简易判决，或者其有关 RAND 费率的判决是否适当——如果上诉法院将审查这些决定，它们必须在最终上诉而非过程中来进行。但是，巡回法院坚持这一点，即地区法院的结论——摩托罗拉向 ITU 发出的 RAND 声明建立了一个可由微软作为第三方受益人强制执行的合同（摩托罗拉承认这一点），并认为这份合同在某种程度上决定了摩托罗拉以何种方式来执行 ITU 标准必要专利（包括欧洲案件中涉及的专利）。根据摩托罗拉给 ITU 的声明，隐含了以下内容：专利权持有人承诺不会采取类似寻求禁令的措施来阻止潜在的使用专利的使用者，但是会提供符合承诺的许可。

合同特别明确，其不仅包括美国专利，还包括摩托罗拉世界范围内的所有标准必要专利权。当美国法院强制执行该合同时，美国法院并没有强制执行德国专利法，而是双方之间的合同私法。虽然专利权本身不具有域外性，没有理由否定，一方可在由美国法院执行的合同中基于自由意志对其依据国外专利法所享有的权利（或其依据国外法享有的任何其他权利）作出保留或限制。

总之，不论联邦地区法院是否会裁定摩托罗拉违反了其与 ITU 之间的合同（它可能违反了或者可能还没有违反），显然，存在一个微软可以要求强制履行的合同，并且该合同不仅包括美国专利，还包括德国诉讼所涉及的专利。

我们得出结论，关于基于合同的索赔问题，地区法院作出了不滥用自由裁量权的决定，包括它关于 RAND 承诺排除禁令救济的主张；如果决定倾向于微软，则决定摩托罗拉强制执行在德国获得的禁令救济的正当性是否成立。

（2）至少两项 Unterweser 要素的应用。Gallo 的第二步，我们判断"国外诉讼是否会'阻碍颁发禁令的法院的政策'"，或者是否可以应用其他任何 Unterweser 要素。

在解释禁令的理由时，地区法院找到至少两个 Unterweser 要素：国外诉讼是"滥诉或者压迫性的"，以及国外诉讼"损害了……'公共平衡'"。换句话说，在地区法院看来，摩托罗拉在德国提起的诉讼"属于滥诉或对微软是具有压迫性的"，而且，干扰了"公共平衡考虑"，会迫使微软在诉讼结束之前达成"劫持性"的和解协议。

虽然摩托罗拉进行了辩解，但是我们不能认定联邦地区法院在 Gallo 分析过程中滥用了其自由裁量权。

（3）对司法礼让的影响是否可以容忍。我们最终评估了反诉禁令"对司法礼让的影响是否可以容忍"这一问题。

无论如何难以捉摸，司法礼让都当然不能被轻视或不予以考虑。颁发外国反诉禁令不应该成为惯例。但记录显示，地区法院明确表示认真考虑其重要性，结合本案独特的情况，裁定反诉禁令是正确的。回顾对于滥用自由裁量权的审查之后，我们认为，地区法院的裁定未出现错误的法律适用或明显错误的事实认定。

4. 美国华盛顿西区联邦地区法院法院令二

在目前提交给法院审理的动议中，微软试图驳回摩托罗拉对其申请专利侵权而提出的禁令救济请求。

由于摩托罗拉不能出示无法弥补的伤害或者金钱损失，因此，法院认为对于微软而言，其关于禁令救济在本案中是不恰当的，并批准微软的动议。

（1）禁令救济。地区法院认为，要获得一项禁令，原告必须证明四个条件（参见上述分析）。

①不可挽回的损害。目前很清楚的是在未来的某个时候（通过双方协议或法院裁决），摩托罗拉主张专利的许可协议将成为现实。由于微软将根据任何许可协议支付从诉讼时效内的侵权时刻起算的专利许可费，该许可协议将构成微软使用摩托罗拉的 H.264 标准必要专利组合成的救济。因此，摩托罗拉无法证明自身已受到无可挽回的损害。

②适当的法律救济措施。出于类似原因，摩托罗拉无法证明除了禁令救济以外，它没有其他足够的救济。因此，法院无须分析永久性禁令救济标准的其他要素。

综上所述，法院批准了微软关于驳回摩托罗拉在本诉讼中的禁令救济请求的动议。

（2）反诉禁令。关于持续时间，法院表示，在裁定禁令救济的适当性之后将撤销反诉禁令，现在已经到了这一节点。法院驳回摩托罗拉有关其主张专利的禁令救济请求的决定逻辑上延伸到摩托罗拉的所有 H. 264 标准必要专利。这是因为，本案中的 RAND 诉讼不仅涉及摩托罗拉主张专利，还涉及摩托罗拉在全球范围内的所有 H. 264 标准必要专利。

因此，法院的命令不仅驳回了摩托罗拉主张专利的禁令救济针对的专利，还取消了摩托罗拉的整个 H. 264 标准专利组合，包括其在德国诉讼中的欧洲专利。

此外，法院令不仅驳回了针对摩托罗拉主张专利的禁令救济，也驳回了针对摩托罗拉包括德国诉讼所涉欧洲专利在内的所有 H. 264 标准必要专利组合的禁令救济。

（三）分析思考

关于标准必要专利的诉讼蔓延全球各地，而且禁令在许多国家的司法中也都有各自的规定，下面我们针对各国关于禁令的态度进行分析。

1. 美国司法涉 SEP 禁令救济分析

可以说美国的司法一直发展很快，在禁令救济方面发展的历史也最久，而其对于禁令的态度整体上是非常谨慎的。美国具有颁发禁令权限的机构包括法院、ITC 以及美国司法部（Department of Justice，DOJ）。其中，在禁令救济方面最为谨慎的是美国法院。迄今为止，美国法院还没有出现对 SEP 权利人申请禁令救济的行为采用反垄断法的案例。FTC 也只是利用《联邦贸易委员会法案》第 5 条来规范 SEP 权利人申请禁令救济的行为，并未适用规制滥用市场力量的《谢尔曼法》第 2 条。DOJ 虽然自 2007 年的联合报告中已经表示其开始探寻适用《谢尔曼法》第 2 条的可能性，但是目前仍无执法案例。

（1）美国法院的实践。美国最高法院在 2006 年 eBay Inc. v. MercExchange LLC 案中，确立了是否给予禁令救济的四个判断要素，这个判断方法至今仍然沿用。而具体到 SEP 有关的案件中，如苹果和摩托罗拉案，法官没有采用新的准则，继续适用了易趣案中的原则。法院一般仍从合同法或专利法的角度来裁定是否给予 SEP 权利人禁令，而并非从反垄断法的角度进行判断。

（2）ITC 的实践。ITC 很少对 SEP 持有人颁发禁令。例如，2013 年，苹果和三星案中，ITC 对部分苹果产品颁发了禁售令。此案中，ITC 委员会并未区分 SEP 和非 SEP，采用了相同的准则；对于苹果提出的 FRAND 抗辩理由，ITC 认为三星作出的 FRAND 承诺不能影响三星获得应有的禁售救济。

（3）执法机构意见。在对于限制 SEP 权利人禁令救济的问题上，具有竞争法执法权限的 DOJ 态度较为强势。虽然 DOJ 已经数次明确表态，对于 SEP 权利人申请禁令救济可能会适用《谢尔曼法》第 2 条，但是目前还未有实际案例。

2. 欧洲司法涉 SEP 禁令救济分析

在 SEP 禁令救济问题上，欧洲有一些已有的案例和较为规范的规则程序。欧盟法院认为 SEP 权利人的权利核心是排他性，所以仅在极为特殊的情况下，反垄断法才应介入。

在 2014 年的三星和摩托罗拉案中，欧盟委员会依据《欧盟运行条约》（Treaty on the Functioning of the European Union，TFEU）第 102 条明确，SEP 权利人申请禁令救济，可能构成滥用市场支配地位的条件包括：（1）权利人受 FRAND 条款约束；（2）被许可方愿意接受符合 FRAND 原则的许可条款。摩托罗拉案为善意专利实施人提供了保护，如果实施者同意由法院或者双方共同选择的仲裁庭来裁定符合 FRAND 原则的许可，可以表明其具有善意的态度，那么 SEP 权利人不能寻求禁令救济。

3. 中国司法涉 SEP 禁令救济分析

对于涉及 SEP 的案件是否准许颁发禁令，在我国的专利法中并没有涉及，但只要认定专利侵权行为成立，一般都会判决侵权人"停止侵害"。我国采取的是原则上颁发禁令的态度。目前，我国临时禁令法律制度的具体适用要件、考量因素等散见于司法解释与判例中，并没有成文的具体规定。

2016 年颁布实施的《最高人民法院关于审理侵犯专利权纠纷案件应用法律若干问题的解释（二）》第 26 条规定："被告构成对专利权的侵犯，权利人请求判令其停止侵权行为的，人民法院应予支持，但基于国家利益、公共利益的考量，人民法院可以不判令被告停止被诉行为，而判令其支付相应的合理费用。"

而 2016 年颁布实施的《最高人民法院关于审理侵犯专利权纠纷案件应用法律若干问题的解释（二）》第 24 条第 2 款也同样有类似的态度。

在北京知识产权法院（2017）、北京市高级人民法院（2018）在对西电捷通诉索尼案中认为，双方均无过错，或者在专利权人有过错、实施人无过错的情况下，都可以不颁发禁令。本案中，专利权人无过错、实施人有过错，故法院支持了禁令。

2018 年深圳市中级人民法院在华为诉三星案中，认定三星存在明显过错，违反了 FRAND 原则，支持华为要求被告停止侵害专利权的请求。

上述内容可以显示，中国司法实践中把颁发禁令作为原则，不颁发禁令作为例外。

总而言之，随着技术的发展，产生了 SEP，也伴随出现许多 SEP 的法律问题；随着司法实践，有关 SEP 的问题在各国得到重视并得以逐步解决。例如，欧盟委员会发布《制定关于标准必要专利的欧盟方法》，其中涉及了许多 SEP 管理的问题，已经逐渐形成了管理规范。相信在以后在各国的发展道路上，经验会越来越多，SEP 的管理也会越来越成熟。

第三节　小　　结

由于其不可替代性，在 SEP 许可使用谈判过程中，SEP 权利人经常会漫天要价，而被许可方又被迫接受，这种不公平现象在 SEP 的许可谈判中屡见不鲜。为了遏制此类"专利劫持"现象，禁令是一种非常有效的手段。禁令不仅是法院的一种行为，也可以是行政部门的一种行为。各国对于禁令的态度也是各不相同的，例如，其一，美国对于 FRAND 承诺后的禁令的使用是很谨慎的，一般不会支持，其颁发的条件很苛刻，在易趣案中明确提到条件之一，即如果不颁发禁令专利权人会受到不可弥补的损害；而 FRAND 承诺意味着专利权人接受许可，只要能得到许可费就不会受到不可弥补的损害。

其二，欧洲对于 FRAND 承诺后的禁令请求是较为平衡的状态，从橙皮书案到摩托罗拉案再到华为案，可以看出，欧洲对此所持的态度是不反对颁发禁令，但是还提出了针对标准必要专利颁发禁令的条件，即标准必要专利的专利权人可以寻求针对侵权者的禁令救济，除非被诉侵权者有如下行为：（1）已经向专利权人提出一项真实的、合理的、无条件的以及易于被接受的报价。（2）被诉侵权者如许可合同已实际定义那样，已"预期履行"其合同义务。（3）中国司法实践中一直把颁发禁令作为原则，不颁发禁令作为例外。

结束语

随着移动通信技术的发展，标准将发挥越来越重要的作用，促使专利权人以更为积极和成熟的方式主张标准必要专利的专利权，可以预见，相关的专利权交易、许可和诉讼将会呈上升趋势。移动通信行业链条长、生产规模庞大，一旦有专利权纠纷，涉及的经济利益往往都非常巨大，对纠纷双方来说都有至关重要的影响。通信技术已经历经了 5 代，发展到了现在的 5G，涉及标准的专利数量也在逐年增多，专利权人和标准实施者对于标准必要专利的掌握需求也越来越高。一个理想的状态就是其既能保护标准必要专利权人的权益，让专利权人得到应有的回报，也要对专利权人进行约束，规避标准必要"专利劫持"等现象，保证实施者的合法权益，维护市场有序。因此，面对标准必要专利市场存在的种种问题，多方声音呼吁应研究应对策略，包括制定国家政策、培育法律和法务能力、提升企业创新能力，等等。

各国的司法也在实践中不断完善，许多矛盾和不足最初都是在司法上有所体现，例如，侵权的认定，FRAND 原则下涉及的信息披露、费率、垄断、禁令，等等，这些还存在需要法律进一步约束和规制的真空地带，对于这些领域进行规制与调整的法律法规有待完善。随着我国创新速度、国际化进程和标准化改革进度的加快，标准必要专利法律问题会逐渐成为法律界的重大实践命题，需要进一步深入研究并加以规范。本篇选取了侵权认定、信息披露、许可费和禁令多个方面的案例，给标准必要专利拥有者和实施者在遇到相应问题时提供一些参考，这些案例之所以称为经典，也是由于其分析过程值得学习，大多数案例都有自己可供借鉴的地方。诚然，关于标准必要专利的问题在司法上还未达到成熟，在发展的过程中还需对不同问题从不同角度进行思考，通过这样的方式对于立法形成更多反馈和思考，以此为整个国家法律体系的完善作出努力。

参考文献：

1. 郜爱妮. 标准必要专利默示许可制度研究［D］. 重庆：重庆大学，2017.

2. 王国柱. 知识产权默示许可制度研究［D］. 吉林：吉林大学，2012.

3. 刘守国. 专利默示许可制度研究［D］. 重庆：西南政法大学，2013.

4. 丁蔚. Rambus 案最新进展与政府在标准化制度中的作用［J］. 电子知识产权，2009（2）.

5. 汤辰敏. 标准化组织成员故意不履行披露义务之规制［D］. 北京：清华大学，2007.

6. 康佑发. 标准化组织知识产权许可政策演变［J］. 广州广播电视大学学报，2012（5）.

7. 刘晓春. 标准化组织专利披露政策相关规则在美国的新发展——解读高通诉博通案［J］. 电子知识产权，2009（2）.

8. 王鑫. 标准化组织专利政策采用事先披露原则的利弊分析及改进模式探讨［J］. 标准科学，2009（8）.

9. 赵启杉. 标准化组织专利政策反垄断审查要点剖析：IEEE 新专利政策及美国司法部反垄断审查意见介评［J］. 电子知识产权，2007（10）.

10. 满璐. 标准组织知识产权政策中的专利信息披露制度研究［D］. 山东：山东大学，2009.

11. 丁道勤，等. 从 Rambus 案看标准化中的专利滥用［J］. 世界电信，2009（8）.

12. 孙南申，等. 美国对技术标准中专利信息不披露行为的反垄断措施 [J]. 华东政法大学学报，2009（1）.

13. 刘莉. Rambus 诉 Infineon 公司案解析 [J]. 国际竞争力标准化与知识产权，2007（8）.

14. 杨德桥. 合同视角下的专利默示许可研究：以美中两国的司法实践为考察对象 [J]. 北方法学，2017（1）.

15. 徐朝锋，等. 从微软与摩托罗拉案例看 RAND 许可费率计算方法 [J]. 电子知识产权，2014（4）.

16. 李杨，等. FRAND 标准必要专利许可使用费的计算：以中美相关案件比较为视角 [J]. 科技与法律，2014（5）.

17. 刘影. 日本标准必要专利损害赔偿额的计算：以"Apple Japan vs. Samsung"案为视角 [J]. 知识产权，2017（3）.

18. 杨鸽. FRAND 原则下标准必要专利许可费的确定研究 [D]. 甘肃：兰州大学，2017.

19. 虎媛媛. FRAND 原则在标准必要专利许可中的适用研究 [D]. 吉林：吉林大学，2017.

20. 赵冰凌，徐云飞，朱登凯：探寻反垄断法与知识产权法的合理边界：从中外标准必要专利禁令救济案例谈起 [J]. 电子知识产权，2018（2）.